U0504535

《论语》注译

齐冲天　齐小平　注译

商务印书馆
The Commercial Press

图书在版编目（CIP）数据

《论语》注译 / 齐冲天，齐小平注译 . —北京：商务印书馆，2022（2024.12 重印）

ISBN 978-7-100-20836-9

I.①论… Ⅱ.①齐… ②齐… Ⅲ.①儒家②《论语》—注释③《论语》—译文 Ⅳ.① B222.2

中国版本图书馆 CIP 数据核字（2022）第 035539 号

《论语》注译

齐冲天　齐小平　注译

商 务 印 书 馆 出 版

（北京王府井大街 36 号　邮政编码 100710）

商 务 印 书 馆 发 行

北京盛通印刷股份有限公司印刷

ISBN 978 - 7 - 100 - 20836 - 9

2022 年 11 月第 1 版　　开本 880×1230　1/32

2024 年 12 月北京第 2 次印刷　印张 10¼

定价：56.00 元

序 言
——关于孔子和《论语》

一、《论语》是一本什么样的书

《论语》就是孔子的论和语。论就是议论，语就是告知，使人有所觉悟。总之，它不是一般的话语，是学术理论。过去把周秦时的散文分为记事与记言，《论语》当然是记言的了，但是其中第十篇《乡党篇》记载孔子的生活情况和言行风貌，那就是记事的了。

《论语》大多是孔子回答弟子们的提问后所做的记录，有一部分没有问，就是记下孔子的言论，有一部分是回答诸侯国君、卿大夫和各方人士的问题，还有大约十分之一的篇幅是孔子弟子回答别人的言论，如《子张篇第十九》共二十五章，就都是子张、子夏、子游、曾子、子贡的话。自来有所谓"语录体"，这便是典型的语录体。没有许多的上下文，有话则长，无话则短，说完为止；而且有话也没有长篇大论，即使题目很大，也是大题短论。《论语》中最长的一章该是《子路、曾晳、冉有、公西华侍坐》章（11.24），也不到五百字。最短的只有六七个字，如"子不语怪、力、乱、神"（7.20），便是七个字。所以十八世纪法国启蒙思想家狄德罗（1713～1784年）感到孔子学说简洁可爱。孔子作为一个学派的创始人、思想家、世界的文化伟人，总共也就留下了几百段语录，集中收集在《论语》里。还有一些散见在《左传》《礼记》等书中。

《论语》总共二十篇，不到五百章。因为《乡党》等篇中各个版本分章不同，稍有出入，故分为四百几十章不等。但是各章先后的顺序，大家都是一致的。至于最初编纂这本《论语》的人把哪一章放在哪里，有没有讲究？小的讲究有，大的讲究看不出来。例如往往有些内容相近的章编在一起，如孔子遇见隐者的对话共有六章，编在两处，没有更分散，也没全在一起。《子张篇》都是弟子们的言论，但还有一些篇里也夹杂一些弟子的话。为什么要分二十篇？每篇为什么是那么些章？都看不出名堂。每篇的标题取各篇第一章的头两个字，也不成意义。所以，四百多段语录只是很松散地罗列着；而且，还有几章是前后重复的。两千多年来的读者和研究者，谁也没有去编一本归类而有顺序的本子。就是这样一个无体例的体例，各自可以自由地去互相联系，互相发明，在脑子里形成一个学说的整体。宋代的宰相赵普"半部《论语》治天下"，另外那半部呢？似乎丢掉了也不要紧。不在篇章上下功夫，着重的是去实行，一个字也可以做一辈子，几百章书是"一以贯之"的，所以缺了半部也不要紧。至于《论语》的编录者是谁？当然是许多弟子们去干的了。要记录几十年里在各个地方说的话，自然要由许多人来完成这项工作。大家记录以后，汇总起来，当年曾在鲁国、齐国等流传着不同的本子。这样，它的编纂也就不是出于一人之手。细心的读者发现，书中对孔子的弟子都称字，如子张、子夏等，唯独对曾子，就始终不称子舆，十七次均称其姓，尊称为曾子，这就露出了马脚——曾子的学生是《论语》的编纂者或主要编纂人。还有对有若，《论语》中四次称有子，两次称有若，则称有子的地方是有子学生所记。杨伯峻先生说，《论语》中年代最晚的一章书应该是8.4章曾子临死前回答孟敬子的一段话。曾参又是孔子弟子中最年轻的，比孔子小四十六岁，曾子活到七十岁，那么记载下这段话，又编进《论语》中去，自然就是曾子的学生在孔子去世四五十年以后所干的了。

荀卿（前313～前238年）无疑是个熟读《论语》的人，他在文章中经常就孔子的观点来做发挥。他的中青年时代离曾子临死前回答孟敬子那段话的时间，大约是一百五十年，即离《论语》成书的时间不远了。我们发现《荀子》的第一篇《劝学》与《论语》的第一篇《学而》相同，都是以学习问题开卷，《荀子》的末篇《尧问》与《论语》的末篇《尧曰》相似，都是以尧的话题收卷。这不像是一个偶合，像是荀子的一个编纂意趣。若是这样，我们就可以感到，荀子当时读到的《论语》跟我们现在的《论语》应该大体差不多。

《论语》全书一万二千七百多字，过去的人是背得很熟的。由于书中句子短，语气词多，我们能感到，在记言的时候，书中还保留了浓厚的口语风格，只是在后人读来，它已经成了诘屈的古汉语。《论语》的语言，以口语为基础，还结合许多学术概念、政治用语、史籍词句，还有许多哲理性的语言、文艺性的语言。这样，它就不可能像一般的群众口语，我们也不应要求一位博学的学者只讲些群众语言。

《论语》一书的主要内容，就是仁义道德。这也就是孔子学说的核心、儒家学派的主导思想。书中从各个角度来论述仁义道德，从个人的思想修养、为人处世到国家社会的治理。它涉及社会生活的诸多方面，还有对历史上重大事件和人物的评论。他们那时不分学科，不排课程，各人发挥自己所长，因材施教，提出什么问题就讲什么问题。所以《论语》一书的内容是很广泛的。

法国启蒙时代的著名经济学家、重农学派的创始人魁奈（1694～1774年）读了《论语》的二十篇后说："它们都是讨论善政、道德及美事，此集满载原理及德行之言，胜过于希腊七圣之语。"（《中国君主专制论》591页。转引自德国利奇温《十八世纪中国与欧洲文化的接触》94页，1991年，商务印书馆。）

《论语》担负着一个时代的使命，就是要回答如何改变春秋末年我国社会这种混乱分裂的局面（即"天下无道"）及到哪里去寻找出路的问题。这也是春秋战国思想学术界百家争鸣的一个中心议题，大家都在各自提出自己的方案来。思想主张，在学派那里；行政大权，在诸侯手中。看谁跟谁结合起来，开创时局。

二、孔子学说的由来

我国自周文王、周武王大批分封诸侯，到孔子之时，经历西周而东周，如司马迁所述："先人有言，自周公卒五百岁而有孔子。"（《史记·太史公自序》）这五百年以后，变成了个什么样呢？一个主要的事实就是周天子大权旁落，一个显赫的统一的东方大国，变成乱糟糟一锅粥，如16.2章所说：政不再自天子出，而自诸侯出，自大夫出，甚至自陪臣出。我们借用《史记》中武安侯的一句话来描述它，叫作"枝大于本，胫大于股，不折必披"（《史记·魏其武安侯列传》）。意即树枝比树干粗，小腿比大腿粗，纯属怪样，不是折断，便是裂开。时代到了那一步，主要毛病还是出于统治阶级上层，出于他们自己内部。这小腿就是春秋五大霸，还有几个小霸，他们轮流坐庄，挟天子以令诸侯，政治上争霸权，经济上争土地，强凌弱，大兼小。小腿下面还有小腿，也在膨胀，如鲁国的季氏、齐国的陈氏、晋国的赵氏等。他们在思想文化上荒淫无度，残暴腐朽，礼崩乐坏，道德沦丧。那还是春秋初年的事了，孔子也是知道的：鲁国的惠公看见他儿子的妻子长得好，就"自妻之"，即把儿媳妇也占为己有了，还像个样子吗？这还是周公的后代哩！《左传》一书中，一切乱伦之事、父子兄弟无情残杀之事，无奇不有。卫国儿子跟父亲打仗，子路还在中间起了大劲。还有春秋时代那些暴君，像晋灵公之流，残忍冷酷，以杀人为儿戏，哪儿还有一点仁爱之心？所有这一切，丑闻迭起，都被孔子一个"讳"字全部抹杀了。要为尊者讳，为亲者讳，为贤者讳，一切腐败，一笔勾销。

孔子的思想，一贯具有极强的针对性。写文章可以讳，研究问题就不能讳。根据这种情况，他认为还是要以仁义道德治天下。这是尧、舜、禹、汤、文、武以来的良好传统。孔子以仁义道德为主旨的儒家学说，诞生在仁义道德严重败坏的时代。

德治是三代以来的传统政治，如《尚书·盘庚》："施实德于民。"《尚书·泰誓》："虽有周亲，不如仁人。"又如《诗经·鄘风·相鼠》："人而无仪，不死何为？""人而无礼，胡不遄死？"但是《诗经》《尚书》里没有这种政治的理论，只有一些基本的观点，一项深入而系统的理论建设工作，就落到孔子的肩上了。孔子出生于以周公为始祖的鲁国，那里较多地保存着周朝文化，而孔子也是以周文化的代表人自居的，如7.22章所说："天生德于予，桓魋其如予何？"文、武之道没有失传，还在人间，贤者识其大者，不贤者识其小者，孔子到处都可以学到文、武之道。对于孔子个人来说，他生在鲁国国都曲阜，自幼就是一个好礼的孩子。由此可见，一切条件都具备了，历史给他提供了这个良好的机遇。

孔子并没有留下什么系统的理论大著，如上所述，只有语录数百条。全是口头上所说的，说多了，弟子们记不住，子路的脑子就跟不上："子路有闻，未之能行，唯恐有闻。"（5.14）但是这许多语录总起来看，却还是成体系的。它把仁义道德贯注到国家的政治、经济、文化的各方面，贯注到每个君子思想修养的各方面，如人生观、伦理观、道德观、社会观、审美观等。诸侯、大夫都做到了，每个君子都做到了，这国和家就都不愁了。

三、孔子的思想

春秋战国时代，学术思想界百家争鸣。他们有一个共同点，各自都称自己的学说是"道"。道家当然要论道，"道可道，非常道"（《老子》第一章）。儒家也说他们追求道，孔子说"朝闻道，夕死可矣"（4.8）。法家也说"法之为道"（《韩非子·六反》）。兵家说"知道，胜"，"不知道，不胜"（《孙膑兵法·篡卒》）。那么，道又是什么呢？《说文解字》说："道，所行道也。从'辵'，'首'声。一达谓之道。""道"从"首"声，是声中有义的，"首"作动词，谓头之所向，故有"引导、向导"之义，正确的导向只有一个，故曰"一达谓之道"。然而百家争鸣，便不就有"一百达"的道了吗？既然是导向问题，那便具有前瞻性和远见性，是理想化的。当时，那么多的诸侯国，一打就是几个世纪，要打到什么地步，将打出个什么名堂来，时代的出路何在，百家争鸣就是在这个时代的课题上展开的。

孔子活动的年代是春秋末期，七国对峙又经历二百多年，他没有见。史载有近千个诸侯国，兼并出五霸，这二百多年，他见到了，最后三家分晋，渐有七雄。所以，尽管孔子继承了周公等的学说，他也不去怀念或拜见周天子了，他接受了这个现实，在诸侯国政治的基础上求出路，谁能"为政以德"（2.1），便可以征服天下，而不是以武力征服。所以他说"骥，不称其力，称其德也"（14.33）。这是个比喻说法，很难要求它的准确性。就比喻说，千里马若是没有力，还叫什么千里马呢？千里马的德就更不存在了。但是孔子是一个很讲实际的人，他不可能治国而无视实力，他说要"足食，足兵，民信之矣"（12.7）。这不是把粮食和军队放在前面吗？所以，他只是说不要去炫耀实力，而是要称赞道德。但是仅这一点，在那个漫长的阶级斗争激化的时代，也是很不好办的。

孔子学说的重点，在思想意识方面。《论语》中对生产和军备问题只是说要"富之"（13.9），要"足食，足兵"（12.7），一带而过。比如老子，他的军事哲学思想就很高明，商鞅更是正面地谈论耕战，把它作为行政的首要问题。

孔子谈思想意识，上自国家的意识形态，下至每个君子个人的思想修养和生活作风，无不说得精细入微，既有原则，又切实可行。他要求他的学生每个人都一言一行照此办理，而他自己也是身体力行的。他招收学生号称三千人，其中贤人七十二个。他培养的君子，都要求是治理诸侯国家的人才。他不要求学生们去学习种谷种菜，认为那是平民百姓、小人物的事，学生们应该去当君子，学会以仁义礼乐治好一个诸侯国家，从而赢得全天下人的归附和向往，再现一个周初文王、武王时代那样的一个礼仪大邦。

那个时代国家的意识形态，主要是要忠实于这个专制政权，君子都在为它效力。"邦有道，谷；邦无道，谷，耻也。"（14.1）"邦有道，贫且贱焉，耻也；邦无道，富且贵焉，耻也。"（8.13）孔子把君子的命运与邦国的命运完全挂靠在一起。义和利，要"见利思义"（14.12），"见得思义"（16.10、19.1），这是儒家的名言。不义之财，不取也，要能够甘于贫困，"士志于道，而耻恶衣恶食者，未足与议也"（4.9）。道与君是一体的，孔子对待国君，总是毕恭毕敬的，"事君尽礼，人以为谄也"（3.18）。他也不怕别人讥笑。但是孔子认为他是出生在一个无道的时代，"天下有道，丘不与易也"（18.6）。他没有退隐，而是积极争取时机。

孔子对国家和社会的积极性，是终身不衰的。"死而后已"这句话，始见于《论语》："士不可以不弘毅，任重而道远。仁以为己任，不亦重乎？死而后已，不亦远乎？"（8.7）这实在是一个政治家的人生观，是坚定而不平凡的。孔子是一个十分勤奋而机敏的人，他反对"饱食终日，无所用心"（17.22），一个人总要有所作为，"四十、五十而无闻焉，斯亦不足畏也已"（9.23），"君子病无能焉"（15.19）。他经常反省自己，一是"吾日三省吾身：为人谋而不忠乎？与朋友交而不信乎？传不习乎？"（1.4），二是"见贤思齐焉，见不贤而内自省也"（4.17）。他身体力行，以身作则。在言和行的问题上，他也有很精到的见解，他要"听其言而观其行"（5.10）。又说"君子耻其言而过其行"（14.27）。孔子有一个学生叫南容，由孔子做主把一个侄女嫁给了他，出于两点理由：一是说他"邦有道，不废；邦无道，免于刑戮"（5.2）。二是"南容三复白圭，孔子以其兄之子妻之"（11.6），是说南容把《诗经·大雅·抑》的两句诗念了又念，就深深地打动了孔子的心。那是两句什么诗呢？"白圭之玷，尚可磨也；斯言之玷，不可为也。"是说白玉上面有了污点，还可以把它磨掉，人们在言谈中有了污点，就没法办了。这样，这位南容从大处到小处都经得起孔子的推敲。看来，娶到这位侄女也不是一件容易的事。

孔子对人的主观能动性做了充分的估计。"譬如为山，未成一篑，止，吾止也。譬如平地，虽覆一篑，进，吾往也。"（9.19）意思是事业的成败全在自己。"为仁由己"（12.1），"我欲仁，斯仁至矣"（7.29）。孔子的学习精神十分顽强，是常人所不及的。他在学与习、学与思、学与仕、温故与知新等的关系上，都有很好的见解。知识是积累而得的，"日知其所亡，月无忘其所能"（19.5），"学如不及，犹恐失之"（8.17）。他感到在学习上总好像赶不上人家，感到生活在社会中，随处都可以学习，大至"文武之道，未坠于地"（19.22），小至一举一动，"非礼勿视"（12.1）。他的学习，大多是向现实学习，《论语》中未见有哪个时候说孔子搬了一堆竹简、木简在看书，或者是伏案写字，师生们侍坐的时候谈古论今，或是述怀，一切都在心上或是嘴上。《论语》中也涉及大量的历史人物，都是脱口而出。

孔子的学说中，充满情意。他说仁就是要爱人，又说"君子成人之美，不成人之恶。小人反是"（12.16）。君子都应是一个好心肠的人。要"泛爱众，而亲仁"（1.6）。那是一种胸怀广大的爱。当然他也有厌恶，"唯仁者能好人，能恶人"（4.3）。他又说从政要"屏四恶"（20.2）。这样，他的爱与恶就完全与仁、与政结合在一起了，这就超越了常人的好恶，而赋予了深刻的内容。孔子和他的学生们的心是沟通的，他了解和尊重他们各人的个性，然后从严要求他们。像子路这样好勇的人，对于内心的修养，沉潜涵泳，终究也不在行，但是他能终身追随、护卫着孔子，他是心悦诚服了的。

孔子对于自己的思想认识始终保持着清醒的状态。"知之为知之，不知为不知，是知也。"（2.17）这是一句至理名言，简单而又深刻。人们的确总有一部分认识是处于半知状态，是蒙昧的、朦胧的，是属于知还是不知呢？要明智地分清这个界限。比如鬼神的事，不知就不语，或者敬而远之。又如

"道听而涂说，德之弃也"（17.14），你也应该心中有数，要"视思明，听思聪"（16.10），至于好胜、强辩之类，就更不在话下了。子路就有这种缺点，孔子在子路身上总结出了这样一句名言。孔子离开现在已经有二十五个世纪，那时的科学是什么水平？虽然已经不是"鸡犬之声相闻，民至老死不相往来"（《老子》第八十章），却也还是"五亩之宅，树之以桑"（《孟子·梁惠王上》），是小农经济的发展时期。《论语》中的许多警句，至今都是富有教益的。孔子那种为人处世的方方面面，是两千多年以来我国大多数知识分子不同程度地信守的。

孔子的心态，用他自己的话说，叫"君子坦荡荡"（7.36），他不忧不惧，因为"内省不疚"（12.4），即没有亏心事，"躬自厚而薄责于人"（15.15）。若要说忧的话，那就是"德之不修，学之不讲，闻义不能徙，不善不能改，是吾忧也"（7.3）。他感到人生是勤奋而快乐的，是乐以忘忧的，即是后来说的乐观主义。一个人生活在如此复杂的世界里，他谦虚、恭敬、诚实、礼让，以之为美德，这既是明智的，也是科学的。这不是弱者，仁者是刚毅的（13.27），他任重而道远，不是一个刚毅而能持之以恒的人，怎么能够担当得起来？

孔子对于人民，不可能没有偏见，如说"民斯为下"（16.9）、"唯上知与下愚不移"（17.3）。"民主"一词，《尚书》中就已有了，它的含义是民之主宰者、父母官为民做主，而不是人民做主。孔子对民有一般的泛爱，他不能失信于民，"民无信不立"（12.7），他的政治要使"近者悦，远者来"（13.16），要"因民之所利而利之"（20.2）。总之，要使民信服，国家才能协调。所以，那是阶级社会里的一种开明政治的思想。至于他的仁，"君子而不仁者有矣夫！未有小人而仁者也"（14.6）。人民只是迫切地需要仁，他们和仁义之间那道界限则是不可逾越的。不过历来人们称道他这一点，即孔子办学招生的时候，是"有教无类"（15.40）的，是把教育办到民间的开始。《论语》中还说："自行束脩以上，吾未尝无诲焉。"（7.7）"选举"一词，周秦时也已有了，它的含义是上面去选贤，然后加以提拔，而不是人民投票。"舜有天下，选于众，举皋陶，不仁者远矣。汤有天下，选于众，举伊尹，不仁者远矣。"（12.22）像皋陶、伊尹这样的仁人、君子，照孔子的说法，在群众中也不该是小人之辈，因此他所说的小人是指耕稼的普通劳动者。他们在接受教育和社会管理上的确受到极大的限制，他们不可能有现在所说的民主和选举的权利。那还正是一个专制政治的开始和发展初期，没有忠君思想才是不可理解的。

最后还要谈谈孔子所说的天命是什么？他说他"五十而知天命"（2.4），这老天之命岂是人间的孔子所能知道的呢？既是不知，那就不知为不知，怎么能说五十岁就知道了呢？孔子反复讲信，他绝不会骗人。他两次强调"吾道一以贯之"，所以我们应从整个《论语》的思想来理解。《论语》中还十次讲命运。这命或天命就成了理解孔子思想的一个疑难问题。杨伯峻说："孔子是不是宿命论者，我尚不敢论定。孔子所谓的天命究竟是什么，也很难臆测。后来的人虽然谈到很多，未必符合孔子本意。"这就提出了问题，杨先生也是取了不知为不知的态度。我们基本同意今人李泽厚在《论语今读》中的解释。李说："我远非钟爱此书（指《论语》），但它偏偏是有关中国文化的某种'心魂'所在。"既然不钟爱，只是从中国文化的角度来看待它，那就会说得慎重和客观了。"最难解的是'知天命'，似可解释到五十岁，自己对这偶然性的一生，算是有了个来龙去脉的理解和认同。"（该书52页）他又说："'命'者，偶然性也，既非宿命，也非神意。即使尽力而为，也总有各种不可抗御、不可预测的偶然，人生常如此，只有深深感慨而已。"（152页）其实，岂只是偶然性，人们对必然性的认识也常常是很有限度的。比如，孔子对君主专制的前途有多么深刻的认识，也很难说，不过是五十年下来，对人生有了一个理解和认同罢了。《论语》的最后一章，孔子还说："不知命，无以为君子也。"李泽厚说："命也者，不知所以然而然者也。即人力所不能控制、难以预测的某种外在的力量、前景、遭遇或结果。"君子要充分估计到这一部分因素，才能任重道远而无怨无悔。《论语》中也经常说天，3.13章中说"获罪于天"，朱熹在那里注曰："天，即理也。"至今我们还往往说天理难容，并不就是神意。总之，《论语》中确实看不到宿命和神意的影踪，我们应看清孔子思想的本来面貌。这也是孔子思想高明的一个重要方面。我们想，问题的讨论也就至此为止了，若是再深究下去，孔子并没有说他是一个彻底的无神论者，他只是说他"不语"鬼神，他对鬼神敬而远之，那是否还有所存在呢？整部《论语》的确是没有神意的，光这一点就足使我们珍视，对我们的民族文化就有极为良好的影响。

四、孔子的成败

孔子跑了许多诸侯国家，寻求政治主张的实现。三十五岁（前517年）去了齐国，见到了齐景公。三十七岁（前515年）返鲁，前后三年，没有成功。三十七岁到五十五岁（前497年）一直在鲁国，季氏、阳虎那里不愿去，鲁国国君那里不能去，他没有权。但到五十一岁（前501年）时，还是做了中都宰，即一个县官，第二年升为小司空，又由小司空升为大司寇，即鲁国最高法官，并代理丞相。干到五十五岁，干不下去了，是自动弃职。由五十五岁到六十八岁（前484年），有十四年时间，奔走于卫、宋、陈、蔡、楚等国，也没有成功。眼看就是晚年了，就回到了鲁国，到七十三岁（前479年）去世。若是从"三十而立"（2.4）算起，大约四十年，将近一半时间在外，一半时间在鲁。孔子的政治活动无疑是失败的。退而论道，致力于学术和教育工作，在思想文化上，他大获成功。他成了我国乃至东亚、东南亚诸国两千年来崇敬的大圣人，当今又成了联合国颁布的世界十大思想家之首。不过孔子的学术工作主要不在书斋里进行，学生侍坐的时候，接待客人的时候，在诸侯的朝廷上、赶路的马车上的时候，甚至畏于匡，困于陈、蔡的时候，都是他发高论的时候。

孔子的学说对不对呢？

从长远来说是对的。我国两千年封建社会的发展主要是在儒家学说的推行下取得的，这是个基本事实。那就是在和平时期，尤其是发展时期，例如汉、唐这两个封建社会的高涨时期，汉武帝宣布独尊儒术，唐太宗宣称酷爱儒学，那也就是儒家学说的风行时期。宋代和清代，学术思想活跃，也就是儒家学说深入而有进展的时期。当然，什么时候也都会有儒学的对立面存在，只是它不成为主要的方面。

　　但是在孔子当时的社会，他的学说就行不通。那是一个阶级斗争持久地处于激化状态、用战争手段解决问题的时代，社会各方面都处于动荡、分化的时代，谁还顾得上去讲究温、良、恭、俭、让的道德？有几个人肯接受礼的约束？齐景公、卫灵公和楚昭王，一时都曾想试用孔子这把宝刀。但是，齐景公的耳边，晏婴一打岔，凉风一吹，就拉倒了；卫灵公郊迎孔子，几番谈话，终于话不投机，最后孔子自己走人；楚昭王更是兴师迎孔子，可是听了令尹（即丞相）子西一席话（主要是说孔子师生要振兴周公、召公的事业，那么楚国不过是子男五十里，能像现在这样世世堂堂方数千里乎？所以王若用孔子，非楚之福也），昭王也就罢休了。表面上看似乎都是三位诸侯一念之差，实质上是不能接受孔子的主张，即使接受了，也早晚是弄不成的。只是在鲁国已经当了代理丞相，可以一展身手了，何必因为齐国送来一个八十人的女乐，就是我们现在说的歌舞团，孔子就自动离任呢？我们原以为孔子未免太脆弱了。你是代理丞相，你可以想办法绕几个弯，软硬兼施，把那个歌舞团送回齐国，或解散了事。你孔子应该珍惜这个时机啊！你一生追求的不就是这种时机吗！可是再想一想，主要原因还是孔子的学说与季氏、鲁定公的思想和政治背道而驰。孔子看不惯他们，他们也听不进孔子的，迟早是各走各的路。及早一走了事，倒也干脆。而且，人家孔子总是走一步，估计到下一步，留有余地，等到双方翻了脸，甚至动了拳脚，动了干戈，就不好办了。君子是动口不动手的，那不就只有挨打了吗？总之，在周代分封制一败涂地的情况下，孔子的学说在政坛上没人要听。想听的人就是那些已经沦为平民的贵族，他们已经丧失了土地和民众，无法挽回，没有发言权了。

从以上长远和当时两方面来看，孔子的仁义道德，看是对何时、何地、何人、何事来说的。其实，它本是周公手中的治国大纲，曾经是开创了一个大时代的，怎么会从根本上就错了呢？例如《论语》里说："其为人也孝弟，而好犯上者，鲜矣；不好犯上，而好作乱者，未之有也。"（1.2）在宗法社会里，国君对他的儿子来说，既是君臣，也是父子，忠、孝、仁、爱就是一个东西，孔子这句话就一点不错。但是超出这个范围，这章书就有问题了。比如韩非子举了这样的例子："鲁人从君战，三战三北（北，即"背"，败退）。仲尼问其故，对曰：'吾有老父，身死莫之养也。'仲尼以为孝，举而上之。以是观之，夫父之孝子，君之背臣也。"（《韩非子·五蠹篇》）这里，忠和孝是两个东西，而且抵触起来了。但是还没有犯上，不过是当个逃兵，若是我们看看历来犯上作乱的，孝子也大有人在。例如梁山好汉李逵的孝心就非常可爱，《李逵探母》的戏不是很好看吗？但是他照样要犯上作乱，而且很坚定，人们都喜欢他。

这样说来，《论语》这本书，首先要给国君和他们的继承人看，他们如能接受孔子的教导，邦国的事情就好办了。其次叫大臣们看，叫大夫、士们看，让他们不要膨胀。孔子并没有叫小人也去读《论语》，用不着跟小人去费这许多心力，社会问题主要在上层。然而就在所谓的小人中间，孔子的仁义道德却大大地传播开了，在许多方面形成了民间的习俗、民族的传统，远远超出孔子的意料。

从孔子方面来看，从当时人们对孔子的批评意见来看，孔子对仁义礼乐这一套东西的分析与批判继承的功夫，是欠缺的。所谓"述而不作，信而好古"（7.1），是全盘接受的态度。我们很重视齐国贤相晏婴对孔子的批评，说孔子的礼与学，"累世不能殚其学，当年不能究其礼"（《史记·孔子世家》），即学不完、讲不清，君臣之礼、丧葬之礼，都是如此。表现在《论语》中，如9.3章，大家把礼节简化了，他不能简，"虽违众"，他也要坚持。他自己也说"事君尽礼，人以为谄也"（3.18）。从孔子又过了五百年，到司马迁写《史记》，在《太史公自序》中评到众家要旨时，太史公也是用晏婴的话批评儒家，说是"累世不能通其学，当年不能究其礼，故曰'博而寡要，劳而少功'"。我们讲究礼节，是最需要适可而止的，看情况随时掌握，轻了重了都不合适。孔子是过多地拘于礼了。又如，在对待武力的问题上，他也缺乏灵活分析的态度，在那个强权政治的时代，一概不谈力，就很不好办。连文王、武王的暴力也在"不语"之列，对待暴君也不主张起来叛变和杀戮。卫灵公问军旅之事，他回答俎豆之事，所以就谈不到一起了（15.1）。比如谈谈仁义之师，诸侯们不是很感兴趣的吗？所以，"子不语怪、力、乱、神"（7.20），这句话很精辟，但是中间"力""乱"二字要具体分析，只要有部分的正确性，就不能一概不谈，这是时代的潮流呀！

综上所说，可知《论语》一书的又一特点便是精华与糟粕杂陈，里面有十分精彩的东西，也有很糟糕的东西。主要的，无疑还是前者。

五、《论语》在民族和世界文化中的地位

至少在东汉，《论语》就被定为我国的经书。西汉时独尊儒术，人们也不会少念《论语》。司马迁没提到《论语》，只是说"余读孔氏书"（《史记·孔子世家》）。当时也没有一个权威的本子，有齐《论语》、鲁《论语》，还在孔家墙壁中发现了古本《论语》，要到东汉郑玄才整理出后人所读的《论语》。不过《史记·张丞相列传》中载汉武帝时有个丞相韦玄成，说他"少时好读书，明于《诗》《论语》"。丞相读书不会很少，单举二书，并与《诗经》并列，可见那时《论语》实际上已居于经书的地位。尊儒就必尊《论语》。

两千年来的中国人，读得最熟、最广泛的书，就是《论语》了。过去能读书的人总是少数，但是不读书的人也总能听到点《论语》中的道理，或说句《论语》中的话，做点合乎《论语》中仁义道德的事。《论语》中有好些章句已经成为全民语言中流行的口头语。这就是《论语》在我们民族文化中的地位。

许多东西，经过孔子一概括，就带有极大的普遍性，成了超阶级、超时代的东西。比如智、仁、勇，有什么不好呢？人们不要求智勇双全，难道去追求愚和怯吗？孔子一再向子路对勇做解释，单纯讲勇是很危险的，勇而无礼则为乱。但是人们可以超越孔子的范围，比如我们抗日的义勇军，显然是"见义不为，无勇也"（2.24）的意思。日本的武士道，也是引这

句话，他们的勇和忠于天皇相结合。可见这忠义和勇就超越了时代和阶级，也超越了民族和国家。又如"君子成人之美"（12.16），孔子这话是就君子说的，可是我们读起来、用起来就不论了，谁都可以成人之美，何必限于君子？至于俭而不奢，信而不弃，让而不骄，都是大家要讲究的美德。要有道德，有礼貌，人有人格，国有国格，我们至今还是礼仪之邦。这都是夏、商、周以来又经儒家大力倡导的民族传统。

　　过去批判儒家，抓它的阶级性，这并不错，他们就是属于那个阶级、那个时代的。但是道德（不论是美德还是恶德）都可以改革、继承和发扬。特殊性和一般性总结合在一起，继承的时候是讲它的一般性，批判的时候是讲它的特殊性。我们讲继承时，不能把批判都看成错误的，因为你只能继承和发扬优良的东西，而剔除其中丑恶的东西；同样，批判的时候也不能把所有的继承都看成错误的，因为不能把优良的东西也批判了。这样，在我们民族文化中始终都存在着尊崇孔子和批判孔子两个方面，这两个方面用不着调和，是各个时代发展的需要。不论是尊崇的，还是批判的，都承认孔子是我们中国的大圣人，否则也就不值得批判或继承了。

　　孔子提倡仁义道德，在我国二千五百年的思想文化史上产生了莫大的影响。思想意识的发展，也和物质的发展一样，存在着力的作用与反作用。仁义道德发展了，仁义道德的对立物也带动起来了。所谓"道高一尺，魔高一丈"，或"魔高一尺，道高一丈"，道和魔互为消长。民国年间，有人写了一本书，叫《厚黑学》，即厚脸与黑心之学。作者认为二十四史中的英雄名流无不有点厚黑，这样才能成功。他的书中大量套

用《论语》《孟子》的话，如说："厚黑也者，其为仁之本
与！"的确，现实中的仁义道德之学，总是在与魔的掺杂、较
量中存在和发展的，远不像理论上、书本上那么单纯而谧静。
但又总不至于是一部魔的胜利史，因为仁义道德才符合我们国
家和民族存在的需要。批判仁义道德是因为要有新的发展，要
让出点地盘，要新旧交替，新老融会。仁义道德的历史遭遇，
就不像仁义学说那样温情和睦，逝世以后的孔子，荣辱俱来，
也是"造次必于是，颠沛必于是"（4.5）。

近代以来，批判孔子方面的成就恐怕超过了尊孔方面的成
就。若从明代说起，由李贽和黄宗羲开始，一系列风流人物在学
术思想上开展了对孔子的批判；在文学上，从《红楼梦》到《狂
人日记》《孔乙己》，把文学的创作推向高潮。那位贾政，他肯
定是一位熟读《论语》的人，他对待儿子完全像《论语》上说的
"君子之远其子也"（16.13），可说得上是孔子的忠实信徒，
坐在受批判的席位上。若是没有批判孔子的内容，这种文学名著
就无法产生，它们的文学魅力，就在于这一点上。

由于《论语》中许多东西可以超时代，在现代的大生产
和商品经济社会中，人们照样可以研究孔子。很突出的一个问
题，就是人和人的关系是否都受经济利益的制约。现在有所谓
"生意场上无父子"的说法，似乎又要演一场"父不父，子不
子"（12.11）的悲剧。这显然是人们很难接受的，因为人们的
生活中不只有经济利益。比如父母对儿女，儿女对父母，彼此
提供服务，计时付报酬，这对孔子来说是无法接受的，因为没
有仁爱了。孔子批评宰予："夫三年之丧，天下之通丧也，予
也有三年之爱于其父母乎！"（17.21）在儒家看来，有许多人

际关系出于温情和友谊，出于道德，出于血缘等。中国有许多重义不重利的人物，可歌可泣；又如绝不出卖朋友，"士为知己者死"（《战国策·赵策一》）。许多东西，都不是金钱所能买得到的。更有那些重事业的人，往往可以牺牲或大或小的利益。又如"君子成人之美"（12.16），是不计报酬的，故也是超经济的。关于忠君思想，现在君主没有了，诸侯、大夫更是人们听不大懂的名词，在忠君与爱国爱民之间有没有相通之处呢？是绝缘的吗？例如屈原，他完全忠实于楚怀王，把怀王比作美人，"恐美人之迟暮"（《离骚》），但是他的忠君与爱楚国、爱楚国人民是完全一致的。杨家将对宋代朝廷无比忠诚，但同时也是无私报国的。所以，在道德上、情感上仍有相通的一面，我们现在读起《论语》来，觉得里头有许多道理是讲得很对的。我们现在念《论语》，跟五四运动以前的人比，少得多了，社会主义的书和资本主义的书是我们的主要读物，但是民族文化也是不能丧失的。

　　中国的文化传出国界最早是到朝鲜半岛，然后是日本和越南。至今对于孔子及孔子思想，他们仍是非常推崇的。他们和中国的一个共同点，就是上千年以来都把《论语》定为必读之书，《论语》中所讲的仁义道德、忠孝礼义，都表现到了民间的习俗之中，可说是一部活的《论语》，因此我们和他们在文化思想上都是很能相通的。《论语》开始传到日本，是在公元284年，由百济国的一位博士王仁，东渡日本，向应顺天皇进献了《论语》和《千字文》，王仁还向应顺天皇的太子菟道稚郎子等讲授了《论语》。同时，这也是汉字传入日本的开始。（见《日本书纪》应顺天皇十五年八月条、十六年二月条。）

孔子思想在日本和朝鲜半岛的传播，情况和中国相似，人们普遍地念《论语》，把这些道德和伦理关系在民间传播开来。值得注意的是，十九世纪中叶日本明治维新发展资本主义以来，直到现在他们已是一个发达的资本主义国家，在这一个多世纪里，孔子的思想不但没有受到资本主义的冲击，反而在新的条件之下得到新的伸张，日本天皇把它作为国民精神生活的指导。正如美国史学家赖肖尔所说："从某种意义上来说，几乎一亿日本人都是'孔孟之徒'。"《论语》仍然在那里受到尊崇，孔庙仍然受到朝拜。这并不是说日本存在的东西就都是合理的，忠于天皇的思想在别的国度就不需要。那里有相当严重的轻视妇女的思想，也是受儒家的影响。但是至少它没有束缚现代大生产的发展。相反地，很多日本企业家善于从中国儒家经典中寻求智慧，尤其对《论语》推崇备至，并把它作为工商企业的"圣经"，把其中有些古训，例如"和为贵"（1.12）作为企业经营管理的根本方针。日本近代资本主义创业者、被称为日本"工业之父"的涩泽荣一，写了一部日本企业家们最喜欢读的热门书，即《论语加算盘》，更是把《论语》的精神和现代经济有机地结合在一起。丰田幸一郎还把天、地、人、智、仁、勇作为创办企业的座右铭，即是天时、地利、人和、智者不惑、仁者不忧、勇者不惧。日立集团的小平浪平把和、诚、言行一致立为公司的"社训"。诸如此类，都是讲经营和管理的道德。它把现代管理和仁义道德结合起来了。当今的东南亚和日本、韩国，不都有一些知名人士在呼吁要提倡儒家传统吗？

　　《论语》被传到印度尼西亚，是在清末康有为到印尼宣扬孔子学说时完成的。当时《论语》被译为马来文，而马来文是印尼文的前身。同时被译出的还有《孟子》《大学》和《中庸》。

　　孔子的思想传到欧洲，初次和西方资本主义社会相接触，是在资产阶级革命的启蒙时代。公元1687年，巴黎出版了拉丁文版的《论语》。

　　法国一些启蒙思想家给了孔子以很高的评价。如伏尔泰（1694～1778年）说："欧洲王公及商人们发现东方，追求的只是财富，而哲学家在东方发现了一个崭新的精神和物质的世界。"（《礼俗论》第一四三章）孔子思想对法国的启蒙运动很有影响。从他们的言论中看，有突出的三点：

　　其一，只谈实际的道德，不借助于神，孔子绝不自称为神所使。这比宗教高明。这是一点也不假的，"子不语怪、力、乱、神"（7.20）。孔子排除一切玄虚的东西，"知之为知之，不知为不知"（2.17），从人们的思想和行动谈政治、伦理、经济、哲学等一切问题。我们的民族文化中不盛行宗教，这跟儒家思想是很有关系的。先秦其他几个重要的学派也没有用一个神来压倒一切。就是谈天与天命，也没有把它说成多么虚幻的境界。就是"天子"，后来还得到一个重要的概念，叫"人主"。我们后来的人传播了许多迷信的观念，真还不如孔子清醒。孔子在分析人们的言行时，也没有不可知的因素，也没有哪个需要夸张的成分。他有一个大而幼稚的漏洞，就是"生而知之"，他没有也无法做更多的阐述。一位法国学者在比较了中、西文化后说："中国文化在没有崇拜一个神的情况下，获得了高度的发展。"

有人把东方的《论语》比作西方的《圣经》，然则《圣经》是宗教的，《论语》是现实的。它们的共同之点，即都是最深入大众的书。

其二，民主思想也给了他们影响。孔子对人民有很鄙视的一面，也有重视的一面。"百姓足，君孰与不足？百姓不足，君孰与足？"（12.9）这是有若的话，给了法国的重农学派以深刻的影响。孔子重视人民的言论如"民无信不立"（国家没有人民的信任就不能确立）（12.7）、"天下有道，则庶人不议"（16.2）。后来我国孙中山创建的三民主义，则同时继承儒家的思想因素和资产阶级民主革命的思想因素。

其三，把道德与政治结合起来。这在中国的政治思想中是一个始终存在的传统，而儒家做得更突出。那么他们的政治是讲什么呢？他们讲资产阶级的民主，讲议会，讲人权，讲公民的权利和义务等，所以他们看到政治和道德结合，觉得是十分新鲜的思想。伏尔泰等就主张实行德治主义，行孔子之道。不仅十七、十八世纪的法国思想家如此评论，我们看到现代的美国也有人在发出类似的评论。如美国著名的汉学家费正清说：把道德与政治结合，"是一个伟大的政治发明"。（《美国与中国》第三章"孔孟之道·儒家原则"部分，1971年，商务印书馆。各版译文略有出入。）所以，我们不应一概地把孔子的言论看得多么古老与陈旧，中间还有许多常读常新的东西哩！

我国长期实行君主专制政治，对君主政治的理论，韩非做了总结：非独断无以制天下。诸子百家学说不是把政治与道德结合，却也都不是单纯的政治理论的发挥，法家学说是政治与法律的结合，道家学说是政治与哲学的结合，墨家、农家学说较多地将政治与经济结合，兵家学说是政治与军事相结合。各家学说大多是综合性的治国方针，只是重点不同罢了。儒家也不是光要道德，经济、法律等也是论到了的，只是针对当时社会，孔子认为言行中的道德是最尖锐、最重要的问题了。

在俄罗斯，人们了解孔子学说，也早在十七世纪，是通过法国实现的。十九世纪的文化名人，像普希金等，都很倾慕孔子学说。但是英语和俄语较为正确的《论语》译本，到十九世纪中叶的英人李雅各和二十世纪初的俄人波·西·波波夫两位献身于汉文翻译的专家之后，才得以实现。俄国的大文豪列夫·托尔斯泰在1900年的日记中写了这样的话："了解了孔子的思想，其他一切都显得微不足道了。"他将孔子的格言列入自己的"必读"之中。据说，托尔斯泰最感兴趣的是孔子的善恶观。而德国的大诗人、思想家歌德早在青年时代起就敬仰孔子。

一度曾任美国哲学学会主席的赫伯特·芬格莱特对孔子也是十分推崇的，他从哲学、心理学、美学的角度分析了《论语》一书。他的那本《孔子：即凡而圣》在欧美是有影响的。孔子是圣人，又是凡人。他说孔子"在本质上是反对神秘的，因而《论语》也绝少神性的气息"。他说孔子"是一个伟大和具有原创性的人师"。他特别肯定他在《论语》中发现的"人类兄弟之情以及公共之美"。所谓兄弟之情，我们很快就会想起"四海之内，皆兄弟也"（12.5）的话。什么是公共之美？就是孔子所提倡的美德，要"成为一个完善而真实的人，一个参与（奉献）社会而有价值的人"。"孔子所强调的美德，都具有能动性和社会性”，就是要为社会去做贡献。这对欧美人来说，感觉是很突出的，因为他们常常强调个性，《论语》则既讲个性，又讲公共之美。

匡亚明认为“对孔子学说的兴趣，将在未来的漫长岁月里方兴未艾地持续下去，在研究、批判和扬弃的过程中，孔子思想中所包涵的人类智慧的积极成果，终将得到合理的发扬光大”（《孔子评传》407页）。新加坡的吴庆端说“新一代人对孔子学说与儒家思想的认识也一定能够有所提高”（在孔子诞辰2540周年纪念与学术讨论会上的致词）。1988年1月，法国巴黎七十五位国际诺贝尔得奖人的会议宣言甚至警告说：“如果人类要在二十一世纪生存下去，必须回头到二千五百年前汲取孔子的智慧。”这是他们的一个良好预见，东西方文化怎样汇合，事态的发展就要看二十一世纪的人类实践。

从我们中国来说，在西方文化的强烈影响下，连续地发生了两次大革命。首先是以孙中山为首的中国国民党领导的推翻满清帝制的革命，紧接着便是以毛泽东为首的中国共产党领导的推翻三座大山的革命。这是二十世纪前半叶我国社会和我国思想文化界空前的大飞跃时期。外来的思想文化对我国社会和我国文化产生如此巨大的影响，这还是有史以来第一次。现在，我们正在开拓一个全新的社会主义时代。这个“拓”字，由来已久，它从“手”，“石”声，同时声中有义，手拿着石头，便是去开拓。用石头制作各种工具和武器，以至美的装饰，这就是石器时代。石器开拓了一个时代，现在则要电器、计算机去开拓，但是要去开拓的精神则是历史一贯的。说孔子的时候，不忘开拓；说开拓的时候，也不忘从孔夫子到孙中山。精神文化就是这样古今中外融会贯通、孳乳浸润、不断开拓的事业，给人们提供陶冶、警觉、方向和力量。那么我们社会主义的精神文明将是怎么样的？毛泽东在论述新民主主义的文化时，说它是民族的、科学的、大众的。这几条原则也适合于社会主义文化，当然还需要补充一些更重要的、已经为实践发展了的要领，那就是社会主义的、人民群众的、融会了世界文化而具有当代科学水平的文化。从中必将产生一批和我们时代相称的文化伟人，他们学问渊博，包容古今，有远见卓识，而又能摆脱一切偏见，取得辉煌的文化业绩，解决文化以至整个社会发展中的重大问题，从而使人公认其不朽。

六、关于《论语》的解释

（一）语言问题

对《论语》的解释，如果从汉代孔安国算起的话，也已有两千年。解释《论语》的书有几千种，中国和日本都有人搞汇集众多注解的集注工作，收集到好几百家。《论语》中的每一章书，甚至每一句重要的话，都会有两三种到一二十种不同的解释。但是即使如此，人们也没有到迷惑不解的程度，应该说，古今的人都还是读懂了《论语》的，并且已经理解得很精细，有些地方不明确，甚至误解了，则是难免的，即使是权威的注本，也可能有些明显的错误之处。

古来《论语》的权威注本可举：三国时何晏的《论语集解》、宋代邢昺的《论语注疏》（包含在《十三经注疏》本中）、宋代朱熹的《论语集注》、清代刘宝楠的《论语正义》。其中尤以朱熹的注本流行最广，元明清好几百年的人读《论语》，一般都是用他的集注本。

例如朱熹讲"学而时习之"（1.1）即学而又时时习之，他把"时"解释为"时常"之义，吴小如说不对了，这是"用后代的词义解释古书"（见其《读人所常见书日札》），因为"时"字在周秦的时代还没有"常常"的意思。他列举了《论语》中所有的"时"字，做了词义的调查，这就有了科学的根据。而何晏和王肃的注都是说"以时诵习之"，即到一定时候。原来是注对了的，后来反而错了。所以像朱熹那样高水平的训诂也不免有错，再加上他过于尊经，又想利用经书来阐述一点理学思想，就有"不少主观片面的说法"（杨伯峻语）。

学习《论语》，很多人是通过杨先生的译注本来入门的，这是我们现代比较科学的注本，吸收并辩证前人的成果较多，又用现代语言来译注，颇经推敲而得。杨先生是专门致力于古籍训解和古汉语研究的大家。凡是我们的注本中与杨先生一致的地方，便往往是向杨先生学习而得者，这是不应掠美的。同时我们也参考了好些其他的注本，也提出了一批我们的解释。

1.关于常用语的训解

例如7.20章"子不语怪、力、乱、神"。这是《论语》中很重要的一章，这"力"指的是什么？王肃说："力谓若奡荡舟、乌获举千钧之属。"这前一例举对了，"羿善射，奡荡舟"（14.5），都是靠武力著称，与禹、稷的德对立，故不得其死然，孔子是反对的。这乌获是一般的大力士，无关乎德与不德，是否也在孔子反对之列呢？例如孔子经常赞赏勇，卞庄子能斗双虎，他是赞赏的（14.12）；"骥，不称其力"

（14.33），也只是说不赞赏，并不是反对，若是反对了力，还能称骥吗？所以王肃的解释讲对了一部分，不够明确。但是朱熹却把"力"解释为"勇力"，这就有很大问题了，因为孔子一再提倡"勇者不惧"，智、仁、勇三者并举，怎么能说子不语勇力呢？杨先生显然也受了朱熹的影响，说成"勇力"。我们想，传统所说的强力与现在所说的暴力，跟孔子所说的"力"，基本相当。那么孔子是否一概地反对暴力呢？汤伐桀，武王伐纣，他没有反对，是"不语"的了，只是说到武王时的《武》乐是不尽善的，流露了一点不满（3.25）。他对当代一切坏礼坏法的暴力，则是一概地不语或反对的。

又如9.4章"子绝四：毋意，毋必，毋固，毋我"。这"毋我"是什么意思？《论语》中颇有几个语言运用独特之例，是孔子在语文上的不凡之处。这"我"字的意义谁都知道，可这里显然是引申了，引申为什么，就各有说法。何晏说："述古而不自作，处群萃而不自异，唯道是从，故不有其身。"这里只有第一句是联系《论语》的解释，即"述而不作，信而好古"（7.1），如果这就是"毋我"，那就很容易把孔子理解成一个不要主观努力、不要创造性的人了。孔子是有创造性的，他这"子不语""子绝四"就颇有新意，颇为深切。他在陈述周礼的时候是不能随便"自作"的，他入太庙，每事问，也是不"自作"的。至于何晏的后两句话，把孔子说到无我的境界，那恐怕又是用他自己的道家思想来理解孔子了。所以我们觉得何晏的这条注解颇不确切。朱熹说："我，私己也。"他又说"毋意"的"意"是"私意也"，这样，"毋意"和"毋我"就有相当部分是重复的了，这也应是不合适的。杨先生译

"毋我"为"不自以为是",这接近于朱熹的解释,这个"以为"就是"意以为之"的意思。匡亚明作"不唯我是从",这个解释较好,它对"我"字的意义照顾得好,但这个"从"字是凭空而来的,服从是行为,前三项都是思想,欠协调。我们想,不宜把"我"字的意思引申得过远,"毋我"就是不处处都想着我,该进的时候进,该退的时候退,还有更多的时候要礼让,所以要"毋我"。他在老师面前,"当仁,不让于师"(15.37);他在国君面前,"勿欺也,而犯之"(14.22)。这便都是有我的了。这不是与"毋我"相矛盾的,在该退、该让的时候才要"毋我"。

又如14.9章有人问子产是什么样的人,孔子说"惠人也";问管仲,孔子说"人也"。这"人"字怎么解释?何晏说是"伊人",朱熹说是"此人",可是这里没有"伊""此"等字,显然是训诂学上十分忌讳的增字解经了。杨先生当然不会犯这种错误,他把"人"字解释为"人才"。这就好多了,可是我们感到还不够理想。《论语》中说人才的时候是说"才",如8.20章说"才难";同时,跟下文相接,才不才的问题也不甚切合。故我们认为这个"人"字是"人物"的意思,管仲离孔子已一百多年,故还是"历史人物"之义。"人"字在许多场合是指崇高的人或贵重的人,从而区别于"民",这里正是这个意思。

此外,如14.12章所谓的"成人",历来都解释为"全人",即是个完全无缺的人,这也是有困难的。下文所举的成人中还有一位是孔子的学生冉求,冉求在孔子看来是不是一个全人呢?冉求和子路一起要帮助季氏去攻打颛臾,受了孔子批评(16.1),孔子有一次还说冉求"非吾徒也。小子鸣鼓而攻之，可也"（11.16）。可见要把他说成全人是有困难的。又如14.24章所谓的"学者"，历来解释为"大有学问的人"，可是我们看来看去总觉得只是指正在学习的人。

总之，以上都是一些极常见的字，略举数例，问题是在此章此句取什么意义，稍一疏略，就不易讲通了。对于他们那些讲解《论语》的权威，我们总是学习在前，却也往往要怀疑一下。他们学问大，有时就先入为主，有时就用自己的学术观点去解释孔子，竟致走了样。我们学问小，反而免去了这些负荷，显得单纯一些。

2.关于古词古义的训解

这里也颇有可商讨之处，我们也略举几个例子来看：

如17.12章"色厉而内荏"。荏，一般解释为"怯弱、柔弱"，然而穿窬之盗的内心是并不弱的，弱了就不去穿窬了。可见，孔子用了这个古字古义是有斟酌的。例如《诗经》的毛亨传和郑玄笺解释这个"荏"字时，就只说"柔"，不说"弱"。

如1.1章"人不知而不愠"。愠，历来解释为"怒也"。这里孔子也用了一个古词古义。"愠"的意义有什么特点？"怒"的意义很重，而"愠"的意义正是较轻的，不过是内心有点蕴藉罢了。愠，蕴也。通俗点说，"不愠"就是不生气，连点不痛快都没有，别说发怒了。

如10.9章"寝不尸"。一般解释为"像死尸一样"，但是谁把尸体来比方活人睡觉的姿势呢？《说文解字》解释得好，"尸"的本义是"陈也"，"象卧之形"。"陈"就是陈列，摆设样子，睡觉不能这样。"尸"字的古文字字形像卧着的人。段玉裁说："尸""屍"是两个字，"经传多借'尸'为之"，故我们应该去抓住"尸"字的本义。

如"草上之风必偃"。偃，仆，倒。这个大体意思不错，但是为什么用一个"偃"字？它的意义有什么特点？孔子有一个学生叫言偃，字子游，可见"偃"与"游"还有关系，若是倒了就没有"游"了吧。故我们解释为"安然卧下"。参见12.19章。

又如9.28章"岁寒，然后知松柏之后凋也"。凋，一般解释为"凋零、凋落、凋谢"，可是松柏是不凋的。或解释为"小凋"，这显然又是自己增加了一个"小"字，而小凋仍然还是凋。或解释为"不凋"，可是这个否定词"不"是孔子原话中所没有的。还是《说文解字》好，它与众不同地解释说"凋，半伤也"。伤并不是死，伤无所谓半与不半，伤有轻重，凋更轻于伤。用这来解释"后凋"就很确切了。伤，创也。创之浅者曰伤，则凋更浅于伤。"凋"与"彫"通。彫，琢文也，刻文也。彫刻、彫琢是不能叫木石受伤的，受伤也是轻微的。"彫弓"谓彫画文饰之弓，就更不能伤坏弓体了。如此说来，"后凋"还说不定是把松柏彫饰得更美了。所以，孔子用这个"凋"字的意义是很微妙的。

由上可见，对《论语》语言的解释还有求精的必要，并不是都已经称心如意了。其中对常用词的解释比古词古义更要难些，因为常用词意义复杂，在此章此句究竟取哪一义，要明确不误地讲出来，为什么是这个意义，有道理可说。有时就要联系这个词在《论语》中的全部用法，甚至周秦时代的用法，要联系本章或孔子全部的思想。语言和思想是结合的，要互相参证。就这样，还不免有一时难以作出明确判断的地方。古词古义较少那种歧义难辨的情况，只要细心去查看它的音义就可以了。有时涉及面也很广，古时的解释也未必全都可靠，需要查证和辨别一番。总之，念《论语》的过程，也是我们阅读和判断能力提高的过程。当今的语言学、训诂学也比何晏、朱熹的时代进步得多了。

此外，对《论语》的解释中还有一种情况：结合具体章句，把词的意义发挥过多、规定得太狭窄了。如17.24章的"徼"，释作"抄袭别人的成绩"；同章之"讦"，释作"攻发人之隐私"。这两个字若是用在别的地方，就未必完全是这样的意义，它就没有普遍性，而语言的音义总是面对社会所有成员的。

（二）理解问题

根据长期以来大家阅读《论语》的经验，除了语言解释准确之外，还有几个理解问题。

1.言论的背景

一种是就时就地的背景。如"吾未见好德如好色者也"（9.18），为什么用好色来比好德？只有了解了孔子跟在卫灵公和南子的车后那种怨恨的心情，才能理解这句话。另一种是春秋的时代背景。如"骥，不称其力，称其德也"（14.33），若是不领会春秋战国时代德和力的对立概念，也就不能理解这句话。再如"粪土之墙不可杇也"（5.10），只有了解墙在周秦时期的含义以及版筑方法，才能明白孔子是在什么意义上批评宰予的，那是恨他不能成大器。诸如此类。但是有许多话的背景我们现在已不知道了，这就没有办法。有时要把一种解释放在整个孔子思想中去理解，看有无矛盾之处，从而判断。

《论语》中有三四章书，主要因缺乏背景，不好理解了。

2.各章之间多联系

要求起到互相发明的作用。例如讲德和力的，《论语》中共有三章，可资比较。孔子不谈力，但是在哪些场合还是谈了，这样就可以分析孔子的思想。孔子谈仁，是从哪些方面谈仁的？孔子的交友观是可以整理一下的。读这种语录体的文章，倒可以使读者的手和脑活动起来。

像孔子这样的大圣人，两千多年来，人们就是集中地念《论语》，却没有人去把散见于《左传》《孟子》《荀子》等各书中有关孔子的言行都包罗无遗地搜集起来，窥其全豹。可能其中有的是赞颂的，有的是诋毁的，有的是实录，有的是讹传，鉴别也难，反不如一概不加搜集，学者自可去求。但是注释家的注也不做这种广泛的引证，他们可以将上千种的注释汇来汇去，就不汇战国或两汉对孔子的记载。这样，人们就集中地在《论语》上下功夫，把这一万二千多字倒腾得熟透了。再有工夫，便是身体力行，一个字也可以做一辈子，所以在民间有着一本力行的活《论语》。这在两千年至今是非常了不起的。

3.人物有性格

《论语》不是文学作品，里面从孔子到学生却各有性格，而且很鲜明。因此人们读起来津津有味，谈起来如见其人，好像咱们现在的学生中也不难找出这样一批人来。这就使咱们可以相信，《论语》对当时的记载，十分真切。子路勇敢，颜回内向，宰予不好表现，子贡是个全才，等等，几个重要学生的性格，有多方面的复杂表现，都可以列举出来，在他们的言行中表现着。一是从他们的发问看，二是从他们答话的态度和发言的先后看，三是从他们的行动看，四是从孔子的评语看，这都是读《论语》的人可以注意的地方。

4.孔子言论的针对性

前面谈到孔子的思想和他的时代有很强的针对性，这里要说《论语》中的问答也有很强的针对性。回答弟子是根据各人的情况来说的，同一问题，回答就不同。最明显的是11.20章"求也退，故进之；由也兼人，故退之"，因此对不同的学生说不同的话。15.11章颜回问为邦，孔子回答说："行夏之时，乘殷之辂，服周之冕，乐则《韶》《舞》。"注家就说了："弟子问政者数矣，而夫子不与言三代损益，以非其任也。回则备言，王者之佐，伊尹之人也，故夫子及之焉。"（《论语正义》引干宝《易杂卦注》）这也就是因材施教吧！孔子回答诸侯的问题，都切合该诸侯国当前政局中的主要问题。孔子几次回答季康子的问题，完全是对季氏的批评与规劝，如12.17～12.19章等。

5.以《论语》释《论语》

周秦时诸子百家的书中，有许多重要的概念，用语往往相同，含义却各不相似，这就要从各家自己的阐述中去了解，远不能一概而论。比如大家都说"道"，各学派都有自己的道，"知道"这个词最早见于兵家，孔子说"闻道"，老子说"常道"，各有各的用意。儒家和兵家，一文一武，《孙子兵法》也讲德、仁，孔子讲仁是不讲力的，兵家能不讲力吗？他讲的就是力。又如说天，孙子说："天者，阴阳、寒暑、时制也。"（《孙子兵法·始计》）孔子虽也说："四时行焉，百物生焉，天何言哉？"（17.19）但是要讲天命的时候就不同了。儒家是务实的，道家是务虚的，道家推崇的圣人和儒家推崇的圣人大不一样。孔子讲"天子"，老子则主要讲"人主"。这样，就《论语》理解《论语》就是非常重要的了。不仅一些重要的学术概念要特别注意，就如《论语》讲"学"，包括行为在内，如1.14章"敏于事而慎于言"，这也是好学的内容。《论语》讲忧和惧，不是一般的忧虑和恐惧。"内省不疚，夫何忧何惧？"（12.4）这样，就是一个做人的问题了。《论语》所说的"善人"，要认真辨别一番，才能把握是指什么样一种人。

我们还很赞赏杨伯峻先生解释《论语》中所说的小人可有两种情况：一种是指无德的人，一种是指普通老百姓。这是从《论语》本身来细加辨别的。全书共用"小人"二十四次，杨先生说有二十次是指无德的人，如"小人比而不周"（2.14），有四次是指老百姓，如"君子之德风，小人之德草"（12.19）。这样的注释是很精细、很用心的了。凡拿君子与小人做道德上的对比时，则小人便是指无德的人，如"君子喻于义，小人喻于利"（4.16）等；凡君子与小人的差异只是一种社会地位的区别，小人所指很广泛，便是指普通百姓，如"君子学道则爱人，小人学道则易使也"（17.4），"易使"即容易听从指挥，则范围就很广了。又如13.4章孔子批评樊迟"小人哉"，樊迟要学稼，学圃，而不去学习礼义，这就从君子降到一个普通百姓的位置了。这就是要以《论语》释《论语》，正确理解孔子的原义，密切从原文出发，从词义到句义，不能无根据地外加一些因素，力求避免训解中的主观主义。

以上五项，是我们理解《论语》所应注意之点。另外，本书注释仅为疏通文义，所以原文中未加注码。

目　录

学而篇第一

1.1 子曰："学而时习之，不亦说（yuè）乎？有朋自远方来，不亦乐（lè）乎？人不知而不愠（yùn），不亦君子乎？"

［注释］

①时，到一定时候。《论语》中说的"学"和"习"，主要指仁义道德、为人处事的问题而言，"习"为"实习、实现"之义。②亦，无实在意义，只是加强反问语气，故可加"很"或"就"字表达它。说，即"悦"，愉快。③远方，指其他诸侯国家甚至少数民族地区。④愠，郁积，生气。

［提示］

本章第一句说要勤奋学习，第二句说能扩大影响，第三句说有坦荡风度。

［译文］

孔子说："学了，到时候便实习，不是很愉快吗？有志同道合的人从远方赶来，不是很欢乐吗？人家不了解也不生气，不就是个君子？"

1.2 有子曰："其为人也孝弟（tì），而好（hào）犯上者，鲜矣；不好犯上，而好作乱者，未之有也。君子务本，本立而道生。孝弟也者，其为仁之本与（yú）！"

［注释］

①有子，即孔子学生有若。《论语》的第二章就载有子之言，足见有子在孔子学生中威信之高，有"有子之言似夫子"之说。②也，于此为句中的停顿语气词。弟，即"悌"，弟对兄长的尊重和听从曰悌。③鲜，少。④未之有，即未有之，意即没有这种事。否定句和疑问句中的宾语是代词，就提到动词之前，这是古语法，因此这里说"未之有"，"之"是代词宾语。⑤务，从事，致力。⑥其，于此表示推测的语气，有"大概、恐怕"的意思。与，即"欤"，语气词。

［提示］

这一章说，讲孝悌的人不会犯上作乱，这就把伦理道德问题与政治问题结合起来了，即所谓的"为政以德"。

［译文］

有子说："那种为人孝悌，却好触犯上司的人是很少的；不喜欢触犯上司，倒喜欢叛乱的人，是没有的。君子抓根本，根本的东西确立了，导向就有了。孝悌大概就是仁的根本之点吧！"

1.3 子曰："巧言令色，鲜矣仁！"

［注释］

令，善。色，本指脸色。"令""色"二字的下部皆为"卩"字，即"气节"的"节"。

［提示］

本章巧言令色指表面上讲究的东西，虽然不一定都不好，但仁义道德就不会多，变成虚架子，即不充实、不厚道。参见5.25。

［译文］

孔子说："说得巧妙，脸面好看，仁就少了。"

1.4　曾子曰：“吾日三省（xǐng）吾身：为人谋而不忠乎？与朋友交而不信乎？传（chuán）不习乎？”

[注释]

①曾子，孔子著名的大弟子曾参（shēn），鲁国人。②日，即日日，每天。三，泛指多次，一再。省，反省，检查。身，自己。③忠，忠诚，真心为人，与后来专指忠君的意思不同。

[提示]

本章就是说的好学，“学而时习之”的部分内容。

[译文]

曾子说：“我每天一再检查自己：帮人考虑问题没有真心实意吗？与朋友交往没有诚信吗？老师传授的东西没有实习吗？”

1.5　子曰：“道千乘（shèng）之国，敬事而信，节用而爱人，使民以时。”

[注释]

①道，即“导”，领导。乘，军用战车，驾四马拉载。那时使用战车的数量表明诸侯国的大小、军备的强弱。万乘之国为大国，春秋时尚少，百乘之国为小国，千乘之国是一般的中等国家。②敬，认真。事，指政事。③以时，按一定时间。劳役过重，或在农忙季节抽调大批劳役，就都不是“以时”。

[提示]

孔子讲话都有针对性，本章所述五点，大概亦是针对当时政界时弊而发的。有些荒淫无能的暴君是一条也做不到的。

[译文]

孔子说：“领导一个上千辆兵车的诸侯国家，办公要认真、守信，节约开支，爱护周围的人，调用民役要安排好一定的时间。"

1.6　子曰："弟子入则孝，出则悌，谨而信，泛爱众，而亲仁。行有余力，则以学文。"

[注释]

①弟子，孔子对学生们谦称为弟，爱称为子。《论语》中七次称"弟子"，五次是对门人学生而言的。后世沿袭，学生的学生便称再传弟子。②亲，接近。仁，仁者，作名词。③以，用来。文，文献知识。

[提示]

从本章可见，弟子们做人第一，求知学艺之类第二。宋代的程颐说过这样的话："今人不会读书，如读《论语》，未读时是此等人，读了后又只是此等人，便是不曾读。"又说："读《论语》，有读了全然无事者，有读了后其中得一两句喜者，有读了后知好之者，有读了后直有不知手之舞之足之蹈之者。"

[译文]

孔子说："弟子们在家便尽孝，出门对待一般友人，就像对待兄长一样尊重、友爱，处事慎重、守信，对众人有广泛的爱，而亲近仁者。做到这些，还有余力，便学习文献知识。"

1.7　子夏曰："贤贤易色；事父母，能竭其力；事君，能致其身；与朋友交，言而有信。虽曰未学，吾必谓之学矣。"

[注释]

①子夏，孔子学生卜商，字子夏，晋国人。有若、曾参、卜商这些人，假若二十多岁跟孔子学习，孔子已年近七十，是晚年了。②贤贤，尊敬贤者。前一"贤"字作动词，后一"贤"字作名词，指贤者，有道德、才

干的人。色，此指神色。易色，改变神色，如十分庄重、肃然起敬之类。
③致，献出。致其身，即献身。君要臣死的时候，就得去死，故有献身的
问题。

［译文］

子夏说："尊重贤者，是改变一下自己的神色；侍奉父母，能尽力而
为；效力君主，能够献身；与朋友交往，说话守信。做到这四条，他即使
说还未曾学习，我一定说他是学过的了。"

1.8　子曰："君子不重，则不威；学则不固。主忠信，无
友不如己者。过，则勿惮（dàn）改。"

［注释］

①友，结交，动词。②惮，畏难。

［提示］

本章"无友不如己者"，即上面第六章所说的"泛爱众，而亲仁"，
亲近和结交的是仁者，对不如君子的众人、小人，只是泛爱他们。

［译文］

孔子说："君子不自尊自重，就没有威望；学了，也不能在行动中得
到巩固。对朋友主要讲忠诚和信任，不去结交不如自己的人。有了过错，
就不怕去改正。"

1.9　曾子曰："慎终，追远，民德归厚矣。"

［注释］

厚，淳朴，厚道。

［提示］

本章没有指明是就什么人和事的范围来说的，那就是泛指，理解为普

遍的哲理。"慎终"就是善始善终的意思，"追远"就是"人无远虑，必
有近忧"的意思。

[译文]

曾子说："慎重地考虑到事情的结局，追究它的长远影响，都能这
样，民间的道德风尚就可趋于厚实而不轻薄了。"

1.10　子禽问于子贡曰："夫子至于是邦也，必闻其政，
求之与？抑（yì）与之与？"子贡曰："夫子温、良、恭、
俭、让以得之。夫子之求之也，其诸异乎人之求之与？"

[注释]

①子禽，即陈亢，字子禽，有的记载说他也是孔子的学生。子贡，姓
端木，名赐，字子贡，卫国人，孔子的著名弟子。②夫子，指孔夫子。本
来大夫可称夫子，孔子曾为鲁大夫。后来泛称老师为夫子。至于是邦，孔
子到过郑、宋、曹、卫、陈、楚、杞、莒等国。③抑，还是，连接词。抑
与之与，前一"与"字，给，后一"与"字，同"欤"，表选择的语气。
④以，用。⑤夫子之求之，夫子的求闻其政。前一"之"字，加在主语和
谓语之间，使"夫子求之"这个句子变成词组，作为更大一句的一部分。
后一"之"字，代词，指"闻其政"。⑥其诸，恐怕，大概。乎，于。异
乎，不同于。人之求之，句法与上"夫子之求之"相同，义即人家的求闻
其政。

[提示]

本章温、良、恭、俭、让是对孔子修养的一个重要概括。

[译文]

子禽向子贡问道："夫子到一个国家，必定要了解那个国家的政事，
是去要求了解的呢？还是人家告诉给他的呢？"子贡说："夫子用温和、

善良、恭敬、节制、谦让的态度得以闻政。夫子求得闻政，大概不同于别人求闻其政的方法吧？"

1.11　子曰："父在，观其志；父没，观其行；三年无改于父之道，可谓孝矣。"

[译文]

孔子说："父亲在世，观察儿女们的志向；父亲死了，便观察儿女们的行为；在三年左右或相当长的一个时期里不改变父亲的主意，便可说是孝顺的了。"

1.12　有子曰："礼之用，和为贵；先王之道，斯为美。小大由之，有所不行；知和而和，不以礼节之，亦不可行也。"

[注释]

①先王，如孔子所崇拜的夏禹、商汤、周文王、周武王等。②斯，这。③由，此作动词，遵循，依照。

[提示]

本章讲礼制。我们中国是礼仪之邦，但是一切讲礼，也有行不通的地方，这该指什么？在阶级社会里，下层往往要起来犯上作乱，就是上层社会内部，利害冲突也很激烈，这时候，光靠礼乐、中和，就不中用了。所以，"有所不行"也是实际话。有朝一日，礼崩乐坏，原有的秩序要打乱，然后去寻求新的和谐、新的礼仪。

[译文]

有子说："礼的作用，以和谐为可贵；对于先王之道来说，这成为它美好之所在。大事小事都遵循着礼的和谐，也有行不通的地方；知道要和谐，就去求和谐，不用礼制加以调节，也是有行不通的地方。"

1.13 有子曰："信近于义，言可复也。恭近于礼，远耻辱也。因不失其亲，亦可宗也。"

[注释]

①复，往复，行得通。②远，动词，远离，脱离。③因，因袭，继承，依附；此作名词，指因袭、依附的人。因不失其亲，在因袭、依附的人中没有丢掉他的亲属。这在宗法社会，在家天下时代，就是合乎礼和义的，就是可以信任和恭敬从事的。④宗，尊重，推崇。

[译文]

有子说："信任合乎道义，诺言就是可行的。恭敬合乎礼节，就免遭耻辱。在因袭的人中没有丢掉他的亲属，就很可尊崇了。"

1.14 子曰："君子食无求饱，居无求安，敏于事而慎于言，就有道而正焉，可谓好学也已。"

[注释]

①食无求饱，孔子这句话在后代的养生之道中经常被援引，如说只能"七分饱"。②就，动词，去到，亲近。有道，有道的人。正，动词，端正，纠正。焉，于之，在那里。③已，同"矣"。也已，的了，语气词连用。

[提示]

本章的宗旨就是"安贫乐道"，把富贵看成浮云，而完全致力于一个精神和文化上的追求，即好学与闻道。这种人，古今并非罕见。

[译文]

孔子说："君子吃饭不求全饱，居住不求安逸，办事勤快，说话谨慎，接近有道德的人，就在那里纠正自己的过错，这就可称是好学的了。"

1.15　子贡曰："贫而无谄（chǎn），富而无骄，何如？"子曰："可也；未若贫而乐，富而好礼者也。"

子贡曰："《诗》云：'如切如磋（cuō），如琢（zhuó）如磨。'其斯之谓与？"子曰："赐也，始可与言《诗》已矣，告诸往而知来者。"

[注释]

①谄，献媚，拍马。②未若，不如。③《诗》，《诗经》。云，说道。《诗经》中卫国的民歌《淇奥》中有这句诗："有匪君子，如切如磋，如琢如磨。"意思是有才华的君子做学问，讲修养，就好像是对玉石的加工一样，不断地切磋、琢磨。这句诗说得既确切，又形象，非常好。磋，即"锉"，去芒角。④斯之谓，即谓斯，说这，把宾语"斯"提到动词"谓"之前，中间加"之"，强调了宾语"斯"。其斯之谓与，大概就是说的这种情况吧。指孔子和子贡讨论人在贫和富的不同情况下应该如何生活，就是切磋学问。⑤也，主语之后加的停顿语气词。这类地方都可以使人感到《论语》的语气词用得很多，表明它的口语性强。⑥始，方才。已矣，语气词连用，加强语气。⑦诸，之于。之，这里指第二人称"你"。

[译文]

子贡说："穷了不献媚，富了不骄傲，怎样？"孔子说："可以的；却不如穷了还过得开心，富了仍爱好礼仪的人呀。"

子贡说："《诗经》上说：'如切如磋，如琢如磨。'大概就是说我们这样讨论问题吧？"孔子说："赐呀，这才可以跟你说到《诗经》了，告诉你过去的话，就可以懂得今后的事。"

1.16 子曰："不患人之不己知，患不知人也。"

[注释]

患，担心，怕。不己知，即不知己。之，仍是加在主语和谓语之间，使句子变成词组，"人之不己知"是动词"患"的宾语。《论语》中一再说不怕别人不了解我，如14.30"不患人之不己知，患其不能也"，又说"人不知而不愠"，都是"君子求诸己"的表现，要"知人"才能"善与人交"，才能"见贤思齐"。

[译文]

孔子说："不担心人家不了解我们自己，只担心我们不了解人家。"

为政篇第二

2.1　子曰："为政以德，譬如北辰，居其所而众星共（gǒng）之。"

［注释］

①北辰，北极星。②所，处所。共，即"拱"。

［提示］

本章是纲领性的一句话。众星拱北斗，似乎就是诸侯朝拜的情景。一般说，主要靠道德治国是有困难的，只在当时的情况下，有它的针对性。参见前面序言所述。世界著名诗人歌德称赞孔子是务实的哲学家、道德的哲学家。埃及的金字塔，塔尖指向北极星。相传国王死后，灵魂就归向那里。这里是以北辰喻专制政治。

［译文］

孔子说："用道德来治理国政，就像北极星待在它的位置上，所有的星都朝着它。"

2.2　子曰："《诗》三百，一言以蔽之，曰：'思无邪'。"

［注释］

①三百，《诗经》共三百零五篇，举其整数，便简称三百。后来《唐诗三百首》等便是取这个传统的数。②一言以蔽之，即以一言蔽之。言，

句，有时"一言"指一字。

［提示］

孔子的概括力很强，从他的学说到他的许多学生，种种人和事，他常常用一两个字或一两句话揭示出来，简明而深入。

［译文］

孔子说："《诗经》三百篇，用一句话概括它，可说是'思想纯正无邪'。"

2.3 子曰："道（dǎo）之以政，齐之以刑，民免而无耻；道之以德，齐之以礼，有耻且格。"

［注释］

格，归顺，来归。

［提示］

本章把法治与德政做了比较。儒、法两派的对立，后来就愈演愈烈。孔子在世的时候，法治的学说已经提出，看来他这里的话，也是有所针对而发的。

［译文］

孔子说："用政令来引导他们，用刑法来调整他们，人们免于罪过，却没有羞耻之心；要是用道德来引导他们，用礼教来调整他们，人们有羞耻之心，而且能够归顺。"

2.4 子曰："吾十有五而志于学，三十而立，四十而不惑，五十而知天命，六十而耳顺，七十而从心所欲，不逾矩。"

［注释］

①有，同"又"。②立，在社会上立身处世。《季氏篇》载孔子告

诫儿子："不学诗，无以言。""不学礼，无以立。"即学了诗书，懂得礼义，才能立身言事。③耳顺，什么话都能听得进去，即对世事完全通情达理了。一般有哪些情况耳朵就不顺了呢？例如对别人说自己的坏话感到刺耳，自己意气用事，对人拒之门外，就什么也听不进去了；又如抱有成见，主观地偏听偏信，就只能听进一个方面的话。所以，耳顺是一种很高的境界。就天命来说，就是能顺天意了。顺应事态的发展，把它看作老天的安排。孔子一生听到的逆耳之言是很多的，子路给他挡了不少驾，子路先死，孔子闻讯后这样说：从我得子路以后，"恶言不闻于耳"。④不逾矩，不超越规矩。即使是随心所欲，也不越规，世上的规矩，完全化在自己的身心之中了。

[提示]

这是孔子一生治学的深切感受，自然是晚年的言论了。

[译文]

孔子说："我十五岁有志于学习，到三十岁知书识理，能够立身处世，四十岁时对自己的言行学说坚信不疑，五十岁时懂得世事的发展，都是老天的安排，六十岁时一切的话都能听得进去，七十岁从心到身，自由动作，不越规矩。"

2.5　孟懿（Yì）子问孝。子曰："无违。"樊迟御，子告之曰："孟孙问孝于我，我对曰：'无违。'"樊迟曰："何谓也？"子曰："生，事之以礼；死，葬之以礼，祭之以礼。"

[注释]

①孟懿子，姓孟孙，名何忌，懿是谥号，鲁国大夫。他是长期把持鲁国国政的"三桓"之一（见序言），社会地位很高，故孔子回答他的问题要用"对"字。《左传·昭公七年》载孟懿子的父亲孟僖子临终时要他去

向孔子学礼。所以，孔子这里的回答是再切合不过的了。②违，违背。当时说违，一般便是指违背礼节。③樊迟，孔子学生，名须，字迟。御，驾车。孔子出门，多是学生驾车，师生在车上时有对答。

[提示]

三桓长期在鲁国掌政，鲁君都得听他们的，不能违拗他们，他们违礼的地方就太多了。孔子答话中省了"礼"字，告诉樊迟时，一连重复三个"以礼"，很有修辞的讲究。

[译文]

孟懿子问孝。孔子说："不要违背（礼节）。"樊迟给孔子驾车，孔子告诉樊迟说："孟孙向我问孝，我回答他说：'不要违背（礼节）。'"樊迟说："这是怎么个说法呢？"孔子说："父母活着，按规定的礼数侍奉他们；死了，按规定的礼数埋葬他们，按规定的礼数祭奠他们。"

2.6　孟武伯问孝。子曰："父母，唯其疾之忧。"

[注释]

①孟武伯，孟懿子的儿子。②唯，只。其，指父母。唯其疾之忧，即唯忧其疾。尽孝的人，别的都可以侍奉周到，只愁疾病是没有办法的事，生老病死，谁都难免。

[提示]

本章与上章对照，父子二人先后问孝，回答不一，可知孔子回答问题都根据提问者的情况，因材施教，说话针对性很强。

[译文]

孟武伯问孝。孔子说："对于父母，只愁他们发病了。"

2.7　子游问孝。子曰："今之孝者，是谓能养。至于犬马，皆能有养；不敬，何以别乎？"

［注释］

①子游，孔子学生，姓言，名偃，字子游，吴国人。孔子认为他"习于文学"，即熟悉文献上的学问。②是，这。③敬，严肃认真。

［译文］

子游问孝。孔子说："如今讲究孝顺的做法，这可以叫作能够养活父母。犬马直到老了都能得到饲养；没有严肃认真的心，拿什么去区别对人与对牲畜呢？"

2.8　子夏问孝。子曰："色难。有事，弟子服其劳；有酒食，先生馔（zhuàn）。曾（zēng）是以为孝乎？"

［注释］

①色，脸面表情。参见前1.7"贤贤易色"。可见脸色也是要注意的。②馔，吃喝，动词。名词指食物，常指佳肴，即好饭好菜，故作动词时也区别于一般的吃喝，该为"享用"之义。③曾，竟。

［译文］

子夏问孝。孔子说："难在尽孝者经常有愉快的神色。有差使，儿女们去效劳；有酒有食，老人们享用。这样竟就可以称为孝道了吗？"

2.9　子曰："吾与回言终日，不违，如愚。退而省其私，亦足以发，回也不愚。"

［注释］

①回，姓颜，名回，字子渊，又称颜渊，鲁国人。他是最信奉、最忠实于孔子学说的人，是孔子屡加赞赏、最感得意的学生，《史记·仲尼弟子列传》中也把他排在第一位，比孔子小三十岁（有些人考证说应该小

四十岁）。他身体不好，生活也苦，营养差，英年早逝，三十二岁而死。②愚，从"心"，"禺"声。禺，猕猴之属。因此把事理不通达、不理解、无反应之类的情状称作愚。颜回终日不违，故说如愚。③省其私，反省他私下独处时的言行。

[译文]

孔子说："我整天和颜回谈话，他从没有反对意见，像个笨人。等他回去反省自己私下的言行，还很能发挥，颜回呀，不笨。"

2.10 子曰："视其所以，观其所由，察其所安。人焉廋（sōu）哉？人焉廋哉？"

[注释]

①以，用。所以，用来……的办法。②焉，怎么，疑问副词。廋，隐蔽，动词，名词指偏僻隐曲的场所。哉，感叹语气词。

[提示]

本章讲怎样去考察一个人。"所以""所由"二词均无上下文可联系，即取其常用义。

[译文]

孔子说："看他做事所用的办法，观察他的由来经历，审度他的心志，安于什么不安于什么。这个人怎样隐蔽得了呢？这个人怎样隐蔽得了呢？"

2.11 子曰："温故而知新，可以为师矣。"

[注释]

故，原来的，此指已经学得的知识学问。

[提示]

本章讲为师者的治学。8.17章说"学如不及，犹恐失之"，犹恐失之，就是要温故，总像赶不及，就是要知新。又19.5章"日知其所亡，月无忘其所能，可谓好学也已矣"，日知其所亡（即"无"），即为知新，月无忘其所能，即温故。后来朱熹发挥说："旧学商量加邃密，新知培养转深沉。"这就说得更圆满了。

[译文]

孔子说："温习原有的知识，并且了解新的学问，就可以为人师表了。"

2.12　子曰："君子不器。"

[注释]

不器，古语中"不"字可加在一个名词之前，现在很少这样说了，如说"国不国"，即国家不成个国家，"君不君"即君主不像个君主。不器，即不能做成个器具。器具只是派个一定的用途，否则成了废物。一个人学个什么手艺，掌握个什么工种，成为有用之人，对于君子，就不能这样要求，主要要看他的仁义道德、学问修养，所谓君子之学"德成而上，艺成而下"。参看9.6章，那里说君子的技能"多乎哉？不多也"。

[译文]

孔子说："君子不能学成个器具一般的东西。"

2.13　子贡问君子。子曰："先行其言而后从之。"

[提示]

在言和行的先后、虚实、轻重以及两者的关系方面，孔子说了很多话，如4.22章"古者言之不出，耻躬之不逮也"、4.24章"君子欲讷于言而敏于行"、14.27章"君子耻其言而过其行"、5.10章"听其言而观其行"。

[译文]

子贡问怎样做一个君子。孔子说："先把要说的话做到了，然后才跟着行动把话说出来。"

2.14 子曰："君子周而不比，小人比而不周。"

[注释]

周与比，都是人际关系亲密之义。周，字形上从"用"从"口"，即偏重于言行方面，词义比较抽象深刻。说周密，还往往比较精细。比，字形上从两个向右的"人"字，二"人"为"从"，反"从"为"比"，词义比较具体，如指两人或两物形体上的相连，如说比邻、比目，往往还指反面意义的相从，即有贬义，指不正当的亲密关系。这里结合君子、小人，有的解释君子是义的结合，小人是利的结合，或说"周"是公的结合，"比"是私的结合。

[译文]

孔子说："君子亲密结合，而不是勾结一起；小人勾结一起，却不是亲密结合。"

2.15 子曰："学而不思则罔（wǎng），思而不学则殆（dài）。"

[注释]

①罔，即"惘"，迷惘，糊涂。②殆，危险。

[译文]

孔子说："学习而不思考，就越学越糊涂；光思考而不学习，那就有危险，会想入非非，走上歧途。"

2.16 子曰："攻乎异端，斯害也已。"

[注释]

①异端，歪道邪说。端，开端。异端，两头之义，即不取中间，走极

端。②斯，就。已，完结，消除。

[提示]

孔子的时代，百家争鸣的局面还没形成，但是学说观点上的斗争，并联系到政治，却总是很激烈的。就从《论语》看，不同思想和政治观点之间的对立，就摆得很鲜明。孔子的措辞也绝非轻描淡写。

[译文]

孔子说："对于邪说异端展开进攻，祸害就可以消除。"

2.17　子曰："由！诲（huì）女（rǔ）知之乎？知之为知之，不知为不知，是知也。"

[注释]

①由，孔子学生，姓仲，名由，字子路，鲁国人。他是孔子身边十分活跃的人物，给孔子帮了很大的忙。年龄上，他仅比孔子小九岁。他对孔子的学说则是"升堂矣，未入于室也"。过去人们总是对他取喜爱和推崇的态度，无论如何他还是属于七十二贤人之列。实际上，看看他的行为，则是颇有可非议之处的。他当季氏的家臣，这季氏则是孔子很不感冒的人物，仁义礼乐，他哪一条也站不住。子路死于卫国的内乱，这是一场什么样的战争呢？历史上的记载是很具体的，却谁也不多做评论。那是一场父子争位之战，流亡在外的父亲发难（《左传》《史记》都说父亲的行为是作乱），攻打已经在位十二年的儿子。一打起来，那就父不父、子不子、君不君、臣不臣了，还有什么仁义礼乐可言？子路便英勇地死于其中了。孔子对这种死也没有说话，实际即是不赞赏的。②诲，教。今曰教，古曰诲。女，此即"汝"。③是知也，这一个"知"字，跟前五个"知"字意义不同，是"明智"之义。《论语》无"智"字，均作"知"。

［提示］

本章孔子对子路所说的话，是一句至理名言。要分清究竟是知还是不知，这是一个简单而又深刻的意识问题。

［译文］

孔子说："由！教你的东西都知道了吗？知道就是知道，不知道就是不知道，这才是明智的。"

2.18 子张学干禄。子曰："多闻阙（quē）疑，慎言其余，则寡尤；多见阙殆，慎行其余，则寡悔。言寡尤，行寡悔，禄在其中矣。"

［注释］

①子张，孔子学生，姓颛（Zhuān）孙，名师，字子张，陈国人。干，寻求。禄，官吏的俸给。②阙，同"缺"，空着。阙疑，对疑难不解的问题就空着，待解。下句"阙殆"，"殆"亦"疑惑"之义。③尤，过失，错误，此作名词，动词为"责备"之义。寡尤，减少了错误。

［提示］

过去人们都不讳言干禄，宋儒才讳言禄与仕，轻视事功。干禄之道，本章说要求之于自己，"君子求诸己"，努力在言行中减少过失。

［译文］

子张学习求官职得俸禄的办法。孔子说："多听听，有疑问就保留，谨慎地谈谈无疑问、有把握的东西，就能减少错误；多看看，保留疑问，谨慎地实行无疑问的事，就能减少后悔。言论少错误，行动少悔恨，官职俸禄就在其中了。"

2.19 哀公问曰："何为则民服？"孔子对曰："举直错

诸枉，则民服；举枉错诸直，则民不服。"

[注释]

①哀公，鲁国国君，姓姬，名蒋，鲁定公之子，在位二十七年（前494～前467年），哀是他的谥号。他有一个至死未了的心愿，就是要讨伐几代把持鲁国政权的三桓，结果露了破绽，反遭三桓攻击，死于患难途中。大约就是这个缘故，谥号便为哀公。②举，提拔。直，此指正直的人，名词。错，即"措"，安置。诸，"之于"二字的合音，意义和用法也等于"之于"，用在句末时便等于"之乎"。枉，曲，此指歪人。

[提示]

本章讲"举贤才"，再参见12.22章。这里突出一个"直"字，这个字的分量很重，道德的德字本作"悳"，从心，直声，它的上半部分就是一个"直"字，心直就是德。语源和文字反映，在我们民族的传统观念中，这个"直"字很重要。至于什么是正直，就有不同观点了。有一场生动、尖锐而持久的辩论，就是关于楚国一个"直躬者"的争执，参见13.18章。

[译文]

鲁哀公问道："做些什么，民众就能服从呢？"孔子恭敬答道："提拔正直的人居于歪人之上，民众就服从了；提拔歪人居于正直人之上，民众就不服。"

2.20　季康子问："使民敬、忠以劝，如之何？"子曰："临之以庄，则敬；孝慈，则忠；举善而教不能，则劝。"

[注释]

①季康子，姓季孙，名肥，康是他的谥号，三桓之一，排行第三。季康子是鲁哀公时鲁国的主要执政者，他位居正卿（像丞相那样，只在一

人之下的位置），但是鲁哀公也得听他管。如哀公跟越国的太子很好，太子愿意把自己的女儿嫁给哀公，并且多多地给他土地。季康子害怕哀公的力量强大，就设法制止了这件婚事，哀公也没有办法。季康子和哀公同年（前467年）去世。四月季康子死，看来就是趁此机会，哀公想依靠越国的力量来赶走三桓，事败，秋天他也遭难了。这时候孔子已经去世十年。孔子看出鲁君与三桓之间的矛盾终究要爆发，则是由来已久了。了解这些情况，有助于我们了解《论语》。孔子对待季氏的态度是委婉、复杂的，因为他们师生都居于季氏的权势之下，有些学生还直接在季氏那里效力，季氏也往往有事就来找孔子，在这种情况之下，孔子怎样给季氏讲仁义道德，就远不是跟弟子们一起那么单纯了。②以，而。劝，鼓舞，勉励。③善，善人，此作名词。不能，没有能力的人，亦为名词。

[提示]

本章回答季康子的问题，更是"君子求诸己"的思想，并且把问题说得更具体、更实在了。

[译文]

季康子问道："要使民众对上认真、尽心尽力，而且受到鼓励，该怎么办？"孔子说："你面对民众是严肃庄重的，民众对待政令也就认真了；你孝顺父母，爱护幼小，他们也就忠诚了；你提拔好人，教育无能的人，他们也就会受到鼓励。"

2.21　或谓孔子曰："子奚（xī）不为政？"子曰："《书》云：'孝乎惟孝，友于兄弟，施（yì）于有政。'是亦为政，奚其为为政？"

[注释]

①或，有人，代词。有时代替事物或时间地点，讲成"有的（事情

或东西，时间或处所）"，视上下文所指而定。②奚，为什么，怎么，作疑问副词或疑问代词。③乎，感叹语气。④施，延续，扩大。有，名词词头，无实在意义，如还可说有国、有苗、有民等。⑤其，表反问语气。前一"为"字，算是。

[译文]

有人对孔子说："夫子为什么不去从政？"孔子说："《尚书》上说：'孝呀，惟有要求孝顺，再能对兄弟友爱，把这些带到政治中去。'这也就是参与政治了，还要怎么才算是从政呢？"

2.22 子曰："人而无信，不知其可也。大车无輗（ní），小车无軏（yuè），其何以行之哉？"

[注释]

①而，连接词，往往加于主语和谓语之间。本来说"人无信"，直截了当，现在加了一个连接词进去，使人感到是把主语和谓语分成两节，然后连接起来。分成两部分，就是在表达上要强调一下。同时，"而"字往往连接意义并列、结构相同的部分，"无信"是动宾结构，就使人感到前一个"人"字也有动宾的意味，即为"做人"之义。故这种"而"字在表达上有细致的讲究。《诗经·相鼠》有"人而无礼，胡不遄死？""人而无仪，不死何为？"就是受到这类句式的影响。②輗和軏，车辕前驾住牲口的地方都有一道横木，横木两端与辕相接处都有活塞，从而带动车辕，拉车前进，这横木两端的活塞，牛拉的大车上的称輗，马拉的小车上的叫軏，这是牛马拉动车子的关键所在。

[提示]

本章可参看12.7章。

[译文]

孔子说:"做人却不讲诚信,不知道怎么行。大车没有輗,小车没有軏,还怎么拉车走呢?"

2.23 子张问:"十世可知也?"子曰:"殷因于夏礼,所损益,可知也;周因于殷礼,所损益,可知也。其或继周者,虽百世,可知也。"

[注释]

①世,三十年为一世,"世"字的上半部就是"卅"。从下文看,可知"十世"只是泛指久远的后代。也,表疑问。②夏、殷、周为古之三代。因,因袭,继承。③损益,减和增。④其,恐怕,大概,表推测的语气。或,有的(此指朝代)。⑤虽,即使。

[译文]

子张问道:"久远到十个朝代以后的礼制还可以知道吗?"孔子说:"殷代继承夏代的礼制,废除的和增设的,都还可以知道;周代继承殷代的礼制,废除的和增设的,也都可以知道。今后有朝代接着周代下去,即使一百代,大概也是可以知道的。"

2.24 子曰:"非其鬼而祭之,谄也。见义不为,无勇也。"

[注释]

鬼,古时人死都叫鬼。鬼,归也,精魂所归。大多指已死祖先而言。

[提示]

《左传》有所谓"民不祀非族",只祭自己宗族的鬼神,超出分内的祭祀也无福可祈求。本章所述二事似乎互不相干,前者是不当为而为,后者是当为而不为，对照而言。

[译文]

孔子说："不是自己族里的鬼神也祭祀了，就是献媚。眼见合乎道义的事也不去做，就是懦弱无勇。"

八佾篇第三

3.1 孔子谓季氏：“八佾（yì）舞于庭，是可忍也，孰不可忍也？”

[注释]

①此季氏可能指季平子（诸种记载不一），即季孙意如，为季康子的祖父。②佾，行列。八佾，即八行，每行八人。古代舞蹈奏乐，天子八行，诸侯六行，每行六人，大夫四行，每行四人，士二行，每行二人。季氏为大夫爵位，按礼只能用四行，今用八佾，是天子之礼了。③孰，什么，疑问代词。

[提示]

《八佾篇》共二十六章，都讲礼乐。前二十二章讲礼，后四章讲乐，或兼及礼乐。本章兼及礼乐。

[译文]

孔子谈到季氏，说：“他用天子八佾之礼在庭院中舞蹈，这可以容忍的话，还有什么不可容忍的呢？”

3.2 三家者以《雍（Yōng）》彻（chè）。子曰：“‘相（xiàng）维辟公，天子穆穆。’奚取于三家之堂？”

[注释]

①三家，即孟孙、叔孙、季孙三家。三家均为大夫爵位，大夫封域

称家，诸侯称国。《雍》，《诗经·周颂》中的一篇，天子祭祀时所唱。彻，即"撤"。②相，协助，此指助祭。维，同"唯"。辟公，此指助祭的人。天子大祭时，由辟（辟，君，此指同姓诸侯的国君）、公（公爵，泛称诸侯及王室的卿士）担任助祭的人。③穆穆，威仪和美庄重。

［提示］

以上两章，都是孔子对三桓在礼乐仪式上的一些超规格的行为表示很大的愤慨。天子而下，各有等级，分封的时候就明确了，现在大夫家也行起天子之礼。

［译文］

孟孙、叔孙、季孙三大夫之家，祭祖时用了天子的礼，唱着《雍》这篇诗来撤除祭品。孔子说："《雍》中说：'助祭的都是诸侯、卿士，主祭的天子庄严肃穆。'在三家的大堂上唱，取什么意义呢？"

3.3　子曰："人而不仁，如礼何？人而不仁，如乐何？"

［提示］

礼乐表示等级和秩序的和谐，没有仁、德，就无法执行。

［译文］

孔子说："做人不讲仁，怎样对待礼制呢？做人不讲仁，怎样对待音乐呢？"

3.4　林放问礼之本。子曰："大哉问！礼，与其奢也，宁俭；丧（sāng），与其易也，宁戚。"

［注释］

①林放，鲁人，有人说他也是孔子学生，不详。②大哉问，典型的感叹句把谓语放在主语之前。③戚，悲哀。

[提示]

从历史上看，礼仪的讲究，越来越繁多，标准越来越高，所以孔子说奢。但是丧礼却办得容易了，比如过去的殉葬制度很残酷，到东周就盛行用偶人陪葬了，有陶俑、木俑等，所以孔子说易。不过《论语》中反映当时的丧礼也不简单，比如要到坟地上住上三年，还只喝稀粥，饿得脸如灰土。礼俗的演变都有个过程，逐渐有"所损益"。

[译文]

林放问礼的根本。孔子说："问的题目好大呀！就礼仪方面说，礼，与其奢侈铺张，倒可以节俭些；丧事与其办得容易，宁可使悲痛的气氛重些。"

3.5 子曰："夷（yí）狄（dí）之有君，不如诸夏之亡（wú）也。"

[注释]

①夷狄，殷周时对周围许多少数民族的贬称。如常说东夷、南蛮、西戎、北狄，现在有时还把南方人说成南蛮子。②诸夏，华夏称诸夏，指"众多诸侯"之义。③亡，通"无"，读同"无"。

[译文]

孔子说："不注重礼义的夷狄等部族也有首领、君长，还不如华夏一时没有君长的情况。"

3.6 季氏旅于泰山。子谓冉（Rǎn）有曰："女（rǔ）弗（fú）能救与？"对曰："不能。"子曰："呜呼！曾谓泰山不如林放乎？"

［注释］

①旅，祭祀名山大川的专称。天地山川皆有神主，天子祭祀全国的名山大川，诸侯祭祀自己境内的山川。季氏是大夫，他又去行了天子之礼，向东岳之神献媚。东岳之神能去享用并保佑他吗？于，到。②冉有，孔子学生，姓冉，名求，字子有，鲁国人。他做季氏的家臣，故孔子找他说话。③呜呼，表悲痛的感叹词。

［译文］

季氏到泰山去祭告东岳之神。孔子对冉有说："你不能挽救一下吗？"冉有恭敬地回答说："不能够。"孔子说："唉！竟可以说祭告东岳之神还不如去请教一下林放呢（林放知道礼的根本之点，越级就破坏了礼）？"

3.7　子曰："君子无所争。必也射乎！揖让而升，下而饮。其争也君子。"

［注释］

①所争，要争的事情。"所"字加在一个动词之前，就指动作达到的对象。②也，停顿语气词。"必也……乎"是个固定句式，如"必也正名乎"等。必也射乎，一定要说有争，那就是比射箭了。③升，指升堂。④下，指下堂。

［提示］

本章讲君子风度，也联系到君子的本质，即仁义、礼让，因此君子总是温文尔雅的。还可参照15.22章"君子矜而不争"，16.7章君子戒斗。涉及利的时候不争，涉及仁义的时候则是要争的，对老师都可以"当仁不让"，何况对季康子等人呢！

［译文］

孔子说："君子没有要争的事。一定要说争，那就是比射箭了吧！互相作揖谦让后升堂，下堂来便一起喝酒。那种争呢，是君子有礼貌的争。"

3.8　子夏问曰："'巧笑倩（qiàn）兮，美目盼兮，素以为绚（xuàn）兮。'何谓也？"子曰："绘事后素。"曰："礼后乎？"子曰："起予者商也！始可与言《诗》已矣。"

[注释]

①倩，美好。兮，啊，语气词。②盼，眼睛流转多神。前两句诗见《诗经·卫风·硕人》，下面第三句，今本《诗经》中没有。③素，白色。绚，绚丽多彩。④后素，即后于素，在打好白色的底子以后。⑤起，启发。

[提示]

人长得好，然后才说神情表现。绘画的绚丽是建立在平淡的白色底子上的，而且它最后还可能回到平淡。华丽的礼仪，是以仁义为质地的。礼乐是文，仁义是质。两人的对话先做比喻，后谈实质问题。

[译文]

子夏问道："'灵巧的笑可以更美好呀，美丽的眼睛可以更多神呀，在白色的底子上好染起绚丽的色彩呀。'《诗经》上这三句诗讲的是什么问题？"孔子说："打好白色的底子以后再绘画。"子夏说："礼乐是产生在仁义之后的吗？"孔子说："能启发我的是子夏呀！现在可以跟你谈谈《诗经》了。"

3.9　子曰："夏礼，吾能言之，杞（Qǐ）不足征（zhēng）也；殷礼，吾能言之，宋不足征也。文献不足故也。足，则吾能征之矣。"

[注释]

①杞，杞国，夏禹的后代所在。征，验证。②宋，宋国，商汤的后代

所在。③文，指文献，典章制度，如1.6章"行有余力，则以学文"。献，贤也，此指贤者，熟悉文献掌故的人。今说文献，只指典籍了。

[译文]

孔子说："夏代的礼，我能说，只是它的后代杞国的情况不足以作证；殷代的礼，我也能说，它的后代宋国的情况也不足以作证。是人证物证不足的缘故。若是足够，我就可以引以为证了。"

3.10 子曰："禘（dì）自既灌而往者，吾不欲观之矣。"

[注释]

①禘，五岁一祭，是宗庙最大的祭天地之礼，只有天子代表全民才能举行。周成王因周公旦建立莫大功勋，许他禘祭，鲁国国君竟沿袭成了惯例，因此孔子不想看。②既，已经。灌，斟酒浇地以降神。

[译文]

孔子说："鲁国的禘祭，既已斟酒浇地，从此以后的仪式，我就不想细看了。"

3.11 或问禘之说。子曰："不知也；知其说者之于天下也，其如示诸斯乎！"指其掌。

[注释]

①说，道理，名词。作动词为"解释"之义。②示，展示。斯，这里，指手掌。言对于治理天下，大概就像展示在手掌上了。慨叹懂礼的人太少了。

[译文]

有人问禘祭的道理。孔子说："不知道；知道这番道理的人对于治理天下，恐怕就了如指掌了！"说着就指他的手掌。

3.12 祭如在，祭神如神在。子曰："吾不与（yù）祭，如不祭。"

［提示］

本章是说祭祀要诚心诚意。现在看来，这些也不过是活人的心意。

［译文］

祭祖先，好像祖先就在；祭百神，好像神就在。孔子说："我没参与的祭祀，若是别人祭了，对于我也像没祭一样。"

3.13 王孙贾问曰："'与其媚于奥（ào），宁媚于灶（zào）'，何谓也？"子曰："不然，获罪于天，无所祷也。"

［注释］

①王孙贾，卫灵公的大臣。②奥，屋内的西南角称奥，此指屋内西南角的管家之神。灶，指管灶的神。不是规定范围之内的祭祀，都是淫祀，都是献媚于神，神都不享用。③然，对的，与"否"相反。

［提示］

以上一连四章都是讲祭祀中的问题。上章讲祭祀要诚心诚意，本章讲祭祀也不能诚心过了头，向鬼神去献媚，会招致适得其反的效果。

［译文］

王孙贾问道："'与其向屋子西南角的家神献媚，宁可向灶父献媚'，这话怎么说？"孔子说："不对了，一定要去向鬼神献媚，一旦得罪了老天爷，那就没有可祷告的神了。"

3.14 子曰："周监（jiàn）于二代，郁郁乎文哉！吾从周。"

［注释］

①监，借鉴，参照。二代，指夏、商两代。②郁郁，丰富，繁盛。本

句为感叹句。文，此指实现周礼所表现的文采，此"文"字的概念可参阅6.18章和12.8章。

[提示]

本章盛赞周礼，那时的各种典章制度、仪式音乐。

[译文]

孔子说："周朝的礼仪制度借鉴了夏、商两代，它表现的文采多么丰盛啊！我遵从周礼。"

3.15　子入太庙，每事问。或曰："孰谓鄹（Zōu）人之子知礼乎？入太庙，每事问。"子闻之，曰："是礼也。"

[注释]

①太庙，古代开国始祖的宗庙叫太庙，周公旦是鲁国的始祖，故此为周公庙。②鄹人，此指孔子父亲叔梁纥（Hé）。他做过该邑大夫，今山东曲阜东南，为孔子家乡。没有直呼其名，也是对前任大夫的一个委婉而尊重的称法。

[译文]

孔子进了太庙，每件事都要问。有人说："谁说这位鄹邑大夫的儿子懂礼呢？进了太庙，各事都问。"孔子听到了这话，说："这就是有礼呀。"

3.16　子曰："射不主皮，为（wèi）力不同科，古之道也。"

[注释]

①主皮，射时无靶，张挂兽皮而射，目标在于射中、射获，没有射中就下堂，不能再射了。礼射不主皮，设的是靶，不同爵位设不同的靶，礼射要求容貌和身体具有礼貌（例如3.7章所述，"揖让而升，下而饮。

其争也君子"），动作合乎乐节，不一定要求中的，不中还可以再射。据此，孔子所说的那种射，有点像舞蹈了，射的时间、动作，不决定于瞄准的一刹那，用力的程度不决定于能否贯穿兽皮。它主要是礼乐的演习。参见《仪礼·乡射礼》"礼，射不主皮"郑玄注。主，注也，注意，注重。射箭不注重在皮，而注重在礼乐。②为，因为。周秦"因"无"因为"之义，表"因为"之义，用"为""以"二字。力，此为动词，发力，用力。科，程式，方式。

[提示]

本章讲礼。射箭、驾车，都属于君子要掌握的六艺之列。君子学射，并非单纯为了武艺，首要的是礼乐，因此孔子说射箭可以不注重目标。

[译文]

孔子说："射箭不注重在射中兽皮，因为用力的方式不同（而是重在礼乐，不中还可以再射），这是自古以来的规矩。"

3.17 子贡欲去告朔（shuò）之饩（xì）羊。子曰："赐也！尔爱其羊，我爱其礼。"

[注释]

①去，免去，去掉。每月初一日朔。告朔，向天地祖宗禀告所作所为的朔日祭祀之称。生牲曰饩。饩羊，没有做熟的羊。西周以来，天子每年给诸侯颁发历书，农业很发达了。诸侯每逢朔日，杀羊祭于宗庙，然后为政。鲁君自文公起，已早不亲临告朔之祭，因此子贡认为饩羊也可免了。②爱，吝啬，可惜。

[译文]

子贡想免去告朔之祭用的活羊。孔子说："赐呀！你可惜那只活羊，我可惜那种礼节。"

3.18　子曰："事君尽礼，人以为谄也。"

[提示]

本章可参看10.2～10.5章，那里具体记载孔子在君主面前行礼的情况。由于他特别重礼，故引起时人的诋毁，本章是颇不以为然的语气。时代不同，我们应该谅解前人，直到民国为止，我国长期实行帝制，见到君主都要拜的，只能有少数人例外。

[译文]

孔子说："效力君主，尽量按礼节去做，人家却以为是在献媚哩。"

3.19　定公问："君使臣，臣事君，如之何？"孔子对曰："君使臣以礼，臣事君以忠。"

[注释]

定公，鲁君，名宋，定是谥号。定公是鲁哀公的父亲，定公在位十五年，约当孔子四十至五十五岁，正是中年时期，是"不惑"且"知天命"的时期。鲁定公与齐景公会晤，孔子还当了司仪。孔子在鲁为政，齐景公有点恐惧，曾经把侵占鲁国的土地归还给了鲁国。在国内，定公也曾想搞掉三桓，派子路去干，但是力不从心，无可奈何。后来齐国送来一个女子乐队，就是想要以此赶走孔子的。果然，季桓子叫定公接受了，"君臣相与观之，废朝礼三日"。孔子十分生气，就走人了。

[译文]

定公问道："君使用臣，臣侍奉君，应该怎样做？"孔子恭敬地回答："君依礼用臣，臣忠诚奉君。"

3.20 子曰："《关雎》，乐而不淫，哀而不伤。"

[注释]

①《关雎》，《诗经》第一篇的篇名。②淫，过分。③哀，《关雎》中哀的内容，是君子对淑女的相思，寤寐求之而不得。

[译文]

孔子说："《关雎》一诗，表现愉快而不过分，表现悲哀也不致伤害身心。"

3.21 哀公问社于宰我。宰我对曰："夏后氏以松，殷人以柏，周人以栗（lì），曰使民战栗。"子闻之，曰："成事不说，遂事不谏，既往不咎。"

[注释]

①社，土地之神，此指祭祀时所立的木制牌位，叫作神主，作为神灵之依附。宰我，孔子学生，姓宰，名予，字子我，鲁国人。从《论语》中对宰予的记载来看，孔子感到他几乎一无是处。最后他到齐国做官，与田常一起作乱，被灭了族。孔子以此为耻。②后，君，这是本义，后来才指后妃。③说，解释，说明。④遂，顺当。遂事，顺势已在办理的事。⑤咎，责备，追究，此作动词。作名词为"罪过"之义。

[提示]

周人取栗，有所不妥，本章表明孔子对前人取谅解和抑恶扬善的态度。

[译文]

哀公向宰予问社祭的情况，做神主用的是什么木料。宰予尊敬地说："夏王用松木，殷人用柏木，周人用栗木，说是要使民害怕得战战栗栗。"孔子听到了，说："已经完成的事就不再解释了，正在顺势办的事不要再劝阻了，已经过去的事不再追究了。"

3.22　子曰："管仲之器小哉！"或曰："管仲俭乎？"曰："管氏有三归，官事不摄（shè），焉得俭？""然则管仲知礼乎？"曰："邦君树塞门，管氏亦树塞门；邦君为两君之好，有反坫（diàn），管氏亦有反坫。管氏而知礼，孰不知礼？"

[注释]

①管仲，春秋初期齐桓公的卿相，名夷吾，字仲，颍上人。他对内大力发展经济，对外尊王攘夷，使齐桓公成为春秋五霸之首。他是我国古代极其重要的政治改革家和经济管理家。《管子》一书保存着十分丰富的古代经济学思想，对生产、分配、交易、消费、国家财政等方面均有重要论述，还包含有水利、土壤、农业、历法、天文等学术。这是他的后人们汇编的一个庞杂文集。②三归，市租按常例缴公者。《管子·山至数》："则民之三有归于上矣。"③摄，兼职或代理。④焉，怎么，用在句首或句中，为疑问副词。⑤树，建立。塞门，照墙、屏风之类。⑥好，友谊。⑦坫，土坫，筑于厅堂上的土台。反坫，饮宴后放回酒具的地方。崇坫较高，放置礼物。

[提示]

孔子对管仲主要是肯定的、赞扬的，从大局看，"民到于今受其赐"，参见14.16～14.17章。本章则批评管仲。孔子肯定管仲的仁，批评他的礼和俭。这是孔子分析人物的一个重要示例。

[译文]

孔子说："管仲的器量小呀！"有人就问："管仲节俭吗？"孔子说："管仲占有大量市租，下边的官员从不兼职，怎么算得节俭呢？""那么管仲懂礼吗？"孔子说："国君宫门前立有照墙，管仲门前也立了一个照墙；国君为与外国的君主建立友好关系，在厅堂上建有放置酒具的专门设备反坫，管仲家也有反坫。管仲懂礼的话，谁还不懂礼？"

3.23 子语（yù）鲁大（tài）师乐（yuè），曰："乐其可知也：始作，翕（xī）如也；从之，纯如也，皦（jiǎo）如也，绎如也，以成。"

[注释]

①语，告诉，使人领悟。大师，乐官之长。本句为双宾语，"鲁太师"和"乐"都是"语"的宾语。②其，可以，表劝勉或命令。③翕，合，配合协调。如，形容词词尾。④纯，精粹不杂，如五音是纯正的。⑤皦，明朗，清晰，如节奏、高低起伏之类。⑥绎，络绎不绝，余音缭绕。⑦以，就，表示结果。

[提示]

礼乐是配合政教的，乐又是配合礼的。有所谓庙堂音乐，以温柔敦厚、庄重肃穆为主。

[译文]

孔子告诉鲁国太师音乐演奏的道理，说："音乐是可以懂得的：开始起来的时候，就是协调的；接着，五音是精粹的，节奏是明朗的，持续着缭绕不绝，终于就完成了。"

3.24 仪封人请见，曰："君子之至于斯也，吾未尝不得见也。"从者见之。出曰："二三子何患于丧乎？天下之无道也久矣，天将以夫子为木铎（duó）。"

[注释]

①仪，卫国地名。封人，官名，管理诸侯国边疆的官员。请见，请求

接见。②从者，孔子的随从学生。见，使动词。见之，使孔子接见了他。
③出，封人受到接见后出来。古文中主语省略的情况比现在多，容易引起
误会。④二三子，诸君，指孔子学生，即"从者"。丧，失掉官职。孔子
师生在诸侯国之间周游，寻求推行儒家学说的时机，因此封人提丧失职位
的问题。⑤木铎，带木舌的铜铃。古时宣布文告政令，便摇铃召集群众，
因此往往用木铎来比喻宣教的人。夫子不在职位上，就如木铎在四处宣扬
教化。

［译文］

仪的边境官员请求孔子接见，说："君子来到这里，我从未有不能和他见
面的。"孔子的随行学生让他去见了孔子。封人出来后说："诸君为什么担心
没有职位呢？天下无道已很久了，老天要让孔夫子作为宣教的木铎。"

3.25 子谓《韶》："尽美矣，又尽善也。"谓《武》：
"尽美矣，未尽善也。"

［注释］

①《韶》，舜时乐曲名。②尽，极。善，良好，完善。③《武》，武
王伐纣时的胜利乐章。

［提示］

本章评论音乐。一个时代的乐曲，总要表现那个时代的气息。舜时禅
让，用现代话说就是和平过渡，武王伐纣就是以战争方式了。孔子对军事
手段总有一定的保留，如对于"力"（主要指暴力），或回避不谈，或加
以贬低。这里的"未尽善"也是这个含义。孔子对于文、武之道，当然还
是竭力肯定的。

［译文］

孔子认为《韶》乐："美极了，又好极了。"认为《武》乐："美极

了，却不够好。"

3.26 子曰："居上不宽，为礼不敬，临丧不哀，吾何以观之哉？"

[译文]

孔子说："处在上位的人不宽厚，行礼不认真，治丧不悲哀，我为什么还要去考察这种国家社会呢？"

里仁篇第四

4.1　子曰："里仁为美。择不处（chǔ）仁，焉得知？"

[注释]

①里，居住。周制二十五家称一里，里为名词，这里用作动词。仁，作名词，有仁义道德的地方。孔子的美学思想跟仁义礼乐紧密相连。②知，同"智"，明智，聪明。

[提示]

本篇前七章，集中地讲仁。

[译文]

孔子说："居住在有仁德的地方是很好的。选择住处，不与仁者相处，怎么能算明智呢？"

4.2　子曰："不仁者不可以久处约，不可以长处乐。仁者安仁，知者利仁。"

[注释]

①约，约束。处约，处于受约束的境地。②利仁，认为仁有利而用仁。

[提示]

仁人君子是有约束的，6.27章说君子"约之以礼"，4.23章孔子说"以约失之者鲜矣"，可见，约是好事，也是必要的。不仁的人有约，则视为困境，久约必滥。君子长处于乐境，6.23章说"仁者乐山"，9.29章和14.28章说"仁者不忧"，可见，在本质上就是乐在其中的。不仁的人，则久乐必淫。

[译文]

孔子说："不仁的人不可以长久处于有约束的境地，也不可以长久处于安乐的环境中。仁者便能安心守仁，智者便用仁。"

4.3　子曰："唯仁者能好（hào）人，能恶（wù）人。"

[提示]

从本章的相反方面看，不仁者亦有好恶，只是是非不同，孔子爱憎分明，只是面对"恶人"时还要注意宽恕，还有"泛爱"。

[译文]

孔子说："只有仁者能喜好人，能厌恶人。"

4.4　子曰："苟志于仁矣，无恶（è）也。"

[注释]

①苟，假如。志，立志，动词。②恶，坏处，此作名词。

[译文]

孔子说："如果能立志于仁，是不会有坏处的。"

4.5　子曰："富与贵，是人之所欲也；不以其道得之，不处也。贫与贱，是人之所恶（wù）也；不以其道得之，不去也。君子去仁，恶（wū）乎成名？君子无终食之间违仁，造次必于是，颠沛必于是。"

[注释]

①是，这，代词。②不处，不待，指不待在富贵的地位上。③去，离开。不去，不脱离，不摆脱，指不摆脱贫与贱的处境。④恶，何处，疑问代词。乎，于，在。恶乎，即"乎恶"，在何处。⑤终食，吃完一顿饭。违，离开，这是"违"字的本义。⑥造次，仓促，匆忙。造、次，本皆为"去到"之义，造次之间，表时间短促。于是，在这里，即与仁同在。⑦颠沛，倾覆，仆倒。

[译文]

孔子说："富与贵，这是人们想要的；不用正当的办法得到它，是不接受的。贫与贱，这是人们厌恶的；不用正当的办法获得富贵，是不脱离贫贱的。君子离开了仁，还到哪里去成名呢？君子不会有一顿饭的时间离开了仁，就是在匆忙之间也一定和仁同在，颠沛流离之时也一定和仁同在。"

4.6　子曰："我未见好仁者、恶不仁者。好仁者，无以尚之；恶不仁者，其为仁矣，不使不仁者加乎其身。有能一日用其力于仁矣乎？我未见力不足者。盖有之矣，我未之见也。"

[注释]

①乎，于，在。加乎其身，加在他的身上。②盖，大概。③未之见，即未见之。

[提示]

孔子说"我未见好仁者"，这是令人吃惊的，一个爱仁的人都没有，这仁是否还可爱呢？但是仔细想想，一则是孔子把仁理想化，提到了至高无上的境地，二则在当时社会，分封制全面崩溃，道德与伦理的规范还没有明确树立，强权与军事的行动愈演愈烈，到哪里去找到一个百分之百的理想仁人？学生中像子路、子贡，就谈不上仁，颜回还只在好学阶段。所以，孔子不免要感到寂寞。

[译文]

孔子说："我没有见过爱好仁的人和厌恶不仁的人。爱好仁的人，至高无上；厌恶不仁的人，他实行仁，只是不使不仁的东西沾染到自己身上。有能够用一天工夫努力于仁的吗？我未见过力量不够的人。也许有致力于仁的人吧，只是我未曾见到他们。"

4.7　子曰："人之过也，各于其党。观过，斯知仁矣。"

[注释]

①党，乡党，五百家为党。②斯，就，副词，作代词义为"此"。

[提示]

本章论过。人的过错，都与他居住的乡党密切联系着，从正面说，便是"亲仁"，"里仁为美"，"无友不如己者"，"德不孤，必有邻"。观过知仁，即是"见不贤而内自省也"，用现在话说，便是从反面吸取教训。

[译文]

孔子说："人的过错，各自都与他居住的乡党有关。观察人的过错，就可以懂得仁了。"

4.8　子曰："朝（zhāo）闻道，夕死可矣。"

[提示]

人殉其道，古今都不乏其人。不过要做到这一点并不容易，要把生死放在第二位，有一种莫大的信仰。至于道，各个学派，各个时代，都有不同内容，对孔子和儒家学派来说，自然是仁义之道，文、武、周公之道了。

[译文]

孔子说："早晨得知了仁义之道，晚上就死也可以了。"

4.9　子曰：“士志于道，而耻恶衣恶食者，未足与议也。”

[注释]

耻，此作动词，且为意动词，有“以为”的意思。耻恶衣恶食，以恶衣恶食为耻。

[提示]

本章可与上章联系，为了追求道，生死都可不顾，何况衣食的好坏，即可安贫乐道。

[译文]

孔子说：“求知的人立志于仁义之道，却对恶劣的衣食引以为耻，不值得同他谈论了。”

4.10　子曰：“君子之于天下也，无适也，无莫也，义之与比。”

[注释]

①之，这里加在主语“君子”和介词结构“于天下”之间，连接起来，句子的谓语还在后面，这种地方，现在都不能加“的”了。②适，适合。③莫，否定词。④之，代表天下。之与，即与之。比，密切。

[译文]

孔子说：“君子对于天下的人和事，不论适合与否，没有要加以否定的，都用道义和它们密切联系在一起。”

4.11　子曰：“君子怀德，小人怀土；君子怀刑，小人怀惠。”

[注释]

①怀，怀抱，胸怀。此作动词，为“怀念”之义，但与“想念”之义

略为不同。怀，往往指可去收藏，如说"怀其宝"等，并且与所怀之物往往关系比较亲近。②土，田土，领土。若把有些占有领土的上层也归为小人，应说《论语》中没有这种尖锐的直指上层的语言。一则是为仁爱所冲淡，二则要掩盖一些，即所谓"隐"。实际上，《论语》的语言相当尖锐，按其中的理论，能有几个仁人君子？大量的人都是小人。③惠，恩惠，利益。

[译文]

孔子说："君子怀藏道德（要导之以德），小人念的是田土；君子怀藏法制（要齐之以刑），小人念的是恩惠。"

4.12 子曰："放（fǎng）于利而行，多怨。"

[注释]

放，同"仿"，依照。

[提示]

讲利益，这就涉及价值观的问题。整个春秋时期，贵贱、尊卑的变化，越来越大，本来周天子是最尊贵的了，到孔子时代，已经没有多少人把他放在眼里了。要是根据义而行，恐怕怨也不少，因为道义的观念也在大变。

[译文]

孔子说："依照利来行事，要产生很多怨恨。"

4.13 子曰："能以礼让为国乎？何有？不能以礼让为国，如礼何？"

[注释]

礼让，礼仪和禅让。相传尧、舜、禹的时代，由大家推举人选，通过祭祀等仪式接位；春秋时代也有让的，恐怕更多的是争了。

［译文］

孔子说："能用礼让治国吗？有什么困难呢？不能用礼让治国的话，又怎么对待礼呢？"

4.14　子曰："不患无位，患所以立。不患莫己知，求为可知也。"

［注释］

所以……，用以……的办法。所以立，用来立身的办法。

［译文］

孔子说："不愁没有职位，愁的是用什么来立身处世。不愁没有人了解自己，求的是去做可以使人了解的事。"

4.15　子曰："参乎！吾道一以贯之。"曾子曰："唯。"子出，门人问曰："何谓也？"曾子曰："夫子之道，忠恕而已矣。"

［注释］

①一以贯之，即以一贯之。②唯，是，行，应对之词，表示答应得快而无所疑惑。应对之词有时用"诺"，"唯"急而"诺"缓。③恕，宽恕。参见15.24章，那里对"恕"字的解释是"己所不欲，勿施于人"。

［提示］

本章值得注意的是，无论孔子或老子，都能将自己的学说最后概括为一个字或一句话，既能各方面阐述，又能高度概括，这在方法论上是很高明的。老子更能就"一"再加阐述，如"天得一以清，地得一以宁"等。

［译文］

孔子说："曾参呀，我的学说用一个东西贯穿着。"曾参说：

"是。"孔子出门后，学生们问曾参："说的什么呀？"曾参说："夫子的学说，忠恕二字罢了。"

4.16 子曰："君子喻于义，小人喻于利。"

[注释]

喻，本作"谕"，告晓。喻于义，告诉人们，使人们懂得义。

[译文]

孔子说："君子告诉人们的是义，小人告诉人们的是利。"

4.17 子曰："见贤思齐焉，见不贤而内自省也。"

[译文]

孔子说："见到贤人就想向他看齐，看到不贤的人就在内心做自我反省。"

4.18 子曰："事父母几（jī）谏，见志不从，又敬不违，劳而不怨。"

[注释]

①几，微，轻微。②劳，忧愁。

[译文]

孔子说："侍奉父母可有轻微的劝谏，看到自己的意见没有被听从，还是恭敬地不违犯他们，发愁却不怨恨。"

4.19 子曰："父母在，不远游，游必有方。"

[译文]

孔子说："父母在世，不出远门，出门则必定有个去向。"

4.20　子曰："三年无改于父之道，可谓孝矣。"

[提示]

本章已见1.11章。

4.21　子曰："父母之年，不可不知也。一则以喜，一则以惧。"

[注释]

以，因而。

[译文]

孔子说："父母的年龄，不可以不知道。一方面因其年高而喜欢，另一方面因其年高而恐惧。"

4.22　子曰："古者言之不出，耻躬之不逮（dài）也。"

[注释]

逮，达到，赶上。

[译文]

孔子说："古时候的人言不出口，因为行动赶不上就会感到羞耻的。"

4.23　子曰："以约失之者鲜（xiǎn）矣。"

[译文]

孔子说："因为自己有仁义礼制的约束就丧失了什么，这种情况少见。"

4.24　子曰："君子欲讷（nè）于言而敏于行。"

[注释]

讷，说话迟钝，内向。从"言"，"内"声，形声字，声中有义。

[译文]

孔子说："君子要不轻易说话而行为上敏捷。"

4.25 子曰："德不孤，必有邻。"

[译文]

孔子说："有德的人不会孤单，一定会有人来做邻居。"

4.26 子游曰："事君数（shuò），斯辱矣；朋友数，斯疏矣。"

[注释]

数，次数多，屡屡。

[提示]

本章后半句可参看12.23章，不能好为人师，"不可则止"，即适可而止。

[译文]

子游说："侍奉君主次数过多，就会受到侮辱；朋友交往次数过多，就要疏远了。"

公冶长篇第五

5.1　子谓公冶长："可妻（qì）也。虽在缧（léi）绁（xiè）之中，非其罪也。"以其子妻之。

［注释］

①公冶长，孔子学生，姓公冶，名长，齐国人。②妻，此作动词，嫁。前有副词"可"修饰它，可知它成动词。下一"妻"字之后有宾语"之"，也可知它已成动词。③虽，即使。缧绁，拴罪犯的绳子，此指监狱。④子，女儿。古说"子"，包括儿子和女儿，今说"子"，只指儿子，如今日本在妇女的名字中经常用"子"，男人不用。

［译文］

孔子评说公冶长："可以把女儿嫁给他。即使坐过牢，也不是他的罪。"便把自己的女儿嫁给了他。

5.2　子谓南容："邦有道，不废；邦无道，免于刑戮（lù）。"以其兄之子妻之。

［注释］

①南容，孔子学生，姓南宫，名适（Kuò，或写作"括"字），字子容。②废，废弃，本义谓房子倒塌，人倒塌即为"垮台"之义。③戮，杀了还把尸体暴露野外。

[提示]

本章还要参见11.6章，那里说南容把《诗经》的一首诗念了三遍，孔子就把侄女嫁给他了。关于南容其人，又可见14.5章，孔子赞他是个尚德的君子。得到孔子这样的赞赏就很不容易了。以上两章讲孔子以家长的身份决定了一个女儿和一个侄女的婚事，这可从两方面看：孔子把儿女婚事和他的学说联系起来，这完全是可以理解的，像南容这样的表现，若是到现代生活中，也是个大好人。另一方面，他们后来的日子过得怎样，就没有记载了。尤其公冶长，并无突出表现，孔子认他为婿，必有缘由，就只能缺而不论了。

[译文]

孔子评说南容："国家有道，不会遭废弃；国家无道，也可免于刑法的制裁。"就把自己的侄女嫁给了他。

5.3 子谓子贱："君子哉若人！鲁无君子者，斯焉取斯？"

[注释]

①子贱，孔子学生，姓宓（Fú），名不齐，字子贱。他做单父的县宰，善于用人，说他手下有比不齐还贤明的人五个，所以他身不下堂就把单父治好了。孔子还说，可惜不齐治理的地区太小了，要是个诸侯国，也能治得差不多。这里孔子说鲁国还是有君子的，就是这个意思。②若，这，此作指示代词。君子哉若人，感叹句谓语提前。③前一"斯"，就。焉，怎么。第二个"斯"，代词，这，指这种君子的品德。

[译文]

孔子说到子贱："这人真是个君子呀！鲁国没有君子的话，怎么就取得这种好品德呢？"

5.4 子贡问曰："赐也何如？"子曰："女（rǔ），器也。"曰："何器也？"曰："瑚（hú）琏（liǎn）也。"

[注释]

瑚琏，宗庙中尊贵的祭器，祭祀时用以盛粮食。

[提示]

本章是对端木赐的一个概括评价，把他比喻作一件庙堂礼器，即有用之才，但是君子不器，用更高标准看还是不够的。子贡是很有才干的人，政治活动能力很强，外交口才非凡，还善治产业，曾当过鲁、卫二国之相。他对鲁国是做了好事的，免除了齐国田常伐鲁的灾难，那一次是孔子特许子贡去的，子路、子张等都请行，孔子都未许。子贡是孔子学生中的佼佼者，孔子主要是感到他对仁义礼乐及修身之道研究得不够深切。

[译文]

子贡问曰："我现在怎样了？"孔子说："你，成器了。"子贡说："成了什么器？"孔子说："像宗庙里盛粮食的瑚琏。"

5.5 或曰："雍（Yōng）也仁而不佞（nìng）。"子曰："焉用佞？御人以口给（jǐ），屡憎于人。不知其仁，焉用佞？"

[注释]

①雍，孔子学生，姓冉，名雍，字仲弓，鲁国人。孔子推崇他有德行。佞，会说。它本是"有才能"之义，它的字形从"女"，"仁"声，是个好字眼，后来才变成一个贬义词，看来《论语》在其中起了很大作用。本来"佞"也不是专指口才，后来就主要指能说会道，这里就是指口才。②御，抵御，对付。给，充足。口给，嘴上滔滔不绝。③于，被，表被动，是被动句的一种句式。

[译文]

有人说："冉雍有仁德而无口才。"孔子说："哪里用得着口才呢？用滔滔不绝的言词来对付人，屡屡遭人憎恶。不知道一个人有无仁德，光会说有什么用呢？"

5.6 子使漆雕开仕。对曰："吾斯之未能信。"子说（yuè）。

[注释]

①漆雕开，孔子学生，姓漆雕，名开，字子开，鲁国人。据说他学习《尚书》，但不乐于仕。②斯之未能信，即未能信斯。

[提示]

孔子主要对漆雕开的谦让、认真态度感到高兴，漆雕开真要去做起来，就能做好，看来他未曾出仕。

[译文]

孔子派漆雕开去当官。漆雕开恭敬地说："我对此恐怕还未能做得好。"孔子听了很高兴。

5.7 子曰："道不行，乘桴（fú）浮于海。从我者，其由与？"子路闻之喜。子曰："由也好勇过我，无所取材。"

[注释]

①桴，编竹木代舟，大曰筏，小曰桴。②材，适用曰材。无所取材，没有可取之材。

[提示]

孔子对子路的勇始终保持一点分析和批评的态度，参见17.23章。道不行而出国的，如商代的箕子，到了朝鲜，在那里教人家种桑和礼义。

[译文]

孔子说："学说行不通了，我就乘个木筏到海外去，跟随我的大概是仲由吧？"子路听到这话高兴了。孔子说："仲由喜欢勇敢的精神超过了我，这勇就不成为可取之材了。"

5.8　孟武伯问："子路仁乎？"子曰："不知也。"又问，子曰："由也，千乘之国，可使治其赋（fù）也。不知其仁也。""求也何如？"子曰："求也，千室之邑，百乘之家，可使为之宰也。不知其仁也。""赤也何如？"子曰："赤也，束带立于朝，可使与宾客言也。不知其仁也。"

[注释]

①赋，军费及军政工作。赋为形声字，从"贝"，"武"声，并具有"武"的意义，又"武"又"贝"。②室，前曰堂，后曰室。人所居曰室，从"宀"，"至"声，并具有"至"的意义，人所止。这里用人所居之室数。邑，庶民聚居的基层区域，即居民点。③家，由诸侯分封卿、大夫之类爵位的人去治理的邑或比邑更大的区域。大夫家有宰，即总管，有武装，经济上可征收赋税，供养大夫。④赤，孔子学生，姓公西，名赤，字子华，鲁国人。⑤带，古时服饰外面均束有带，今蒙、藏等族服饰还均有带。男人革带，妇女丝带。大带曰绅。带上佩有饰物。子路年轻时的冠带上都有佩饰物，帽上的是公鸡，带上的是公猪，都是好斗之物，可见他自小好勇力，只是勇中缺少点仁和礼。本章和上章都批评了子路的勇。这里束带是指上朝见君时整装整容的礼仪行为。

[提示]

本章是与孟武伯的对话。孟氏与季氏比较，越礼的行为少得多。

[译文]

孟武伯问："子路仁不仁？"孔子说："不知道。"又问，孔子说："由呀，一千辆兵车的中等国家，可派他去管军费军政。却不知他仁不仁。""冉求怎样？"孔子说："求呀，千户人家的大邑，百辆兵车的大夫之家，可以派他当总管。却也不知他仁不仁。""公西赤怎样？"孔子说："赤呀，束好衣带，穿好礼服，站在朝廷之上，可以派他接待诸侯国来的宾客。却也不知道仁不仁。"

5.9 子谓子贡曰："女与回也孰愈？"对曰："赐也何敢望回？回也闻一以知十，赐也闻一以知二。"子曰："弗如也，吾与女弗如也。"

[注释]

①愈，胜，强。②望，远看，不同于一般的"视"。③与，此作动词，许，承认。

[译文]

孔子对子贡说："你和颜回谁强些？"子贡恭敬地回答说："赐嘛，远不敢和颜回相比，颜回听到一番道理就可以推知十番道理，我呢，听到一点就只知道两点。"孔子说："不如他呀，我承认你不如他。"

5.10 宰予昼寝。子曰："朽木不可雕也，粪土之墙不可圬（wū）也；于予与何诛？"子曰："始吾于人也，听其言而信其行；今吾于人也，听其言而观其行。于予与改是。"

[注释]

①粪，废弃，弃除，这是它的本义。粪土，即废土，杂以垃圾柴草，用以筑墙，容易倒塌，筑墙必须取黏土。墙，门墙，照墙，这是它的

本义。它必须粉饰，这是一家门面。春秋时晋国灵公不君，曾加重国家赋税，用以雕墙。圬，粉刷，涂抹。②于予与何诛，于，对于。与，同"欤"，表停顿语气。诛，责备，批评。今说"口诛笔伐"，这是"诛"字的本义用法，"诛"的字形从"言"旁，本只指言语之诛，后引申指行动上的讨伐、杀戮。何诛，即诛何。③于予与改是，于，从。本章前四个"于"字均为"对于"义，第五个"于"字不同了。同一章中同一虚词发生不同讲法，必须密切联系上下文来看。

[提示]

宰予白天睡大觉，是惰于学习。宰予为人，"利口辩辞"，即嘴上说得好听，使孔子说出了"听其言而观其行"的千古名言。

[译文]

宰予白天睡觉。孔子说："腐烂的木头是不可雕琢的，废土筑的门墙是不可粉刷的；对于宰予嘛，还批评他什么呢？"孔子又说："原先我对于人们，听了他们的话，就相信他们的行为；如今我对人们，听了他们的话，还要考察他们的行为。就从宰予开始，我改成了这个态度。"

5.11　子曰："吾未见刚者。"或对曰："申枨（Chéng）。"子曰："枨也欲，焉得刚？"

[注释]

申枨，盖即申党，两字古音相近，孔子学生，鲁国人。

[提示]

至今人们常说"无欲则刚"，这意思最早是孔子说的。

[译文]

孔子说："我没有见过刚强不屈的人。"有人恭敬地回答："申枨。"孔子说："申枨有欲望，怎么能够刚强呢？"

5.12 子贡曰："我不欲人之加诸我也，吾亦欲无加诸人。"子曰："赐也，非尔所及也。"

[注释]

及，达到，赶上，动词。

[提示]

实际上子贡一生在政治、经济和外交上都非常活跃，看来这是他一时的气话，孔子所说完全是正确的。

[译文]

子贡说："我不想要别人凌驾我什么，我也不想凌驾别人。"孔子说："赐呀，这不是你所能做到的。"

5.13 子贡曰："夫子之文章，可得而闻也；夫子之言性与天道，不可得而闻也。"

[注释]

文章，本义是指有文采的作品，这里比较宽泛，《诗经》《尚书》，都可从孔子处听得，就是周礼的记载，孔子也说"郁郁乎文哉"。以下5.15章"敏而好学，不耻下问"，这也叫文，内容就很多了。

[提示]

关于人性，《论语》中只有17.2章里的一句话——"性相近也，习相远也"，此外只说各人的习性，故他不作玄虚之词。关于天道、天命之类的观念，孔子也是有的，"死生由命，富贵在天"，他也没有更多玄虚之论。"多闻阙疑"，他的学问是实际的分析与概括。子贡这话是真实的。

[译文]

子贡说："夫子关于文采、文献乃至治学方面的学问，我们能够听得到；夫子关于人性和天道方面的言论，我们听不到。"

5.14　子路有闻，未之能行，唯恐有闻。

[注释]

①闻，此指从孔子那里听到有关仁义道德和治国的学问。②第二个"有"，又。此二字古时经常相通，"有"字的上部即为"又"字，并从"又"得声。

[提示]

这十二个字对子路的描述是很生动的。子路一生对修身养性、对儒家学说是跟不上的，但他还是一生努力去追求，也还是学得一些。

[译文]

子路从孔子处听到了什么，还未能实行，就只怕又有所闻。

5.15　子贡问曰："孔文子何以谓之文也？"子曰："敏而好学，不耻下问，是以谓之文也。"

[注释]

①孔文子，卫国大夫孔圉（Yǔ），文是他死后的谥号。孔文子为人不怎么样，因此子贡有此问。孔子充分评价了他的优点。以，因。何以，即以何，因为什么。②敏，聪明活泼。③耻，意动词，有"以为耻"之义。④是以，即以是，因此。

[译文]

子贡问道："孔文子为什么给他的谥号叫文呢？"孔子说："聪明好学，又不把向下人求教当作羞耻，因此叫他为文。"

5.16　子谓子产："有君子之道四焉：其行己也恭，其事

上也敬，其养民也惠，其使民也义。"

[注释]

①子产，姓公孙，名侨，字子产，是郑国在位二十二年的贤相，孔子同时代人，孔子经过郑国，"与子产如兄弟"。郑国夹在晋、楚两大国之间，子产对内整顿、改革，对外不卑不亢，使郑国得到安全，受到尊重。子产有显著的政绩，是古代的著名政治家。②行己，要求自己。

[提示]

本章还可参见14.9章。

[译文]

孔子评价子产："有四项君子的行为：他要求自己恭谨，他侍奉国君认真，他教养民众有恩惠，他使役民众讲道义。"

5.17 子曰："晏（Yàn）平仲善与人交，久而敬之。"

[提示]

晏平仲，名婴，齐国的贤大夫，《史记》中有他的传记。晏婴与许多名人相交，如晋之叔向、郑之子皮、吴之季札、周之伯常骞等。

[译文]

孔子说："晏平仲善于和别人交友，相交久了，人们就恭敬他。"

5.18 子曰："臧（Zāng）文仲居蔡，山节藻梲（zhuō），何如其知也？"

[注释]

①臧文仲，姓臧孙，名辰，文是他的谥号，鲁国的著名大夫。居，使动词，有"使、让"的意思。蔡，古时占卜用的一种大龟。居蔡，让蔡居住。②节，柱上的斗拱。梲，梁上短柱。山、藻是指刻画在上面的山和草

的装饰。这样华丽的装饰只能在天子的宗庙建筑上才有，如今把藏龟的地方也建成这样，孔子提出了批评。

［提示］

本章再参看13.22章，可知孔子对于占卜是不信的态度。占卜是我国古代的一件大事，十分隆重，特别是殷商时期，春秋时占卜的热劲差了，但孔子取这个态度，跟他对待鬼神等的态度是一致的。

［译文］

孔子说："臧文仲给大龟盖房子，斗拱上刻着山，短柱上画着水藻，他的聪明智慧是怎样的呢？"

5.19　子张问曰："令尹子文三仕为令尹，无喜色；三已之，无愠色。旧令尹之政，必以告新令尹。何如？"子曰："忠矣。"曰："仁矣乎？"曰："未知。焉得仁？"

"崔子弑（shì）齐君，陈文子有马十乘，弃而违之。至于他邦，则曰：'犹吾大夫崔子也！'违之。之一邦，则又曰：'犹吾大夫崔子也！'违之。何如？"子曰："清矣。"曰："仁矣乎？"曰："未知。焉得仁？"

［注释］

①令尹子文，楚国的丞相职位称令尹，子文于楚成王八年（前664年）任令尹，先后在位约三十年，是孔子以前一百多年的事。②已，结束，终了，动词。③崔子，齐国的大夫崔杼。弑，臣杀君曰弑，是个专用的贬义词。齐君，齐庄公，与崔子的妻子棠姜私通，为崔子的部下所杀。尽管这样，对庄公还是不能说"杀"，故称弑。事在齐庄公六年（前548年），即孔子才出生时的事。④陈文子，齐国大夫，名须无。⑤他，别的，不作第三人称代词。⑥之一邦，之，去到，动词。

［提示］

孔子学生所提问题，范围很广泛。本章问得很生动，有时还问得滑稽，甚至俏皮。

［译文］

子张问道："楚国丞相子文三次当令尹，脸上无喜色；三次被免职，脸上没有生气的神色。旧令尹的政令，一定要交代给新令尹，怎么样？"孔子说："忠诚了。"子张道："做到仁了吗？"孔子说："不知道。怎么算得仁呢？"

子张又问："崔杼杀了齐庄公，陈文子有马四十匹，丢了就离开齐国。到了别国，就说：'这里的官员好像就是我们齐国的大夫崔子那种人。'就离开了。又到了一国，就又说：'这里的官员好像就是我们齐国的大夫崔子。'就又离开了。怎么样？"孔子说："清白了。"子张道："做到仁了吗？"孔子说："不知道。又怎么算得上仁呢？"

5.20　季文子三思而后行。子闻之，曰："再，斯可矣。"

［注释］

①季文子，姓季孙，名行父，文是谥号，早于孔子几十年。②再，两次。一再就是一次和两次。上面的"三思"就不一定是准确的三次，多次就是了，不是准确的计算数。

［提示］

孔子认为不必过分地谨慎、过多地思虑。

［译文］

季文子多次考虑然后行动。孔子听了这事，说："两次，就可以了。"

5.21　子曰："宁武子，邦有道，则知；邦无道，则愚。

其知可及也，其愚不可及也。"

[注释]

宁武子，卫国大夫，姓宁，名俞，武是他的谥号。对孔子来说，宁武子也是一百多年以前的名人。他生当卫国文公和成公两个时期。文公时，邦有道，成公时就乱了。其中主要是有个大臣叫元咺（Xuǎn）搅浑了水。有一次（前632年）卫成公和元咺打官司，宁武子做成公的诉讼人，鍼庄子做代理人，士荣做答辩人。官司打败了，士荣被杀，鍼庄子被砍了脚，对宁武子呢，却认为他忠诚而赦了罪。后来，成公被关到牢房里，宁武子自责，给成公送衣送饭。一年多后，卫成公设法出了狱，杀了元咺，宁武子仍得在成公朝中长期效力。这可作为孔子所述"其愚也不可及"的一个例子，是孔子这个"愚"字的微妙内容。他那种愚，并不是一种故作与佯装，而是在敌对方面也能给予谅解的忠诚。这就很不容易，连孔子也认为不可及的了。这就和孔子的侄女婿"邦有道，不废；邦无道，免于刑戮"相仿佛了。

[译文]

孔子说："宁武子，国家有道的时候就聪明，国家混乱的时候就愚笨。他那种聪明，别人赶得上，他那种所谓愚笨，别人就不可赶上了。"

5.22　子在陈，曰："归与！归与！吾党之小子狂简，斐（fěi）然成章，不知所以裁之。"

[注释]

①陈，春秋时陈国，在今河南开封以东、皖北一带，都城在宛丘，即今河南淮阳，周武王时封国，春秋末为楚所灭。陈、卫是孔子活动的重要地区。②党，乡党。小子，年轻人。有时称二三子，意思相仿。狂简，狂妄简单。③斐然，错杂纷繁之状。章，文采。④所以，用以……的办法。

裁，剪裁。字形从"衣"，从"戈"，"才"声，声中有义，即是"成材"之义。

[译文]

孔子在陈国时，感叹地说："回去吧！回去吧！我家乡的学生们狂妄简单，志大才疏，却有丰繁错杂的可观文采，我不知道用什么办法让他们成材。"

5.23 子曰："伯夷、叔齐不念旧恶，怨是用希。"

[注释]

①伯夷、叔齐，商代末年孤竹国国君的两个儿子，姓墨胎，伯和叔是他们的排行，夷和齐是他们的谥号。孤竹君最初立叔齐为继承人，父亲去世后，叔齐让位给伯夷，兄弟相让，都没有继位，而跑到周文王处。武王伐商纣王，他们拦住车马劝阻。周朝立国，统一天下，他们不食周粟，饿死在首阳山。恶，嫌隙，仇恨。②用，以，因。是用，即用是，因此。希，即"稀"，少。

[译文]

孔子说："伯夷、叔齐不记旧仇，别人对他们的怨恨因此就少。"

5.24 子曰："孰谓微生高直？或乞醯（xī）焉，乞诸其邻而与之。"

[注释]

①微生高，鲁国人，姓微生，名高。②醯，醋。焉，于之，向他。③与之，给他，他指讨醋的人。本句主语省略，应为微生高，可是按照现代语言的习惯，上句的主语是"或"，下句主语省略，则仍应是"或"，否则便不能省略，但是古文中变换主语也可省略，这就容易引起我们的误

会，应该注意。

[提示]

本章是说微生高要了邻居的东西再去讨好别人，一方面占人便宜，另一方面又做好人，费尽心机，小事如此，大事就不得了。

[译文]

孔子说："谁说微生高正直？有人向他要点醋，他没有，就到邻居那里去要点来给了人家。"

5.25　子曰："巧言、令色、足恭，左丘明耻之，丘亦耻之。匿怨而友其人，左丘明耻之，丘亦耻之。"

[注释]

①足恭，足够的恭顺。这里可与1.3章比较，那里说"巧言令色，鲜矣仁"，仁少了，那总还是有点，这里就说得重了，是引以为耻的东西了。巧言令色的表现，两种情况都是可能的，并不矛盾。②左丘明，春秋时鲁国的太史官，相传是历史巨著《左传》的作者，约与孔子同时。关于他，没有一个确切的记载。③匿，隐藏。友，动词，结交。

[译文]

孔子说："巧妙的言辞，好看的神色，足够的恭顺，左丘明认为可耻，我也认为可耻。心里藏着怨恨，却还去跟人家交朋友，这样做人，左丘明认为可耻，我也认为可耻。"

5.26　颜渊、季路侍。子曰："盍（hé）各言尔志？"子路曰："愿车马衣裘，与朋友共敝之而无憾。"颜渊曰："愿无伐善，无施劳。"子路曰："愿闻子之志。"子曰："老者安之，朋友信之，少者怀之。"

[注释]

①侍，等候，一般都是弟子们站立在旁。②盍，何不。尔，此作"你们的"解。③衣，麻衣。裘，本作"求"，皮衣。④敝，衣巾破。憾，恨，"恨"义重而"憾"义轻。无憾，即无稍有遗憾。⑤伐，夸耀。⑥施，给予，义同"己所不欲，勿施于人"之"施"。劳，劳苦的事，义同"有事，弟子服其劳"之"劳"。颜回年少，不把辛苦的事推给人家。

[提示]

本章师生共述己志，子路勇于回答，讲朋友义气，颜回还重于品德修养。子路敢于反问，夫子志在社会。

[译文]

颜渊、子路站旁等候，孔子说："何不各自谈谈你们的志向？"子路说："愿意把车马、麻衣、皮衣跟朋友共同享用，破了也不稍有惋惜。"颜渊说："希望不夸耀自己的好处，不把辛劳的事推给人家。"子路说："希望听到夫子的志向。"孔子说："对老年人，使他们安定；对平辈的人，使他们信任；对少年人，就爱护他们。"

5.27 子曰："已矣乎，吾未见能见其过而内自讼者也。"

[注释]

讼，争，争辩。

[提示]

《论语》中孔子说"未见"者有"好仁者，恶不仁者""刚者""好德如好色者"等。

[译文]

孔子说："算了吧，我未见到能见到自己的过错并在内心作自我斗争的人。"

5.28　子曰："十室之邑，必有忠信如丘者焉，不如丘之好学也。"

[译文]

孔子说："十户人家的地方，在那里必定有像我这样忠诚而有信用的人，只是不如我那样的好学。"

雍也篇第六

6.1　子曰："雍也可使南面。"

[注释]

南面，即面南、朝南。还如说"北向""东向"，即朝北、朝东。"南面"均表示尊位，这是我们几千年来的传统。

[提示]

冉雍的父亲是个"贱人"，本章孔子这句话是对冉雍的鼓励，让他不受父亲的连累。

[译文]

孔子说："冉雍呀，可以派他朝南去坐尊位了。"

6.2　仲弓问子桑伯子。子曰："可也简。"仲弓曰："居敬而行简，以临其民，不亦可乎？居简而行简，无乃大（tài）简乎？"子曰："雍之言然。"

[注释]

①子桑伯子，鲁人，姓子桑。②简，简要。孔子的学风和文风可说是简要的，相传孔子作《春秋》，也是简要的。齐国的晏婴说孔子的礼节太繁缛了。作为一种学说，作为一种治国治民的方针，都要繁简相济，做广泛的研究，做简要的概括。因此这里的"简"，解作"简要"为好。

③居，此为"居心、存心"之义，即心里想的。④临，本指临位、临职而言，故"临其民"即临其位而治其民，引申为"治理"。

[译文]

仲弓问子桑伯子其人。孔子说："简要是可以的。"仲弓说："心里想得认真，行动则简要，这样来治理百姓，不是也可以吗？若是心里想得简，行动也简，不是太简了吗？"孔子说："你说得对。"

6.3　哀公问："弟子孰为好（hào）学？"孔子对曰："有颜回者好学，不迁怒，不贰过。不幸短命死矣，今也则亡（wú），未闻好学者也。"

[注释]

贰，数词作动词用，重复，再犯。

[提示]

《史记》载颜回年二十九岁去世，头发都已白了。一个人要做到"不贰过"，是非常不容易的。

[译文]

鲁哀公问："弟子中谁是好学之士？"孔子恭敬地回答："有个叫颜回的人好学，自己生了气，不发泄到别人头上，不重复犯同样的过错。不幸短命死了，现在就没有了，没有再听说有好学的人了。"

6.4　子华使于齐，冉子为其母请粟。子曰："与之釜。"请益。曰："与之庾（yǔ）。"冉子与之粟五秉。

子曰："赤之适齐也，乘肥马，衣轻裘。吾闻之也：君子周急不继富。"

[注释]

①子华，孔子学生，姓公西，名赤，字子华。使，出使，动词。②釜，本义为锅，此作量器名，那时六斗四升为一釜。③庾，本义为仓，此作量器名，那时二斗四升为一庾。④秉，本义为禾把，此作量器名，那时十六斛为一秉，十斗为一斛。周秦的五秉合后来的十六石。⑤适，到。⑥乘，驾。⑦衣，穿，动词。⑧周，救济。急，此指穷迫。

[译文]

公西华出使到齐国以后，冉有替他母亲向孔子请求点小米。孔子说："给他一釜。"冉有请求增加点。孔子说："再给他一庾。"冉有竟给了他五秉。

孔子说："公西华到齐国去，驾着肥马，穿着轻皮衣，很阔气。我听人说：君子救济穷急的人，不给富有的人增财。"

6.5 原思为之宰，与之粟九百，辞。子曰："毋！以与尔邻里乡党乎！"

[注释]

①原思，孔子学生，姓原，名宪，字子思，鲁国人。之，代词，此指孔子。宰，管家。②粟九百，没有量词，当时省略的是常用单位，故可不言自明，我们现在就不易猜测了，历来注家也没有可改的根据可说。③毋，不要，别。

[提示]

本章与上章联系，上章是孔子不同意济富，这一章是孔子周急。原宪一生贫困，最后的穿戴都是"敝衣冠"，所以孔子要给他粮食。若是你原宪还要客气，就把粮食给了你的邻里吧！

[译文]

原思当孔子的管家，孔子给他小米九百，原思辞谢不肯受。孔子说：

"别！就分给你邻里的缺粮人吧！"

6.6　子谓仲弓，曰："犁牛之子骍（xīng）且角，虽欲勿用，山川其舍诸？"

[注释]

①犁牛，耕牛。骍，赤黄色马，此指赤色，可说"骍牛"。角，兽角，名词。角生于额角亦曰角，动词。上古时代，根据五行的推算，各个朝代崇尚一种颜色，如周尚赤，秦尚黑。那时祭祀用牲，都要自小专门挑选了喂养。毛色要符合当时崇尚的颜色，要膘肥而体无残缺，形象周正。这里所说的"犁牛之子骍且角"，就是这个意思。②用，指祭祀用牲，如牛、羊、猪。③山川，此指山川之神。周礼用骍牲者有三：祭天、祭宗庙、祭四方山川。其，难道，表示反问语气。诸，用于句末时其音义等于"之乎"，用于句中时其音义等于"之于"。

[提示]

本章参照6.1章，冉雍之父是"行恶"的"贱人"，但是冉雍却是"南面"之材，这里又用犁牛之子来比喻他。它毛色形体都长得好，为什么就不能用于祭祀呢？山川之神也是不能舍弃的。

[译文]

孔子论到冉雍，说："耕牛的犊长起了赤色的毛和端正的角，即使你想不用于祭祀，山川之神难道会舍弃它吗？"

6.7　子曰："回也，其心三月不违仁，其余则日月至焉而已矣。"

[注释]

日月，指一日一月，即短时期。上句"三月"，指长时期。焉，代词，指仁。

[译文]

孔子说："颜回呀，他的心长期不离开仁，其余的学生则短时间地间或做到仁罢了。"

6.8 季康子问："仲由可使从政也与？"子曰："由也果，于从政乎何有？"曰："赐也可使从政也与？"曰："赐也达，于从政乎何有？"曰："求也可使从政也与？"曰："求也艺，于从政乎何有？"

[注释]

从政，参与政事。为政者君，执政者卿，从政者大夫。

[提示]

子路、冉有都曾做季氏家臣，子贡则在鲁哀公朝中参政，故季康子此问是有针对性的。

[译文]

季康子问："仲由，可派他参政吗？"孔子说："由呀做事果断，勇于作为，去参政有什么不可以呢？"又问："赐可派他参政吗？"孔子说："赐呀事理通达，参政有什么不可以呢？"又问："求可以派他参政吗？"孔子说："求呀多才多艺，对于参政有什么不可以呢？"

6.9 季氏使闵子骞（Qiān）为费宰。闵子骞曰："善为我辞焉！如有复我者，则吾必在汶（Wèn）上矣。"

[注释]

①闵子骞，孔子学生，姓闵，名损，字子骞，鲁国人。孔子赞扬他"孝哉"。他不到大夫手下效力，他"不食污君之禄"。费，季氏的食

邑，即该地赋税供季氏食用，故城在今山东费县西北。②辞，辞退，辞谢。③汶，山东大汶河。汶上，指汶水之北。此句意即由鲁跑到齐国之地，以躲避季氏的召用，态度是很坚决的了。

[提示]

本章闵子骞为什么要辞掉费宰？"季氏富于周公"，孔子认为那是不义之财，超越了他的爵位，故不宜去。又加费之邑宰几次被人窃居，以叛季氏，如公山弗扰，本亦贤人，即反对季氏，故不能去。季氏闻闵子骞贤，故派他为费宰。

[译文]

季氏派闵子骞为费的邑宰。闵子骞对来人说道："好好地替我辞掉吧！如果再有人来召我，我一定要逃到汶北的齐国去了。"

6.10 伯牛有疾，子问之，自牖（yǒu）执其手，曰："亡之，命矣夫！斯人也而有斯疾也！斯人也而有斯疾也！"

[注释]

①伯牛，孔子学生，姓冉，名耕，字伯牛，鲁国人。孔子以为他有德行，故对他得了恶疾深表悲痛。②问，讯。此为"慰问、探望"之义。③牖，窗。今曰窗，古曰牖。在壁曰牖，在屋（指房顶）曰窗（实即今之囱）。

[提示]

本章孔子将得恶病的遭遇归之于命，可见，所谓命，即是一种无可奈何的实际遭遇，人力所无法挽回，也不知其所由来。

[译文]

伯牛得了恶病，不欲见人，孔子去慰问他，从窗口握着他的手，说："不行啦，命呀！这样的人竟得了这样的病！这样的人竟得了这样的病！"

6.11 子曰："贤哉，回也！一箪（dān）食，一瓢饮，在陋巷，人不堪其忧，回也不改其乐。贤哉，回也！"

[注释]

①箪，小而圆的饭筐，由竹苇之类编成。②陋，狭小，狭窄。

[提示]

本章中孔子没有明说，主要称赞他有个精神上的寄托，即安贫乐道。

[译文]

孔子说："贤明呀，颜回！一小筐饭，一瓢水，住在狭小的巷子里，别人就要愁得不得了，颜回却不改变他总有的快乐。颜回多么贤明啊！"

6.12 冉求曰："非不说（yuè）子之道，力不足也。"子曰："力不足者，中道而废。今女（rǔ）画。"

[注释]

画，即"划"，划断。即画地为牢而自限。

[译文]

冉求说："并不是不喜欢夫子的学说，心有余而力不足呀。"孔子说："力不足，是走到半路才不走。如今你是画地为界，不走了。"

6.13 子谓子夏曰："女（rǔ）为君子儒！无为小人儒！"

[注释]

儒，术士之称，即巫、史、祝、卜中的一些人，有知识和技能，社会的上层和下层都有他们活动的余地。儒的概念逐渐有变化，如《周礼》的时代，"儒，有六艺以教民者"，六艺为礼、乐、射、御、书、数，其中有的是社会知识，有的是技能，有的是文化知识。

［提示］

本章还可参见13.17章，那里也是孔子对子夏说的话，叫他"无见小利"，"见小利，则大事不成"，这里说他无为小人儒，小人则见利忘义。这意思跟小人儒是可以相通的。

［译文］

孔子对子夏说："你要做君子式的儒者！不要做小人式的儒者！"

6.14　子游为武城宰。子曰："女（rǔ）得人焉耳乎？"曰："有澹（Tán）台灭明者，行不由径，非公事，未尝至于偃之室也。"

［注释］

①武城，鲁邑名，在今山东费县西南。②澹台灭明，孔子学生，姓澹台，名灭明，字子羽，鲁国人。他容貌丑陋，孔子以为他材薄，结果他学得很不错，南游到吴国时，随从弟子有三百人，名扬诸侯，孔子听了说："吾以言取人，失之宰予（即对他"听其言而信其行"）；以貌取人，失之子羽。"③径，可抄近路的小路，斜而直，有时只能供人步行，不能走车。

［提示］

本章所述澹台灭明的修养，常为后来的君子所恪守。

［译文］

子游做武城的县令，孔子问："你在那里得到人才了吗？"子游说："有个叫澹台灭明的，走路不抄小道，不是公事，未曾到过我屋。"

6.15　子曰："孟之反不伐，奔而殿，将入门，策其马曰：'非敢后也，马不进也。'"

[注释]

①孟之反，鲁国大夫，姓孟，名之侧，字之反。伐，夸耀，同5.26章"无伐善"。②奔，跑，此指败退。殿，军后曰殿，进军时走在军后是畏惧，败退时走在军后为勇敢。③门，此指城门。④策，鞭打，动词，名词指鞭子。

[提示]

本章是孔子有所指地告诫自夸者的话。

[译文]

孔子说："鲁国大夫孟之反不作炫耀，有一次他在军队败退的时候走在最后，快要进城门了，赶起他的马说：'不是敢于走在军后呀，是马不走呀。'"

6.16 子曰："不有祝鮀（Tuó）之佞，而有宋朝之美，难乎免于今之世矣。"

[注释]

①祝，祭祀时赞颂主人之飨神的人，此以职务作姓。祝鮀，字子鱼，卫国灵公时大夫，善辞令。有一次，卫灵公带他去参加诸侯盟会，为了给卫国争一个合理的位次，他说了一大篇辞令，终于给卫国争了面子。这就是他的"佞"，即口才。②宋朝，宋国的公子，名朝。他做了卫国大夫，样子长得很美，与卫灵公的夫人南子私通，弄得卫国满城风雨，太子出奔，名声大坏。

[提示]

本章孔子之言针对卫灵公事迹而发。

[译文]

孔子说："要是不得祝鮀的外交佞才，光有宋朝的美色，要想自免于今世的祸患就难啦。"

6.17　子曰："谁能出不由户？何莫由斯道也？"

[注释]

①由，经过，动词。作名词指"路"，作介词为"从"之义。户，门。从字形上看，一扇门的叫户，两扇门的叫门。②莫，没有人，否定代词，此作主语。斯，这。斯道，这路，双关语，亦指先王之道。

[提示]

本章可与4.6章参照，"我未见好仁者、恶不仁者"，那是讲仁，此是讲道。出不由户，尽走旁门左道、邪门歪道。这在当时是实际情况。

[译文]

孔子说："谁能出外不经过大门呢？为什么没有人行经这条先王之道呢？"

6.18　子曰："质胜文则野，文胜质则史。文质彬彬，然后君子。"

[注释]

①质，质地，引申为"质朴"之义。文，交错修饰之纹，引申为"文采"之义。于此为对立的两个概念。野、史，于此亦作对立的两个概念。野，郊外曰野，此指野人，野外之人，引申为"粗野鄙陋"之义。史，记事记言的文书官员，往往多言词之修饰而少真诚之立意，于此上下文中与"野"相对，引申为"华丽虚浮、华而不实"之义。②彬彬，纷繁而和谐，主要是形容礼仪，所谓"彬彬有礼"，周代的礼制就是"郁郁乎文哉"。孔子所谓"野人"，即指未曾学过礼乐的人。③然，这样，指示代词。然后，这样才。

［提示］

本章还可参照11.1章，先野人而后君子。

［译文］

孔子说："质朴的成分多于文采，就像个郊外的人；文采的修饰超过了质朴，就像个朝中的记事员。文和质都丰盛而和谐，这才成为君子。（一个知礼的人，不同于一般的野外人或记事员了。）"

6.19　子曰："人之生也直，罔之生也幸而免。"

［注释］

罔，本为"迷惑、懵懂"之义，此引申指虚妄、欺骗，搞歪门邪道的人。

［提示］

本章需注意直与德的联系，心直为德，德的字形就是"心"字上面一个"直"字。

［译文］

孔子说："人的成长在于正直、有德，歪门邪道的人成长，在于侥幸免于祸患。"

6.20　子曰："知之者不如好（hào）之者，好之者不如乐之者。"

［注释］

乐，快乐，后面加"之"作宾语，就有"以为"之义，以……为快乐，意动词。

［提示］

这里没有说出"知之""好之""乐之"的宾语是什么，但在《论语》中均指儒家学说、仁义道德而言，如说"知之为知之""孰为好学"" 乐以忘忧"" 乐道"。

[译文]

孔子说:"懂得它的人不如喜欢它的人,喜欢它的人又不如把它引以为乐的人。"

6.21　子曰:"中人以上,可以语上也;中人以下,不可以语上也。"

[注释]

语,谈论,使人觉悟。

[提示]

本章中、上、下究竟指什么,字面上没有,只有和其他章节联系,并从总体上理解。许多注家都将此与17.3章"唯上知与下愚不移"相联系,认为即指人的智慧而言,《穀梁传·僖公二年》有"中知以上""中知以下"的说法,则"中人"盖谓中智之人。人的智慧分上、中、下,这在等级社会偏见极深的情况下是很难避免的。本章还可与8.9章相参照,"民可使由之,不可使知之","不可使知之"便是"不可以语上"了。

[译文]

孔子说:"中智以上的人,可以跟他谈论上智的问题;中智以下的人,就不可以跟他谈论上智的问题。"

6.22　樊(Fán)迟问知(zhì)。子曰:"务民之义,敬鬼神而远之,可谓知矣。"

问仁。曰:"仁者先难而后获,可谓仁矣。"

[注释]

务民,致力于民众的事,即治理民众。与"君子务本"之"务"义同。义，合宜，此上下文指合宜的做法，名词。

　　［提示］

　　孔子前后对待鬼神的态度是很微妙的，这在当时完全是一个说不清楚的问题，他认为一个人的明智与否，就在看怎么对待鬼神了。我们现在也可以同意，当时敬而远之，实在是明智做法。还有一次樊迟也是问智，孔子说："知人。"即要懂得人。对神敬而远，对人近而忠。关于樊迟问仁，"先难而后获"，参见12.21章"先事后得"，两者是一个意思。

　　［译文］

　　樊迟问明智的问题。孔子说："治民的道义，认真地办鬼神的事，却又远离它，就可以叫作明智了。"

　　樊迟又问仁。孔子说："有仁德的人先面对困难，而后有所收获，就可以叫作仁了。"

　　6.23　子曰："知（zhì）者乐水，仁者乐山。知者动，仁者静。知者乐，仁者寿。"

　　［提示］

　　这里孔子概括而形象的语言，当然不能绝对化，只是有它一定的道理。流水、好动、愉快，三者相通。"知"字从"口""矢"，知理之速像箭一般，即是反应敏捷，所谓"聪明"，即耳聪目明，也是反应灵敏，因此那种人比较活泼快乐。高山、安静与长寿，也可以一致起来。寿，久也，寿比南山，安如磐石，取其"巍然""庄重"与"悠久"之义。

　　［译文］

　　孔子说："聪明人喜爱水，仁人喜爱山。聪明人好动，仁人好静。聪明人快乐，仁人长寿。"

6.24 子曰："齐一变，至于鲁；鲁一变，至于道。"

［提示］

孔子认为要恢复到周礼那样的政治、文化局面，希望还应寄托在齐、鲁。鲁是周公的后裔，保存传统的东西最多；齐是姜太公的后裔，但自齐桓公以来，实行了一通霸权主义，走得远了一点。

［译文］

孔子说："齐国一经变革，就可以达到鲁国的境界；鲁国一经变革，就可以达到仁义之道的传统境界。"

6.25 子曰："觚不觚，觚哉！觚哉！"

［注释］

觚，带有棱角的方形酒壶。原先可能是角制的，故从"角"字偏旁；后变为青铜制品，形制也变化了。这种礼器的形制变化，也表现为礼的变化，因此孔子感叹起来。

［译文］

孔子说："现在的觚不像觚了，觚呀！觚呀！"

6.26 宰我问曰："仁者，虽告之曰'井有仁焉'，其从之也？"子曰："何为其然也？君子可逝也，不可陷也；可欺也，不可罔（wǎng）也。"

［注释］

①何为，即为何。其然，这样。②逝，往。如说"逝者如斯夫"，"逝者"即过往者。

［译文］

宰我问道："做一个仁人，即使有人告诉他说'井里有个仁人在里面'，难道就跟着下去吗？"孔子说："为什么要这样呢？君子可以前往，设法救援，却不可陷害他；可以欺侮他，不可以无中生有地诈骗他。"

6.27 子曰："君子博学于文，约之以礼，亦可以弗畔矣夫！"

[注释]

畔，通"叛"。

[译文]

孔子说："君子广泛地学习文献知识，用礼节来约束自己，就可以不离经叛道了呀！"

6.28 子见南子，子路不说（yuè）。夫子矢之曰："予所否者，天厌之！天厌之！"

[注释]

①南子，卫国卫灵公夫人，娶自宋国，参见6.16章注②。孔子生前曾三次到卫国，希望能在那里推行他的学说，跟灵公的关系也不错，灵公郊迎孔子，但愿望终未能实现，无奈灵公对仁义道德的兴趣也不大。这次子见南子是第二次到卫国的事，是南子主动要召见的，《史记·孔子世家》中有记载。南子说："四方的君子想跟灵公结为兄弟的，一定要见我小君，小君愿见。"孔子不得已，他们隔着一层稀薄的帷帘行相见之礼，还听到了南子身上玉石环佩相击的声音。因此子路就不高兴了。②矢，同"誓"，发誓。③所，假如，是誓词中的套语，别处不能这样用。

[提示]

南子把持卫国的政事，孔子只能去见，本章所述，对孔子和子路都是可以理解的。每到批判孔子的时候，往往就演子见南子的讽刺剧，其实对孔子来说，也是一件无可奈何的事。孔子的学说是积极用世的，他就必然要碰见世上各种各样的人物。这件事，或者也就是君子"可欺也，不可罔也"。

[译文]

孔子进见了南子，子路不愉快了。夫子发誓道："我若是错了的话，老天厌弃我吧！老天厌弃我吧！"

6.29 子曰："中庸（yōng）之为德也，其至矣乎！民鲜（xiǎn）久矣。"

[注释]

①庸，平常，即处事不走极端。后来泛指平庸、妥协、保守的思想和方针。中庸，中和可常行的态度和办法。②其，大概，恐怕。至，极点，极顶，最。

[提示]

本章是中庸思想的概括，它作为和平时期的哲理，并不完全等于妥协与保守。尤其把它作为一种道德标准来看，并不完全是政治纲领，要做分析，我们应该重视孔子对中庸之道的解释。例如道德和审美观的关系很密切，中和的美学思想影响就很大。例如在书法上，书圣王羲之的笔画就是"不激不厉，而风规自远"，也就是温柔敦厚之美。道德与政治的关系也很密切，特别是在斗争激烈的年代，自然就失之温柔了。

[译文]

孔子说："中庸作为一种道德，恐怕是极顶无上的东西了！民间缺少它已经许久了。"

6.30 子贡曰："如有博施于民而能济众，何如？可谓仁

乎？"子曰："何事于仁？必也圣乎！尧、舜其犹病诸！夫
（fú）仁者，己欲立而立人，己欲达而达人。能近取譬，可谓
仁之方也已。"

[注释]

①施，给予，如说"己所不欲，勿施于人"。②其，表推测语气。
犹，还。病，重病。一般的病称"疾"，此指有重大的毛病或不足之处。
诸，于句末相当于"之乎"，表感叹语气。③夫，作议论时的发语词，加
在句首，因为现代语言中已经没有这种发语词了，故表达不出来。者，此
表停顿语气。④立人、达人，都是在动词之后加宾语"人"，使动词变成
使动词，为"使人……"之义。立，如说"三十而立"，即立身处世。
达，本义为通，到达，对一定的目的、意图说，如"欲速则不达"。达人
指通达事理之人，使动用法谓使人通达。"达"有"发达"之义，为后起
义，《论语》中没有这种用法。⑤譬，通晓，明白。此指通晓的事、了解
的事。

[提示]

本章还可参看14.42章。子贡把仁看得广大莫及，故孔子说"能近取
譬"，即从切近处做起，把自己和别人放在同一个位置上，推己及人，由
近及远。立人、达人，也就是忠恕之道，宽厚待人，仁爱待人。

[译文]

子贡问道："如果有人能广泛地给人们好处，能够普救众生，怎么
样？可以说是仁人了吗？"孔子说："对于仁人，还可再做什么呢？肯定
已是圣人了！如此说，尧、舜恐怕还有严重的不足哩！仁人呢，自己要立
身，就使别人也会立身，自己想能通达事理，就使别人也能通达事理。能
够就身边取一些已经明白是合乎仁德的事去做，就可以说是仁人的行动方
针了。"

述而篇第七

7.1　子曰："述而不作，信而好古，窃（qiè）比于我老彭。"

[注释]

老彭，一说即老子。

[提示]

本章是孔子述怀之言，可惜我们对老彭不了解了。这一章书对后代许多复古倾向的学者影响是很大的。一方面束缚、淹没了他们的创造性，这是消极方面；另一方面他们对于传统文化的研究却不是简单化、笼统化的。从孔子来说，他崇尚西周文化，不能对西周文化随意创制、添加什么，他对西周文化的发挥可从两方面看：（一）他把那些礼制结合春秋时代的现实来看，从而把伦理道德提高到极高的程度。从现象上看，的确是那些诸侯家属之中或之间的罪恶勾当搞乱了时局。（二）他对周公仁义的思想在学生面前、在时人面前结合现实或历史人事做了许多具体的阐述，后代的人不去理会周公的思想，只读孔子的书了。

[译文]

孔子说："陈述而不加创制，信仰而爱好古代文化，私自把我比作老彭。"

7.2　子曰："默而识（zhì）之，学而不厌，诲人不倦，何有于我哉？"

　　［注释］

　　①识，通"志"，记住，动词。名词为"标志"之义。②厌，同
"餍"，吃饱，引申为"满足"。从"厌"的繁体字可看出它从"甘"
声。甘，味美，因此厌不同于一般的饱，是甘美的东西吃饱，因此它引申
为"厌恶"之义，即因甘美的东西才吃坏了，"饱"字则无"厌恶"之
义。"学而不厌"，不用"饱"字，表示把学习知识和能力看成甘美的东
西。现代语言中没有能和"厌"字相对应的词，一般的译注就表现不出这
个细致的意义。

　　［提示］

　　本章还可参见7.33章，为夫子名言。

　　［译文］

　　孔子说："默默地记在心里，学习不知满足，教人不知疲倦，对于我
还有什么呢？（我不就是这些了吗？）"

　　7.3　子曰："德之不修，学之不讲，闻义不能徙（xǐ），
不善不能改，是吾忧也。"

　　［注释］

　　①徙，迁移，以身赴之。②不善，不良的言行。本句可参看16.11
章："见善如不及，见不善如探汤。"

　　［译文］

　　孔子说："品德没有培养，学说没有讲习，听到道义的事情不能以身
赴之，对于不良的言行不能改正，这些都是我的忧虑。"

　　7.4　子之燕居，申申如也，夭（yāo）夭如也。

［注释］

①燕，通"宴"，安。燕居，安居。②申，即"伸"，"申"与"夭"相反。申申，伸展、整饬、端庄，即不敢松懈怠慢。夭，屈。夭夭，舒缓、和乐、悠闲、宽松之状。如，常用作人物状貌词的词尾，可解释为"……的样子"，更宽泛一点便用作形容词或副词的词尾。

［译文］

孔子日常安居的时候，有时是整饬端庄的样子，有时是宽松和缓的样子。

7.5　子曰："甚矣吾衰也！久矣吾不复梦见周公！"

［注释］

周公，姓姬，名旦，周文王的儿子，周武王的弟弟，是西周的开国大臣，西周一切典章制度的制定者，在很大程度上他还是当时思想界的代表人物，因此孔子对他是特别崇拜的。因他的食邑分封在周，故称周公或周公旦，周即今陕西岐山东北，那里还留有周公庙。

［译文］

孔子说："我已经衰老得很了！长久以来我没有再梦见周公了！"

7.6　子曰："志于道，据于德，依于仁，游于艺。"

［注释］

①志，向往，立志，此作动词。"朝闻道，夕死可矣"，道是要闻的，故心向往之，为志趋所在。②据，持，执守，经常用于抽象意义，如说"据理"。③游，出入活动。"游玩"之义为后起义。

［提示］

本章可说是陈述了儒家学者的精神世界和活动内容。

[译文]

孔子说:"向往道,执守德,依靠仁,活跃在礼、乐、射、御、书、数六艺之中。"

7.7 子曰:"自行束脩以上,吾未尝无诲焉。"

[注释]

脩,干肉条,加姜桂等整治晾干,一般十条为一束,称束脩。

[译文]

孔子说:"自行送上束脩,我未曾对他们不加教诲。"

7.8 子曰:"不愤不启,不悱(fěi)不发。举一隅(yú)不以三隅反,则不复也。"

[注释]

①愤,烦闷,郁结,气满而盛。"发怒"之义为后起。②悱,悲伤痛苦的心情。③隅,角落。此指问题和认识的反复,用于抽象意义,故"一隅"即"一方一面"之义。反,即"返","反复来回""互相引证"之义。"举一反三"之语,即由此而来。

[译文]

孔子说:"教导学生,不到他有了愤恨迫切的心情,就不开导他,不到他有了悲伤沉痛的感触,就不去帮他发挥。思想停滞,不能举一反三,就不再告诉他什么了。"

7.9 子食于有丧者之侧,未尝饱也。

子于是日哭,则不歌。

［译文］

孔子在死了亲属服丧期间的人旁边吃饭，从不曾吃饱过。

孔子在这一天哭过，就不唱歌。

7.10　子谓颜渊曰："用之则行，舍之则藏，惟我与尔有是夫！"子路曰："子行三军，则谁与？"子曰："暴虎冯（píng）河，死而无悔者，吾不与也。必也临事而惧，好（hào）谋而成者也。"

［注释］

①行、藏经常连用，谓实行与收藏。用，此特指任用；舍，不任用，舍弃。②三军，左、中、右三军，或称上、中、下三军。中军为主力，统帅所在，余二军可称偏师。③与，偕同，动词。谁与，即与谁。④暴，搏。暴虎，徒手搏虎曰暴虎。冯，通"凭"。徒足涉河曰冯河。这是《诗经》中即已一再使用的两个成语，词句已经压缩了，比喻冒险行事。

［提示］

本章先载孔子赞扬颜渊，子路闻之，自负其勇而问。孔子答：不能勇而无谋，最终目的是要成功。

［译文］

孔子对颜渊说："任用我们就去实行，不用就隐藏起来，只有我和你有这个准备吧！（别人大多只求其用。）"子路说："夫子行进三军之中，将跟谁在一起呢？"孔子说："赤手空拳去打老虎，徒步不用船只去渡河，死了也不后悔的人，我不和他在一起。一定要是面临任务战战兢兢，喜欢谋略而能取得成功的人。"

7.11　子曰："富而可求也，虽执鞭之士，吾亦为之。如不可求，从吾所好（hào）。"

[注释]

而，如果，假若，又如"管仲而知礼"。

[译文]

孔子说："致富如果真可以求得的话，即使做个手执皮鞭的小官，我也去做。如果不可求得，还是随我所好，做我的事。"

7.12　子之所慎：齐（zhāi）、战、疾。

[注释]

齐，通"斋"，即斋戒。古人斋戒之前要沐浴，要或长或短时间地静坐等，参见10.6章讲斋必明衣、变食、迁坐。又如3.12章"祭如在，祭神如神在"。对待战争，如7.10章"临事而惧，好谋而成"。对待疾病，如10.9章"丘未达，不敢尝（药）"。

[译文]

孔子慎重对待的事是：斋戒、战争、疾病。

7.13　子在齐闻《韶》，三月不知肉味，曰："不图为乐（yuè）之至于斯也。"

[注释]

图，想到。为乐，制作乐曲。

[提示]

据《史记·孔子世家》记载，孔子到齐国是三十五岁的时候，在那里"闻《韶》音，学之三月，不知肉味，齐人称之"。如此看来，孔子的音乐水平，年轻时就不低了。参见3.25章赞美《韶》乐。

［译文］

孔子在齐国听到舜时的《韶》乐，陶醉其中，三个月都吃不出肉味，说：“没有想到音乐的制作达到这样的境地。”

7.14　冉有曰：“夫子为（wèi）卫君乎？”子贡曰：“诺，吾将问之。”入，曰：“伯夷、叔齐何人也？”曰：“古之贤人也。”曰：“怨乎？”曰：“求仁而得仁，又何怨？”出，曰：“夫子不为也。”

［注释］

①为，帮助，为……着想。卫君，指卫出公，名辄，他是卫灵公之孙，太子蒯聩（Kuì）之子。卫灵公夫人南子淫荡，太子欲加害南子，被南子发觉，太子逃往晋。灵公死，立辄为君。十二年后，太子仗晋军回卫，卫军抵抗而败，出公亡。这是父子争夺君位，与伯夷、叔齐兄弟互相推让，形成鲜明对照。子贡以此发问，孔子赞美伯夷、叔齐，自然就不会帮助出公了。②诺，答应声，义为“行”。③怨，伯夷、叔齐礼让君位，离国远去，终于饿死首阳山，故问“怨乎”。兄弟二人所失者身，所得者仁。

［译文］

冉有问道：“夫子要为卫君着想吗？”子贡说：“行，我要问问他。”子贡进屋，问：“伯夷、叔齐是什么样的人呢？”孔子答：“是古代的贤人。”子贡说：“他们怨恨吗？”孔子说：“他们求仁就得到了仁，又怨什么呢？”子贡出来了，说：“夫子不会为卫君着想的。”

7.15　子曰：“饭疏食，饮水，曲肱而枕之，乐亦在其中矣。不义而富且贵，于我如浮云。”

[注释]

①饭，吃，动词。疏食，粗饭。②曲，弯曲着。肱，本指手臂的上半截，此泛指手臂。

[译文]

孔子说："吃粗饭，喝白水，弯着手臂当枕头，乐趣就在其中了。不合道义而得来的富与贵，对我就像浮云。"

7.16　子曰："加我数年，五十以学《易》，可以无大过矣。"

[注释]

《易》，最早的典籍之一，一直被奉为经典，包含有许多深刻的哲理，易就是变易，强调变化发展。它表面上是一本占卜的书，里面主要是六十四卦的卦辞和三百八十四爻的爻辞。孔子对《周易》也是推崇备至的。他准备五十岁学《易》，五十是知天命之年，懂得一些天地变化的规律，即吉凶消长之理、进退存亡之道。

[译文]

孔子说："增加我几年寿命，到五十岁就学习《周易》，便可以不犯大错误了。"

7.17　子所雅言：《诗》、《书》、执礼，皆雅言也。

[注释]

雅，正。雅言，古时的官话，即共同语，大家以它为规范。我国的方言自古就很复杂。

[译文]

孔子说普通话的场合是：读《诗经》、读《尚书》、执行礼仪活动，都用普通话。

7.18 叶公问孔子于子路，子路不对。子曰："女（rǔ）奚不曰：其为人也，发愤忘食，乐以忘忧，不知老之将至云尔！"

[注释]

①叶公，名沈诸梁，字子高，封邑在叶（今河南叶县境内），当时属楚国，楚君称王，地方长官称公，故有时称他为叶公子高。孔子到楚，与楚大夫叶公会晤，是在鲁哀公六年（前489年），孔子时年六十三岁。②奚，怎么，疑问副词。③云，如此，这样。尔，同"耳"，而已，罢了。云尔，如此而已。

[译文]

叶公向子路问关于孔子的情况，子路没有回答。孔子对子路说："你怎么不说：他的为人，用功起来便忘记了吃饭，学有所得，总是快乐，忘记了忧愁，不知不觉地衰老将要到来，如此罢了！"

7.19 子曰："我非生而知之者，好古，敏以求之者也。"

[译文]

孔子说："我不是生来就通晓事理的人，而是喜欢古代政治、文化并勤快地去学习、追求的人啊。"

7.20 子不语怪、力、乱、神。

[提示]

本章对于了解孔子的思想言行很重要。

怪即奇异怪诞，想入非非之谈，云天雾地之论，诡形幻声，不论是海内的，还是天外的，皆不可得闻。《论语》中谈论的都是现实存在的可以理解的东西，如6.30章所谓"能近取譬"。

力指暴力，卫灵公问兵阵，孔子说："军旅之事，未之闻也。"可见他很忌讳。对于战争，他取慎重态度，他的仁义礼乐是不求之于暴力的。春秋战国时代，力与德是两个相对立的概念，他的一句名言是"骥不称其力，称其德也"。勇是要谈的，"见义不为，无勇也"，可是有一条很重要，即8.2章所谓"勇而无礼则乱"。这样，他对力就有分析了，追求仁义之力、符合礼义之力，这才是需要的。

犯上作乱，宫廷政变，有时就是军事叛乱，这种事情也不必叫人去学习。春秋末年的政坛，大小程度不同的作乱，可说是司空见惯的了。乱的反面是治，怎样把一个诸侯国家引上治的轨道，才是正德。

对于鬼神，是要尊敬的，而且是各路鬼神，3.12章所谓"祭神如神在"，但也就到此为止了，下一步就是"敬鬼神而远之"了。他又说："未知生，焉知死？""未能事人，焉能事鬼？"我看这就是相当明智的态度了，或者称作明智的有神论。在那种科学不发达的时代怎么能说得清鬼神呢？于是就"子不语"了。

法国著名思想家伏尔泰对孔子予以高度评价。他说："'子不语怪、力、乱、神'，比基督教高明得多，孔子不谈奇迹虚幻，只谈实际的纯粹的道德，绝不自称为神所使。"

[译文]

孔子不谈论怪异、暴力、作乱和鬼神的事情。

7.21 子曰："三人行，必有我师焉：择其善者而从之，其不善者而改之。"

[注释]

焉，于之，在三人中。

［提示］

本章还可参见19.22章。《老子》第27章中，也说过类似的话："善人，不善人之师；不善人，善人之资。"资，借鉴。

［译文］

孔子说："几个人一起行路，其中必定有我的老师：选取那些优良的东西，就追随不舍，那些不良的东西便改正它。"

7.22 子曰："天生德于予，桓魋（Tuí）其如予何？"

［注释］

①生，赋予。②桓魋，宋国的司马（军政官员）向魋，字黎，因为是宋桓公的后代，故又称桓魋。

［提示］

本章的背景是：孔子周游列国到宋，和弟子们在大树下"习礼"。桓魋扬言要杀孔子，砍倒了树。弟子们让孔子快跑，他就说了这一句话。他的那一番道德学说，是老天赋予的，不是哪个人要不要的问题，赶是赶不掉的。这倒也是事实，直到两千多年后的今天，孔孟之道还在传播着。事情发生在哀公三年，孔子六十岁。

［译文］

孔子说："老天赋予我才德，桓魋他能把我怎样？"

7.23 子曰："二三子以我为隐乎？吾无隐乎尔。吾无行而不与二三子者，是丘也。"

［译文］

孔子说："弟子们以为我隐瞒了你们什么吗？我对你们没有隐瞒。我没有什么活动不是同你们在一起，这就是孔丘。"

7.24 子以四教：文、行、忠、信。

[译文]

孔子用四项内容教育学生：历史文献知识、自己的品行修养、对国君的忠诚、交朋友的信任。

7.25 子曰："圣人，吾不得而见之矣；得见君子者，斯可矣。"

子曰："善人，吾不得而见之矣；得见有恒者，斯可矣。亡（wú）而为有，虚而为盈，约而为泰，难乎有恒矣。"

[注释]

①善人，善良，守道，人性本善，但与圣贤比，却又是不甚理想还没掌握仁义的人。《论语》中谈到善人的地方，除本章外，还可参见11.18章和13.11章。②有恒者，有恒心的人，保持人所常有的善良本性，意志经久不变。③泰，安泰，宽裕自如。

[译文]

孔子说："圣人，我不能见到他了；能见到君子就可以了。"

孔子说："善人，我见不到他了；能见到有恒心的人就可以了。没有却要做到有，空虚却要做到充足，有约束却要做到宽裕，还要保持永恒不变，就困难了。"

7.26 子钓而不纲，弋（yì）不射宿（sù）。

[注释]

①纲，网上的大绳。所谓"若网在纲，有条不紊"，又说"提纲挈领"，对网就要提它的纲，对衣服就要抓住领子。不纲，"不"字加在名词之前，即是不张罗大网去捕鱼。②弋，拴有丝绳的箭，射出以后可以收

回。宿，指宿鸟，即回巢的鸟。

［译文］

孔子只钓鱼，不用大纲大网去捕鱼，用弋射鸟，但不射已经归巢的鸟。

7.27　子曰："盖有不知而作之者，我无是也。多闻，择其善者而从之，多见而识（zhì）之，知之次也。"

［注释］

知之次，差一等级的智慧。16.9章中说："生而知之者，上也；学而知之者，次也；困而学之，又其次也……。"智慧的等级之分，显然没有根据。韩愈说："闻道有先后，术业有专攻，如是而已。"先知先觉是有的，后知后觉与不知不觉，一时也是有的。"敏而求之可也"，这句话就不错了。

［译文］

孔子说："大概是有一种不懂却还要去创制造作的人，我没有这种情况。多听听，选取其中好的就追随它多看看，并记在心里，这些都是次一等的智慧。"

7.28　互乡难与言，童子见，门人惑。子曰："与其进也，不与其退也，唯何甚？人洁己以进，与其洁也，不保其往也。"

［注释］

①互乡，地名，不详。②与，赞许，支持，此作动词。下面两个"与"字义同。③唯，发语词。甚，过分。唯何甚，何必太过分，指难与交谈。④保，守。保的本义为"养"，保养身体，保全、保守、保安，皆其引申义。

［提示］

本章陈述孔子对于后进者的态度。

［译文］

互乡的人难以和他们交谈，有一位少年来见孔子，门人迷惑不解。孔子说：“赞成他的进步（能来见我们），不赞成他后退，何必过分呢？人家改过自新来见我们，要赞成他洁身自好，不保守着过去（不做改观）。”

7.29　子曰：“仁远乎哉？我欲仁，斯仁至矣。”

［提示］

本章充分强调主观积极追求在思想意识修养中的重要作用。类似的话如12.1章：“为仁由己，而由人乎哉？”

［译文］

孔子说：“仁遥远吗？我想要仁，仁就来到了。”

7.30　陈司败问：“昭公知礼乎？”孔子曰：“知礼。”孔子退，揖巫马期而进之，曰：“吾闻君子不党，君子亦党乎？君取于吴，为同姓，谓之吴孟子。君而知礼，孰不知礼？”巫马期以告。子曰：“丘也幸，苟有过，人必知之。”

［注释］

①陈司败，陈国的司败官。春秋时陈、楚二国都把司寇称司败，司寇即法官，孔子也曾做过鲁国的司寇。②昭公，指鲁昭公，名稠，在位三十二年（前541～前510年），时为孔子的青壮年时期。这里的对话则是事后的了，称昭公用谥号，昭公已死。③巫马期，孔子学生，姓巫马，名施，字子期（一作子旗。应作子旗，因为旗与施联系，即名与字联系），

鲁国人。进，使动词。之，代表巫马期，作宾语。进之，让巫马期进到陈司败面前。④党，小集团，如说"结党营私"。不党，引申为"不偏袒""不包庇"之义。⑤取（即娶）于吴，古礼同姓不通婚，鲁为周公后代，吴为周公的伯祖父泰伯的后代，都姓姬，故日同姓。吴孟子，鲁昭公夫人。吴孟子之义，本应国名加姓，称吴姬，为避免同姓，故称吴孟子。⑥人必知之，人们一定让我知道。故"知"为使动词，有"使""让"之义。"之"代替我自己。本句还可参考19.21章。《史记·仲尼弟子列传》亦载此事，在"人必知之"之后尚有一句"臣不可言君亲之恶，为讳者，礼也"。意思是：我不可以说国君和父母的坏处，做这样避讳的事，是合乎礼节的。春秋避讳的问题参阅13.18章。

[译文]

陈司败问："鲁昭公懂礼吗？"孔子说："懂礼的。"孔子走后，陈司败作个揖请巫马期进来，说："我听说君子不互相偏袒，孔子这位君子也偏袒吗？鲁君从吴国娶亲，是同姓的两国，还管她叫吴孟子。鲁君若懂礼，谁不懂礼？"巫马期把这话告诉了孔子。孔子说："我孔丘呀真幸运，如果有了过错，人家必定让我知道。"

7.31　子与人歌而善，必使反之，而后和之。

[注释]

反，即"返"，"回过来再唱一遍"之义。

[译文]

孔子与人一道唱歌，如果唱得好，必定让人再唱一遍，然后再和他一遍。

7.32　子曰："文，莫吾犹人也。躬行君子，则吾未之有

得。"

[注释]

①莫，大约，恐怕，表疑之辞。这个古义很少用。犹，跟……一样，差不多。②躬行，身体力行，亲身去做。③未之有得，即未有得之，宾语"之"提前。

[译文]

孔子说："文献知识，大概我跟人家差不多。身体力行的君子，那我还没有做得到。"

7.33　子曰："若圣与仁，则吾岂敢？抑为之不厌，诲人不倦，则可谓云尔已矣。"公西华曰："正唯弟子不能学也。"

[注释]

①抑，可是，连接词。②正，恰。唯，发语词，用同"唯太甚"。

[译文]

孔子说："若说圣人和仁人，那我难道能敢当吗？可是做起来不满足，教人不知疲倦，就可说是这样的了。"公西华说："这正是弟子们不能学到的啊。"

7.34　子疾病，子路请祷。子曰："有诸？"子路对曰："有之。诔（lěi）曰：'祷尔于上下神祇（qí）。'"子曰："丘之祷久矣。"

[注释]

①病，疾加曰病，一般只说疾。②祷，延年益寿之祭，是形声字，从"示"，"寿"声，并声中有义，故专指延年益寿之祭。③诔，祈祷神灵保佑的文章，也包括表彰死者德行的文章。④祇，土地之神。神则指天神。

[译文]

孔子病得很重，子路请求举行延年益寿的祭祀。孔子说："有这种事吗？"子路回答说："有这事。诔文中说：'替你向天地神灵祈求益寿。'"孔子说："这样，我的祷祭早就做过了（婉言拒绝之义）。"

7.35　子曰："奢则不孙（xùn），俭则固。与其不孙也，宁固。"

[注释]

①孙，同"逊"，谦逊，即"富则不骄"之义。②固，固执，固陋，只能按他那样行事，执一不通，不达礼。

[译文]

孔子说："奢侈的人就不谦逊了，节俭的人容易显得固执。与其不谦逊，宁可固执点。"

7.36　子曰："君子坦荡荡，小人长戚戚。"

[译文]

孔子说："君子心地平坦宽广，小人经常忧愁悲观。"

7.37　子温而厉，威而不猛，恭而安。

[提示]

本章还可参见19.9章："君子有三变：望之俨然，即之也温，听其言也厉。"

[译文]

孔子日常的风度，温和而严厉，有威风而不是凶猛，恭敬而安详。

泰伯篇第八

8.1 子曰："泰伯，其可谓至德也已矣。三以天下让，民无得而称焉。"

[注释]

①泰伯，即太伯，周朝祖先古公亶（Dǎn）父的长子。古公有三子：泰伯、仲雍、季历。季历的儿子即姬昌（周文王），姬昌的儿子即姬发（周武王），经过两代人的努力，便灭了殷商，创建了周。古公打破常规，欲立季历，泰伯、仲雍出奔到吴，古公得以传位给季历。②其，恐怕，大概，表推测语气。③无得，无得其益。因为他没有治天下。如管仲，孔子说"民到于今受其赐"。民众不称赞他，可是他是最有德行的了。焉，于之。

[提示]

本章可视作孔子对春秋末年诸侯兼并的一次正面感叹。

[译文]

孔子说："泰伯，大概可以说是最有德行的了。屡次把天下让位给季历，民众没有受到他的恩德而要赞扬他。"

8.2 子曰："恭而无礼则劳，慎而无礼则葸（xǐ），勇而无礼则乱，直而无礼则绞。君子笃于亲，则民兴于仁；故旧不遗，则民不偷。"

[注释]

①劳，勤苦，辛苦，如说"劳而无功"。②葸，畏惧，胆怯。③绞，纠缠不清，不能用礼加以节制。可参看13.18章。④笃，诚笃，忠实。亲，亲属。⑤故旧，长期交往的亲戚朋友。遗，弃。⑥偷，苟且对付，人情淡薄。

[译文]

孔子说："恭敬而不懂礼就辛苦，谨慎而不懂礼就畏惧胆怯，勇敢而不懂礼就会作乱，正直而不知礼就会纠缠不清。君子用深厚诚恳的态度对待亲族，民众就会趋向仁道；君子不抛弃故旧的人，社会的人情就不会淡薄。"

8.3　曾子有疾，召门弟子曰："启予足！启予手！《诗》云：'战战兢兢，如临深渊，如履薄冰。'而今而后，吾知免夫！小子！"

[注释]

①启，省视，细看。②渊，水势回旋的深潭。履，脚踩。三句诗见《诗经·小旻》。③免，此指免于灾祸刑戮。相传是曾子著的《孝经》上说："身体发肤，受之父母，不敢毁伤。"如今完好无损。④小子，长辈称晚辈，或老师称弟子。

[译文]

曾子有病，召集自己的弟子们说："看看我的脚！看看我的手！《诗经》上说：'小心谨慎呀，好像是临近深潭，好像是踩着薄冰。'从今以后，我知道可以免于祸患刑戮了！弟子们！"

8.4 曾子有疾，孟敬子问之。曾子言曰："鸟之将死，其鸣也哀；人之将死，其言也善。君子所贵乎道者三：动容貌，斯远暴慢矣；正颜色，斯近信矣；出辞气，斯远鄙倍矣。笾（biān）豆之事，则有司存。"

[注释]

①孟敬子，鲁国大夫，孟武伯之子，姓仲孙，名捷，敬是他的谥号。②贵，重视，重要。③动容貌，有所触动，表现于容貌。④暴慢，粗暴和急慢无礼。⑤出辞气，表现出文雅有礼的言辞气度。⑥鄙，浅陋，粗俗。倍，即"背"，背礼。鄙倍，浅俗而违礼。⑦笾，竹制的盘子，盛果脯之类。豆，高脚盘子，木制或铜制、瓦制。笾豆，两种祭祀和宴会时的礼器。⑧司，管理。有司，官员。

[译文]

曾子有病，孟敬子去问候他。曾子说："鸟将要死时，它的叫声是悲哀的；人要死时，他的话是善良的。君子对于道重视的有三点：有所触动，就表现于容貌，就不会粗暴急慢了；使脸色端庄，就接近诚实了；表现出言辞有气度，就不会是浅俗背礼的了。至于礼仪中一些笾豆之类的具体细节，自有主管其事的官员在。"

8.5 曾子曰："以能问于不能，以多问于寡。有若无，实若虚，犯而不校（jiào）。昔者吾友尝从事于斯矣。"

[注释]

①能，才能，此指有才能的人。不能，没有才能的人。②犯，侵犯，触犯。校，同"较"，计较。③者，表停顿语气。昔者，从前，过去。

[译文]

曾子说："有才能的人向没有才能的人请教，知识多的人向知识少的人请教。有学问就像没有学问，充实的人就像空无所有，受到侵犯也不计较。过去，我的朋友曾经这样做过的。"

8.6　曾子曰："可以托六尺之孤，可以寄百里之命，临大节而不可夺也，君子人与? 君子人也。"

[注释]

①六尺之孤，幼小的孤儿，此指幼小即位的国君。古代尺短，六尺约合今四尺多，现在我们通过考古研究，对各个时代的度量衡都可以做出准确的换算。②百里之命，国家的命运。古时诸侯国小，百里，诸侯小国。③临大节，面临与国家存亡安危相关的节操问题。

[提示]

中国历史上有许多"托孤"的皇帝。三国时期的刘备就曾把儿子刘禅托付给诸葛亮，诸葛亮受托孤之命，为国尽忠，鞠躬尽瘁，死而后已。

[译文]

曾子说："幼小的国君可以委托给他，一个诸侯国家的命运可以寄托给他，他面对着大节的考验而不可改变，是君子人吗? 是君子人。"

8.7　曾子曰："士不可以不弘毅，任重而道远。仁以为己任，不亦重乎? 死而后已，不亦远乎?"

[注释]

①弘，大。毅，刚强，果决。②仁以为己任，即以仁为己任，介词结构颠倒，古语中往往如此。

[提示]

以上五章，都是曾子的话，也不乏精彩字句。

[译文]

曾子说："士不可以不抱负远大，意志坚决，他任务重大，路途遥远。他把推行仁道作为自己的任务，不是很重大吗？到死了才算停止，不是很遥远吗？"

8.8 子曰："兴于《诗》，立于礼，成于乐。"

[译文]

孔子说："《诗》篇使我振奋起来，礼使我能在社会中立身，音乐使我的所教所学得以完成。"

8.9 子曰："民可使由之，不可使知之。"

[注释]

由，走，动词，作名词指"路"。

[译文]

孔子说："民众可以让他们跟着走，不可以让他们懂得要这样走。"

8.10 子曰："好勇疾贫，乱也。人而不仁，疾之已甚，乱也。"

[注释]

①疾，憎恨，如说"疾恶如仇"。②已甚，太过分。

[提示]

本章与8.2章"勇而无礼则乱"相参照，疾贫与无礼是一件事的两个方面。

[译文]

孔子说："好勇并憎恨贫贱，就要出乱子。人如果不仁，憎恨这种人太过分了，也要出乱子。"

8.11　子曰："如有周公之才之美，使骄且吝（lìn），其余不足观也已。"

[注释]

吝，吝啬，小气，惋惜。

[提示]

《逸周书·寤敬篇》："周公曰：'不骄不吝（即"吝"），时乃无敌。'"看来孔子此语，是就周公的话反过来说的，并以周公的才德为例，加以阐述。有了这两个缺点，即使再有周公的许多其他美才，也是不值一观了。因为不足以取胜于殷，不能成功，就功亏一篑了。至于他们说的"吝"是指什么，看来亦应从大处权衡，不是指钱的一点小利，应有的牺牲和破坏，都是不可避免的。骄傲则是局部利益也不顾，妄自尊大。骄与吝往往是相反的两种表现，往往还可能表现在一个人身上。

[译文]

孔子说："如果有了周公那样的美才，假使他骄傲而且吝啬，其余一切就都不足观了。"

8.12　子曰："三年学，不至于谷，不易得也。"

[注释]

谷，谷物，古时以粮食作为官员俸禄，故此为"没有得到俸禄""没有得到官职"之义。

[提示]

孔子提倡儒家学者积极用世，不能藏而不用，参照9.13章"我待贾者也"。只能在不得已的情况下才退而求其次。从社会成员来分析，孔子的学生大多来自社会中、下层，有一些是低微的，如颜回、原宪、冉雍等，都可以进入士的阶层。

[**译文**]

孔子说："三年学习下来，还没有得到官职和俸禄，是难得的事。"

8.13　子曰："笃（dǔ）信好（hào）学，守死善道。危邦不入，乱邦不居。天下有道则见（xiàn），无道则隐。邦有道，贫且贱焉，耻也；邦无道，富且贵焉，耻也。"

[**注释**]

见，同"现"，"建功立业，指使亲人扬名"之义。

[**提示**]

孔子反复多次说明，在邦有道与无道的不同情况下，君子的不同遭遇，表明儒家的荣辱观与爱憎观，如5.2章、5.21章、15.7章等。他对于道家和法家是根本上不予赞同的，甚至还要采取敌对手段。

[**译文**]

孔子说："坚定我们的信念，努力学习，用生命来保全先王之道的完善。不进入危机四伏的邦国，不居住在祸乱丛生的邦国。天下有道就出来行道，天下无道就隐居民间。国家有道，在那里贫贱终生，是一种耻辱；国家无道，在那里富贵荣华，也是一种耻辱。"

8.14　子曰："不在其位，不谋其政。"

[**注释**]

位，专指官职、官位，是个政治用语，不指其他任何方位，那都是后代的引申义。

[提示]

有一段话可以作为对本章的参考：孔子对鲁哀公只说"举直错诸枉"，不说三桓当如何；对齐景公只说"君君臣臣，父父子子"，不说叛逆的陈氏当如何，公子阳生等当如何。这就是"不谋其政"之义。即谁来问都可说点原则意见，应该采取点什么具体政治措施，就不宜多出主意了。参见14.26章。

[译文]

孔子说："不在那个职位上，就不去谋划那个职位的政事。"

8.15　子曰："师挚（Zhì）之始，《关雎》之乱，洋洋乎盈耳哉！"

[注释]

①师挚，鲁太师名挚，故称师挚。始，此指音乐的开始，即序曲，一般由管音乐的太师官演奏。②乱，本义为"治理"，"乱臣"即是可以赖以治国的大臣，但有些乱臣是叛逆之臣，故又引申为"叛乱"之义。此指音乐的最后乐章，"把前面所演奏的加以条理、概括、整顿"之义，故最后乐章曰乱。今一些古代乐赋最后都有一段"乱曰"，即终曲，或尾声。③洋洋，形容盛大活泼。

[译文]

孔子说："当太师挚开始演奏序曲的时候，当演奏《关雎》一诗作为整个演奏的终结的时候，耳朵里装满了丰盛的乐章。"

8.16　子曰："狂而不直，侗（tóng）而不愿，悾（kōng）悾而不信，吾不知之矣。"

[注释]

①狂，狂放而不以礼自制，名词指狂放的人，如18.5章"楚狂接舆"。古来说狂人，大多不是疯癫，而是有头脑，有政见，分析了当前局势的人，他们隐居民间，伪装为狂。又如现代鲁迅《狂人日记》的狂人，绝非真狂人，而是时代的呼唤者。这类狂人孔子不止见过一两次，《论语》后半部所载的接舆、丈人、长沮、桀溺等，孔子对他们有分析、有批评。这里所说的狂，也是这个意思。②侗，同"僮"，少年孩童，此指简单幼稚。愿，谨慎。③倥倥，无知无能之貌。

[译文]

孔子说："狂放而不正直，幼稚而不谨慎，无知无能还不讲究信用，我不能理解这样的人。"

8.17　子曰："学如不及，犹恐失之。"

[注释]

①及，赶上。它的字形从"人""又"，又，即"右"，右手够着人即为及。②失，丢失。它的字形从"手"，"乙"声，在手而逸去为失。

[译文]

孔子说："学习总好像没有赶上人家，还担心丢掉了学到的东西。"

8.18　子曰："巍巍乎！舜、禹之有天下也而不与（yù）焉。"

[注释]

禹，原为夏后氏部落领袖，奉舜命治理洪水有功，舜让位给禹，建立了夏代。尧、舜更是我国人民传说中的圣君，治理天下出现了太平盛世。所谓"大同世界"，天下为公，实际上说的就是远古的原始社会氏族公社时期，私有制和阶级分化还没有充分展开，人们，特别是儒家，向往着那个时代的太平。与，参与，相关。不与，不相关。

[提示]

本章以下四章，都是赞美尧、舜、禹的。他们都为民为公，而春秋时期的那些国君，都已无法比拟。

[译文]

孔子说："崇高得很啊！舜和禹虽有天下，却像与己无关（他们一心为民勤劳，不为自己）。"

8.19 子曰："大哉！尧之为君也。巍巍乎！唯天为大，唯尧则之。荡荡乎！民无能名焉。巍巍乎！其有成功也。焕乎！其有文章。"

[注释]

①则，作名词为"法则"之义，此作动词，为"效法"之义。②荡荡，广博。③名，作名词为"名称"之义，此作动词，为"称赞"之义。④成功，成就功业。⑤焕，发出光彩，辉煌。

[译文]

孔子说："伟大啊！尧作为一个国君。崇高啊！唯有天最伟大，只有尧能够效法它。他的恩德如此广博无边，民众不知道怎样去称赞他。崇高啊！他成就了伟大的功业。光辉啊！他制定了礼仪制度。"

8.20 舜有臣五人而天下治。武王曰："予有乱臣十人。"孔子曰："'才难'，不其然乎？唐、虞（Yú）之际，于斯为盛。有妇人焉，九人而已。三分天下有其二，以服事殷。周之德，其可谓至德也已矣。"

[注释]

①舜有臣五人，传说是禹、稷（掌农业）、契（掌教化）、皋陶（掌刑法）、伯益（掌畜牧狩猎）。②乱，治。乱臣，善于治国之臣。乱臣十人，为周公旦、召公奭、姜太公、毕公、荣公、太颠、闳（Hóng）天、散宜生、南宫适、文母（文王妃太姒，武王的母亲）。予有乱臣十人，语见《尚书·泰誓》。十人中有一人为妇女，孔子却说"九人而已"，实际上，更早的母系社会，人们更是"知其母不知其父"。③唐、虞，即陶唐氏和有虞氏，是远古两个部落的名称。尧、舜分别为他们的酋长，故称唐尧和虞舜。④殷纣王淫乱昏聩，与此同时，文王为西伯（即西方诸侯之长）而有圣德，文王率殷之叛国以事纣王，天下归附文王的有六州（荆、梁、雍、豫、徐、扬），只有三州（青、兖、冀）尚属纣王，故曰"三分天下有其二"。⑤服事，服从并侍奉。

[译文]

舜有贤臣五人，天下便得到了治理。周武王说："我有治国之臣十人。"孔子说："'人才难得'，不是这样的吗？从尧、舜到周武王说那话的时候，人才最为兴盛。然而武王的十位人才，还有一位妇女在其中，实际只有九人罢了。周文王得了天下的三分之二，仍然向殷纣王表示服从并效力。周朝的道德，大约可以说是最高的了。"

8.21　子曰："禹，吾无间（jiàn）然矣。菲饮食而致孝乎鬼神，恶衣服而致美乎黻（fú）冕（miǎn），卑宫室而尽力乎沟洫（xù）。禹，吾无间然矣。"

[注释]

①间，嫌隙，责备。②菲，微薄。致，尽力。③黻冕，祭祀时穿戴的礼服和礼帽。"冕"字后来只指帝王的帽。④卑，低矮。宫，原来一般的

住房都可以称宫，后来才作帝王宫殿之称。沟洫，本指田间水沟，此泛指
农田水利。

　　[译文]

　　孔子说："禹，我没有要责备他的了。他自己饮食菲薄，却尽力孝敬
鬼神，享祀丰洁；他自己穿戴很差，却尽力把祭祀做得华美点；他自己的
住房很矮，却尽力修好田间水道。禹，我没有要责备他的了。"

子罕篇第九

9.1　子罕（hǎn）言利；与命，与仁。

[注释]

①罕，稀少。②与，赞成，推许。命，命运，如说"死生有命"。

[译文]

孔子很少说利；赞成命，赞成仁。

9.2　达巷党人曰："大哉孔子！博学而无所成名。"子闻之，谓门弟子曰："吾何执？执御乎？执射乎？吾执御矣。"

[注释]

①达巷，地名。五百家为一党。达巷党，好似现在说什么乡。②执，手执，此指鞭子、缰绳。③御，驾车，赶车。

[提示]

本章孔子对达巷党人的回答，撇开"博学"不提，只是商量"成名"之事。御是六艺之一，古代的御者是相当有能耐的人。

[译文]

达巷党的一个人说："孔子伟大呀！学问渊博，却没有成名的专长。"孔子听了，对弟子们说："我手执什么呢？执车把吗？执弓箭吗？我执车把好了。"

9.3　子曰："麻冕（miǎn），礼也。今也纯，俭，吾从众。拜下，礼也。今拜乎上，泰也。虽违众，吾从下。"

[注释]

①纯，精好的丝，所谓纯粹不杂。我国古代主要穿麻、葛，唐代才有棉。丝和革当然是高级的，孟子所谓"七十者可以衣帛矣"，一般的人是穿不起的。大夫以上的帽子（冕）选用上好的材料，这是可以理解的，但是做起这种冕来要节省材料，因为冕很费料，顶上大，还有几根带子挂下来。孔子同意这种习俗的演变。②拜下，在堂下磕头。臣见君先拜下，后拜上。③泰，高傲不逊，轻慢。

[提示]

本章讲孔子坚持古礼，和孔子同时代的齐国丞相晏婴曾对孔子提出了批评："累世不能殚其学，当年不能究其礼。"

[译文]

孔子说："大夫以上的人戴麻冕，这是礼节。如今改用精好的丝，只是要讲究节省点用料，我同意大家的做法。臣见君，先在堂下拜（再升堂拜），这是礼节。现在只是升堂后拜，这是高傲不逊的表现。虽然违反了大家的做法，我还是随从老做法，先在堂下拜。"

9.4　子绝四：毋（wú）意，毋必，毋固，毋我。

[注释]

①绝，断丝，动词。"绝"的反面是"继"，续丝。"绝"与"继"相反，"断"与"续"相反。绝引申为一般的断绝。于此为"拒绝"之义。②毋，同"无"，不。③意，通"臆"，料想，揣摩，推测。此为"臆测"之义。

[提示]

本章都是一些常用字，但解释起来非常困难，《论语》的语言颇有特色。"毋我"，"我"字的这种用法，似乎在别的地方还没有见过。它加在一个否定副词之后，就要当作一个动词来理解。同时，这四个"毋"，都是关于思想作风方面的问题，还都是遭孔子拒绝、否定的东西，从这个范围来寻求它的解释。并且这四个字表达的还都是从言到行，时时处处，没有界定的宽泛概念。这样，"毋我"就是不事事都首先想着我，用现代话说就是不搞唯我主义吧，该有我的地方有我，不该有我的地方就拒绝有我。孔子一生要推行儒家学说，担任鲁国大司寇兼代理丞相，不久是自己辞退的，这就是不该有我的地方了。不是从我出发，不以我为中心。唯我的思想方法是自古就有思想家起来反对的，它阻碍人们的认识和处事；无私无我的思想也是自古就有思想家提出过的，只是其中的含义和所做的解释，各个时代就不尽相同了。"毋必"是不是说天下没有必然的事呢？孔子说"必也"如何如何的话也不是一两次，如"必也正名乎""必也使无讼乎"。诸子百家对天下的事都有自己必然的主张，只是对必然的解释各不相同罢了，可见"毋必"不全是字面上的意义。"毋必"就是不要把什么事情都看得绝对化了。孔子对人对事长于具体分析，非常注重针对性，同一问题可以有不同回答。

[译文]

孔子拒绝四种毛病：不凭空臆测，不把事情看得绝对化了，不固执己见，不事事都想着我。

9.5　子畏于匡（Kuāng），曰："文王既没，文不在兹乎？天之将丧斯文也，后死者不得与（yù）于斯文也；天之未丧斯文也，匡人其如予何？"

[注释]

①畏，恐惧，受惊，受吓。实际上孔子在匡被人囚禁了五天，弟子们

把话说得委婉一点，就用了一个"畏"字。匡，在今河南长垣市。"畏于匡"大约是孔子五十七八岁时之事，匡人曾遭受过鲁国阳货的残害，孔子状貌似阳虎，匡人就把他抓起来了。②既，已经。没，通"殁"，死亡。③文，指文王时代的典章制度、礼乐文化。兹，这里，此孔子自指，即都保留在他这儿。④后死者，指文王以后的后来人，包括孔子在内。与，参与，继承。

[提示]

从本章可以较好地理解孔子关于"天"的概念。它指事情发展的自然结局，这结局也包括人的努力在内，包括他孔子的努力在内，不是消极忍受与等待。畏于匡，虽然是一件偶然的事，几天就解决了，却考验出了孔子对学业的信心。

[译文]

孔子在匡受惊了，说："文王去世之后，那时的典章制度不都在我这里吗？老天爷如果要消灭这些文化，后来的人就不能再去继承这些文化了；老天爷不要消灭这些文化，匡人还能把我怎么样？"

9.6　太宰（zǎi）问于子贡曰："夫子圣者与？何其多能也？"子贡曰："固天纵之将圣，又多能也。"子闻之，曰："太宰知我乎？吾少也贱，故多能鄙（bǐ）事。君子多乎哉？不多也。"

[注释]

①太宰，西周官名，掌王家内外事务，出纳王命。一说此指吴国太宰，名嚭（Pǐ）。②圣，通达，于事无不通。孟子说："大而化之之谓圣。"③固，本来，原来，副词。纵，放纵。④贱，指社会地位低，没有爵位。并早丧父母，故要多学一些职业技能，藉以谋生。这些职业技能，

就是孔子所说的"鄙事"，不是君子、更不是圣人所要掌握的。

[提示]

本章没有正面阐述圣人、君子应该是怎样的，要从全面看，主要是"闻道"，要学习、修养，能治国教民。技能多少不是主要的。

[译文]

太宰向子贡问道："孔夫子是位圣人吗？为什么这样多能呢？"子贡说："原本就是老天放任他做个圣人，并且是多能的。"孔子听到了，说："太宰是了解我吗？我小时候贫贱，所以能做许多下等人的事。君子就多能吗？不会多的。"

9.7 牢曰："子云：'吾不试，故艺。'"

[注释]

①牢，孔子学生，姓琴，名牢，字子开，卫国人。②试，任用。"试"从"式"声。式，法式，取法。故"试"是要作为法式的任用。③艺，本是"种植"之义，引申指各种技艺。

[译文]

牢说："孔夫子说过：'我没有被选择任用，所以就学得了一些技艺。'"

9.8 子曰："吾有知乎哉？无知也。有鄙夫问于我，空空如也，我叩其两端而竭焉。"

[注释]

①鄙，本为"边远闭塞地区"之义，故引申为"粗野""卑下""鄙陋"。鄙夫，粗野的人。②叩，亲自问，盘问。两端，事物的始末或正反两个极端。

［提示］

本章是说，孔子善做具体分析。

［译文］

孔子说："我有知识了吗？没有哩。有一个僻远地区来的人向我发问，我没有一点东西可以回答他，我就从他发问的正反或始末，经过亲自盘问以后才竭力回答了他。"

9.9 子曰："凤鸟不至，河不出图，吾已矣夫！"

［注释］

①凤鸟，凤凰。它出现表示天下要太平，盛世将至，很吉祥。舜时、文王时都曾出现过。这是古代传说。②河，黄河。图，八卦。传说伏羲时黄河中出现了龙，龙又变成一匹马，背负河图，伏羲氏据此画成八卦，这就是后来《周易》的来源。若是有圣人受命于天，来到人世，就会出现河图。

［提示］

本章是孔子晚年七十一岁时感叹生不逢时之语。春秋到末年，已经经过二百多年的混乱，根本就没有出现太平的指望。诸侯各国的君主，也看不到有人想推行仁政，有些人是把孔子喻成圣的，也没有用武之地。所以孔子发出这种感叹。孔子对凤鸟、河图的传说也是信的。但他也有对时代的清醒分析和判断，不过许多东西都要为尊者隐，就在语言上简约了。

［译文］

孔子说："凤凰不飞来，黄河不出图画，我完了呀！"

9.10 子见齐（zī）衰（cuī）者、冕（miǎn）衣裳者与瞽者，见之，虽少（shào）必作；过之，必趋。

[注释]

①齐衰，古时丧服的名称，用麻布制作，有些衣缝都做成毛边，以示悲痛。丧服的期限从三年到三月不等，视与死者的亲疏关系而定。于此，衣服的名称作动词，即穿齐衰。衣裳，衣裳并称时，上衣曰衣，下裙曰裳。于此，"冕""衣""裳"三字均作动词，即戴了大夫以上爵位才能戴的冕，穿起上衣下裳，总之是指贵族穿戴礼帽礼服，身着盛装。瞽，目无瞳子曰瞽，即盲人。②作，于此为"起立"之义。③趋，"疾行曰趋，疾趋曰走"，故古时慢跑或快走叫作"趋"，快趋叫作"走"。

[提示]

本章是说孔子对服丧者要表同情和哀伤，对有爵且又重礼者表尊敬意，对残疾者表同情之心。

[译文]

孔子见到穿丧服的人、穿戴贵族礼服盛装的人和盲人，见到了他们，即使是年轻的，也一定站起来；经过他们跟前时，一定小跑。

9.11 颜渊喟（kuì）然叹曰："仰之弥（mí）高，钻之弥坚；瞻（zhān）之在前，忽焉在后。夫子循循然善诱人，博我以文，约我以礼，欲罢不能。既竭吾才，如有所立卓尔，虽欲从之，末由也已。"

[注释]

①喟，太息，即出大气。喟然，出大气的样子。②仰，向上看。弥，更，越发，副词。③瞻，向前看或向远看。④焉，于此作副词词尾。《论语》中作副词词尾的还有然、尔、乎，如8.19章"焕乎！其有文章"，11.24章"子路率尔而对"，5.22章"斐然成章"。忽焉，忽然，突然。⑤然，副词词尾。循，走路沿着、顺着，本是动词，引申为抽象用法，"遵循""顺

次"之义。循循然,有步骤地,有顺序地。诱,引导。⑥卓,高。尔,副词词尾。卓尔,高高地,不平凡地。⑦末,无,没。它们都是一个否定副词在不同时地的不同写法而已,语音很相近。由,路,名词。

[提示]

本章是最优秀的弟子赞美孔子的儒家学说以及教学方法,是对治学和修养的感受。

[译文]

颜渊长叹了说:"夫子的学问,抬头看看,越看越高,钻研它,越钻越坚不可摧;向前看,就在前面,忽然又到了后头(处在一个整体之中)。夫子善于有顺序地诱导我们,用文献知识来充实我们,用礼制仪貌来约束我们,这时候你想罢休也是不可能的了。待到已经用尽了我的才力,好像是高高地有所确立,虽然想要再追随向前,又找不到门径了。"

9.12　子疾病,子路使门人为臣。病间(jiàn),曰:"久矣哉,由之行诈也! 无臣而为有臣。吾谁欺? 欺天乎! 且予与其死于臣之手也,无宁死于二三子之手乎! 且予纵(zòng)不得大葬,予死于道路乎?"

[注释]

①为臣,充作下臣,意思要把孔子放在国君的地位上来送葬。或把此"臣"解释作"大夫的家臣",以大夫之礼来送殡,那么孔子没有采地(即食邑)。总之都是要抬高孔子地位,破格治丧。然而这是涉及礼仪的大问题,是特别违背孔子意愿的。②间,间歇。病间,即病情缓和。③宁,宁可。"无"字无义,"无宁"这个连词常用,有时用于正面意义,有时用于反面意义,逐步引申,就使这个"无"的意义丧失了。古今语言中都可找到这种现象。④纵,纵然,即使。大葬,指用君臣之礼或大

夫之礼送葬。

[提示]

本章说孔子坚决不愿用虚无的有损于礼制的做法来给他治丧，并批评了子路的一片好心，将其说成是一种诈骗。不过子路的好心，也说明他对孔子的思想理解不够，孔子一生反对的就是这类东西，结果自己最后也干起这类事，怎么能行！

[译文]

孔子病重，子路让门人充当下臣（要以诸侯国国君之礼治丧）。孔子病好些以后，说："仲由想做这种欺诈的行为已经很久了！没有臣要做得有臣。我要欺骗谁呢？欺骗了老天哪！而且我与其死在你们这些所谓'下臣'的手里，不如死在你们这些弟子们的手里！而且我纵使不能用国君之礼埋葬，我就死在路上没人管了吗？"

9.13　子贡曰："有美玉于斯，韫（yùn）椟（dú）而藏诸？求善贾（jià）而沽诸？"子曰："沽之哉！沽之哉！我待贾者也。"

[注释]

①斯，这里，指示代词。②韫，包裹起来，动词。椟，柜子。③贾，同"价"。沽，买或卖，此指卖。

[提示]

本章以美玉比作孔门的学说与才能，务求在世间得以实行。17.1章"怀其宝而迷其邦"，也是以玉比才学。人们至今珍爱玉石，是石器时代遗风。

[译文]

子贡说："有一块美玉在这里，是把它包好放到柜子里收藏起来呢？

还是要求一个好价钱把它卖了呢？"孔子说："卖掉它吧！卖掉它吧！我等待收买者呀。"

9.14　子欲居九夷（yí）。或曰："陋，如之何？"子曰："君子居之，何陋之有？"

[注释]

①九夷，东方的少数民族（实际都是一些部族）称夷，九，言其多。②陋，本"狭窄"之义，此指偏僻而小，没有多少文化。③何陋之有，即有何陋。

[提示]

本章还可参考5.7章"乘桴浮于海"，都是对国内形势看不到指望之后的想法。

[译文]

孔子想到东方的一些部族中去居住。有人说："地方小还不开化，怎么办？"孔子说："有君子去住，还陋什么？"

9.15　子曰："吾自卫反鲁，然后乐正，《雅》《颂》各得其所。"

[注释]

①反，通"返"。反鲁，即返鲁。鲁哀公十一年冬，孔子从卫国回到鲁国，时年六十八岁，之后一直没有离开鲁国。这次离鲁前后共十四年。②《雅》《颂》，《诗经》分《风》《雅》《颂》三部分，《风》是各国的地方民歌，《雅》是秦声，《颂》是祭祀时的乐歌或舞曲。孔子回鲁后，使杂乱的乐章各得其所，这就是"乐正"，即乐章得到整理、纠正。

孔子说:"我从卫国回到鲁国,才把音乐加以调整,《雅》《颂》各归各的篇章。"

9.16　子曰:"出则事公卿,入则事父兄,丧事不敢不勉,不为酒困,何有于我哉?"

[注释]

①公卿,本谓三公九卿,周时朝中的高级官员,此泛指上层官员。②勉,勉励,尽力。③不为,不被,表被动。④何有于我哉,对于我还有什么呢。意即我所做的就是这些事,都做到也不难,不就心安理得了吗。

[提示]

本章所述四件,没有学问与教诲之事,孔子父亲去世很早,看来是早年的自述。

[译文]

孔子说:"在外就给公卿效力,在家就侍奉父兄,有丧事不敢不尽力,并不受酒的困扰,此外,对于我还有什么要做的呢?"

9.17　子在川上曰:"逝者如斯夫(fú)!不舍昼夜。"

[注释]

①川,贯穿通流之水曰川,故区别于一般的水。今日河,古曰水。②舍,停息,休止。

[提示]

本章一般认为是慨叹岁月之流逝,勉励人们不要枉费年华。但《孟子·离娄下》中说,孔子之意,取川流不息,是有本源,故君子对无本无源的声誉应引以为耻。《荀子·宥坐篇》中则讲孔子观于东流之水,悟出了德、义、道、勇等一大番道理。两者皆可作参考，因为他们都是接近孔子时代并对孔子深有研究的人。

［译文］

孔子站在一条通流的河边叹道："往者就像这样一去不返吧！且昼夜不停。"

9.18　子曰："吾未见好德如好色者也。"

［提示］

本章有具体的说话背景。《史记·孔子世家》载：前495年，那年孔子五十七岁，前一年孔子自动丢了鲁国司寇并代理丞相的官，因为鲁定公听了季桓子的话，接受齐国送来的女子乐队，那乐队是"选齐国中女子好者八十人，皆衣文衣而舞《康乐》"，于是三日不听政，孔子就走人。中间插进了"子畏于匡"，第二年就在卫国发生了"子见南子，子路不说"的事。一个月后，卫灵公与南子同车出游，宫廷宦者雍渠在右边陪侍，要孔子坐第二辆车跟随，招摇过市。这是在捉弄孔子，要他当众出丑。南子在卫国是个道德败坏、臭名昭著的人，妇孺皆知。于是，孔子在羞愧、愤慨、失望的情况下，说了这么一句话，把好德与好色相比。同时，这句话是为社会上层而发的，他在鲁、卫两国国君跟前倒了这个霉，但他的话不局限于这两国国君。15.13章与本章重复，但那里多了三个字"已矣乎"，即"完了呀"。什么完了呢？国家完了。所以他这话的范围，是指当时诸多诸侯国的国君而言的，那里的国君好色，不亚于此。孔子从此对卫感到厌恶，就去了曹国。

［译文］

孔子说："我未曾见过喜欢美德像喜欢美色一样的人。"

9.19 子曰："譬如为山，未成一篑（kuì），止，吾止也。譬如平地，虽覆（fù）一篑，进，吾往也。"

[注释]

篑，较高而深的盛土竹器。

[提示]

本章是两个比喻。前一比喻是传统的，早在《尚书·旅獒》就有"为山九仞，功亏一篑"之语，那里是取慎终如始的意思，不能因缺了最后一次取土，竟使前功尽弃。孔子推陈出新，把它说成是一种主观努力的重要性：目标的明确与否，意志的坚定与否，毅力的发挥与否。第二个比喻是从前一比喻演化出来的，是前一比喻的相反方面的引申，从正反两方面来说明同一个道理。

[译文]

孔子说："比如去堆山，只差一筐土未能完成，停止了，是我停止的。又好比去平治土地，即使才只倒了一筐土，进行下去，是我要干下去的。"

9.20 子曰："语之而不惰者，其回也与！"

[译文]

孔子说："跟他谈论而能始终不怠惰的，恐怕只有颜回了呀！"

9.21 子谓颜渊，曰："惜乎！吾见其进也，未见其止也。"

[译文]

孔子谈到颜渊，说："可惜'死了'！吾只见到他不断地前进，未曾见到他停下脚步。"

9.22　子曰："苗而不秀者有矣夫！秀而不实者有矣夫！"

［提示］

本章以形象优美的语言激励人们要立志成才。

［译文］

孔子说："长了禾苗而不开花的，有的吧！吐穗开花了却不结籽的，有的吧！"

9.23　子曰："后生可畏，焉知来者之不如今也？四十、五十而无闻焉，斯亦不足畏也已。"

［注释］

畏，敬畏，心服。如说"畏友"，即可敬服的朋友。

［提示］

本章孔子充分肯定后来者可能取得的成就，"后生可畏"是孔子的名言。

［译文］

孔子说："年轻人可敬可畏，怎么知道未来的人就不如我们现代人呢？一个人到了四十、五十还没有名望的话，也就没有什么可敬畏的了。"

9.24　子曰："法语之言，能无从乎？改之为贵。巽（xùn）与（yǔ）之言，能无说（yuè）乎？绎（yì）之为贵。说而不绎，从而不改，吾末如之何也已矣。"

［注释］

①法，合乎礼法。语，使人觉悟。故"法语"为格言、警句之类，有时也说作"法言"。②巽，恭顺。与，赞许。巽与之言，恭顺赞许的话。

③绎，本义为"引丝"，引申为"追究""推研""寻其端绪"之义。

[译文]

孔子说："格言之类的话，能不听吗？可贵的是听了能改。恭维称赞的话，能不喜欢吗？可贵的是能进一步追究一下。喜欢了不加追究，听从了不加改正，我就对他没有办法了。"

9.25 子曰："主忠信，毋友不如己者。过，则勿惮改。"

[提示]

本章已见1.8章。

9.26 子曰："三军可夺帅也，匹夫不可夺志也。"

[注释]

①三军，即左、中、右三军，主帅居中军帐。夺，强取。②匹夫，平民百姓，还可说匹妇。匹，配，对合。常人夫妻相匹，其名既定，虽单亦可称匹，故通称匹夫匹妇。

[提示]

本章颂扬意志的顽强。《孙子兵法·军争》："三军可夺气，将军可夺心。"军心是可以动摇的。孔子之言可能从这句话翻新而来。什么是志？志，心之所之（心力所到之处），从"心"，"之"声（"志"字的上半部本作"屮"，即"之"，到达），即是用心用到的地方。志可变易，志如可夺，就不足谓之志，仍属无志。有一位精通《论语》的人在此作了一副对联："有志则进，必如川流之不已；无志则止，必如为山而弗成。"孔子此言，历来不知鼓舞了多少人的斗志，现代叶挺将军即将此言请郭沫若书写，张挂于室。

[译文]

孔子说："三军的统帅可以夺取，一个人的志愿却不可夺取。"

9.27　子曰："衣（yì）敝缊（yùn）袍，与衣狐貉（hé）者立，而不耻者，其由也与？'不忮（zhì）不求，何用不臧（zāng）？'"子路终身诵之。子曰："是道也，何足以臧？"

[注释]

①衣，此作动词，穿。缊，麻。缊袍，以麻为絮的长袍。②衣狐貉，穿狐貉之皮所制作的轻裘。狐貉之皮在皮革中属于高档材料，如果一件狐皮皮袄配的是羔皮的袖子，叫作"狐裘羔袖"，意思就是美中不足，比喻一个人一身尽善，惟少有恶。③忮，忌妒，狠毒。求，追求，乞讨。用，行，做。臧，善，好。臧的反面是"否"。此两句见《诗经·雄雉》，意思是君子对人不忌恨，无乞求，做什么能有不好的呢！④诵，背诵。有节奏的吟咏曰诵，如说"朗诵"。

[译文]

孔子说："穿着破的麻絮袍子跟穿着狐貉皮衣的人站在一起，而不感到羞耻的人，大概就是仲由了吧？《诗经》上说：'不忌恨人家，不乞求人家，做什么会不好呢？'"子路一生都能背诵这两句诗。孔子就又说："这点道理，哪里值得称好呢？"

9.28　子曰："岁寒，然后知松柏之后凋也。"

[注释]

①岁，年终曰岁。"岁"从"戌"声。戌，尽。岁寒，年尽时的寒，即大寒季节。②凋，《说文解字》："半伤也。"《资治通鉴·唐昭宗天

复二年》："仆以弊甲凋兵，从公陈力。"胡三省注："半残为凋。"
这是"凋"字本义。草曰零，木曰落，半伤残曰凋。伤残之半，即部分
受伤残，伤了某些枝叶罢了。"凋"字意义的由来与辨别，请再参阅
"序言"第32页。

[提示]

本章也是孔子名言，极大地鼓舞起人们的坚强品格，历来为人赞赏。
关于这句话的背景，《庄子·让王篇》中有一段资料可供参考：孔子师生
在陈、蔡之间断粮挨饿已经七天，子路、子贡以为走到了绝路，颜回也无
言以对，孔子说："……内省而不疚于道，临难而不失其德，大寒既至，
霜雪既降，吾是以知松柏之茂也。陈、蔡之隘，于丘其幸乎！"于是孔子
弹起琴来，子路执干而舞，子贡说："吾不知天之高也，地之下也。"这
次知道了事业的艰难和人的应有品格。至于《论语》上说"凋"，《庄
子》上说"茂"，究竟哪一个对，这里不是做植物学的研究，而是一种艺
术的语言，是非的标准不同。可以说，"凋"是现实主义的，"茂"是浪
漫主义的，各有各的好处。我们当然相信《论语》，孔子原来说的是凋，
那么，是庄子替孔子做了一个发挥，庄子的浪漫气质有绝妙的表现。后来
的人多数说凋，也有说茂的吧。歌颂松柏的句子，《诗经》中就有了，但
是成为名言，赋予更丰富优美的含义，还数孔子这一章书。

[译文]

孔子说："年终腊月的寒天里，这才知道松柏最后只受了半伤。"

9.29　子曰："知（zhì）者不惑，仁者不忧，勇者不惧。"

[提示]

本章仍应放在《论语》中间来理解它。"不惑"就是有了仁义之道的
信仰，孔子四十而不惑，若是没有界定的不惑，恐怕任何智者也做不到。

"不忧"就更有其具体内容，7.3章"德之不修，学之不讲，闻义不能徙，不善不能改，是吾忧也"，这是忧的内容，做到这些，或正在做着，便不忧了。12.4章说："内省不疚，夫何忧何惧？"可见，不忧是很难的。不惧也不易，见义勇为，要有一个义字在壮着胆，若是一般的胆大而为，便不叫"不惧"。

日本的工业巨头丰田幸一郎把天、地、人、智、仁、勇作为创办企业的座右铭，即天时、地利、人和、智者不惑、仁者不忧、勇者不惧。

[译文]

孔子说："聪明的人不迷惑，仁德的人不忧愁，勇敢的人不畏惧。"

9.30　子曰："可与共学，未可与适道；可与适道，未可与立；可与立，未可与权。"

[注释]

①适，往，到达，归向，动词。②权，本义是"秤锤"，故可引申为"权衡""权变"之义，衡量是非得失，权衡轻重，因事制宜，灵活变通。

[提示]

本章谓所学同，而所得效果大异，真正能够成熟的是少数。

[译文]

孔子说："可以跟他共同学习，不都可以一起归向正道；可以跟他一起归向正道，不都可以一起树立德业；可以同他一起树立德业，不都可以一起权衡适变，灵活运用。"

9.31　"唐棣（dì）之华（huā），偏其反而。岂不尔思？室是远而。"子曰："未之思也，夫何远之有？"

[注释]

①唐棣，木名，即郁李。华，即"花"，"花"为后起字。②偏，或作"翩"。反，通"翻"，鸟翅反复飞翔之貌，此指花叶翻动。而，同"尔""耳""然""如"等，副词词尾。③是，为把宾语提前，在宾语和动词之间加"是"或"之"作为标志，没有实在意义。而，同"耳"，为语气词。④"何远之有"，即有何远，"何远"提前，加"之"字。

[提示]

本章前四句为当时流传的一首民歌，写一方思念对方，但还反复不定，未够忠诚，家室遥远，思不可得云云。孔子借此发挥，可与7.29章参照，"仁远乎哉？我欲仁，斯仁至矣"；亦可与9.19章参照，"譬如平地，虽覆一篑，进，吾往也"。遥远并不怕，要看有无执着的追求。

[译文]

有首民歌说："唐棣花呀，翩翩翻动。难道是不想你吗？家室遥远呀。"孔子说："还是未曾想念，有什么遥远的呢？"

乡党篇第十

10.1　孔子于乡党，恂（xún）恂如也，似不能言者。其在宗庙朝廷，便（pián）便言，唯谨尔。

朝，与下大夫言，侃（kǎn）侃如也；与上大夫言，訚（yín）訚如也。

[注释]

①乡党，周制五百家为一党，一万二千家为一乡。后"乡党"泛指乡里。②恂恂如，诚实的样子。③便便，或作"辩辩"，明白流畅。④侃侃如，刚直的样子。⑤訚訚如，恭敬端正的样子。

[提示]

本篇主要记载孔子衣、食、住、行的生活情况，以及在各种场合下表现出的风貌。故本篇以记事为主，与其他各篇以记言为主不同。

[译文]

孔子在乡党中间，是诚信的样子，好像是不善于谈话的人。他在宗庙里，朝廷上，明白流畅地谈话，只是慎重少说罢了。

上朝的时候，与下大夫说话是刚直的样子；与上大夫说话，是恭正的样子。

10.2　君在，踧（cù）踖（jí）如也，与与如也。

君召使摈（bìn），色勃如也，足躩（jué）如也。揖所与立，左右手，衣前后，襜（chān）如也。趋进，翼如也。宾退，必复命曰："宾不顾矣。"

[注释]

①跐蹐如，恭敬貌。②与与如，徐缓貌。③摈，通"傧"，接宾以礼曰傧，动词，名词为主持接宾的人。④勃如，精神兴起，焕发的样子。⑤躩如，脚步急速有力的样子。⑥左右，动词，向左右（拱手）。⑦前后，动词，往前往后（摆动）。⑧襜如，整齐之貌。⑨翼如，像展开的翅膀一样。翼，从"羽"，"异"声。异，分也。⑩顾，回头。

[提示]

本章讲孔子做傧相时的仪容。

[译文]

国君在，孔子的形貌是恭敬的，行动是徐缓的。

鲁君召他去接待外国的宾客，他神色顿时振奋起来，迈开了健步。向跟他一起站在中廷两边的官员作揖，手或向左拱，或向右拱，衣襟也一前一后地摆动着，是很整齐的样子。迎宾中，他小跑前进时，两袖张开像翅膀一般。宾客退了，一定向鲁君报告说："客人已经不回头了。"

10.3　入公门，鞠躬如也，如不容。立不中门，行不履阈（yù）。过位，色勃如也，足躩如也，其言似不足者。摄（shè）齐（zī）升堂，鞠躬如也，屏（bǐng）气似不息者。出，降一等，逞颜色，怡（yí）怡如也。没阶，趋进，翼如也。复其位，跐蹐如也。

[注释]

①公门，诸侯国君的外门、中门，当时还没有宫殿的说法。②履，脚

踩，只作动词。阈，门限。③摄，提起，抓起。齐，衣裳的下摆，取齐缝边，提出下摆，以防绊倒失礼。④屏，蔽，挡住。屏气，不出气。息，本义为鼻息，呼吸。⑤颜，容颜。颜色，脸上神色。⑥怡怡，怡然自得，愉快得意。

[提示]

本章讲在朝廷上的仪容。

[译文]

进入国君的宫门，弯身恭敬的样子，好像没有容身之处似的。他站的话，不挡在大门的中间，走的话，不踩门槛。通过国君的座位，神色变振奋起来，脚下也加快一点，话好像没有全说出来似的。提起衣服下摆上台阶升堂的时候，弯着身子现出恭敬的样子，憋着气似乎不呼吸一样。退堂来，下了一级台阶，便恢复了原来的脸色，显出愉快的样子。下完最后一级台阶，小跑前进，肥大的两袖又像张了翅膀。回到自己的位置以后，便还是恭敬的状貌。

10.4 执圭（guī），鞠躬如也，如不胜（shēng）。上如揖，下如授。勃如战色，足蹜（sù）蹜如有循。

享礼，有容色。

私觌（dí），愉愉如也。

[注释]

①圭，一种长条形的玉，两端是上圆下方，象征天圆地方，后上端也有作剑头形的。执圭，就是把它竖着拿在手上。若有隆重典礼，君臣手上都捧着圭。国君分封土地，赐受封者以圭，作为凭证，故"圭"字从二"土"。使者奉命出国，也以国君的圭作为凭证。这里便是出使的执圭。②如不胜，如不能胜任，即好像这圭很有分量，几乎拿不起来似的，表示

这圭代表着使者的重大责任。③战色，紧张的神色。④踧踖，急迫小步。循，遵循，沿着。⑤享礼，使者出使，向别国国君献纳礼物叫享礼。⑥觌，相见。私觌，完成享礼后的私人相见。

[提示]

本章记孔子出使时的仪表。

[译文]

（孔子出使到诸侯国家，）手上执圭，弯身恭敬的形貌，好像这圭很有重量似的。两手捧圭向上时就像在作揖，两手捧圭向下时好像要交代别人什么。他振奋着，像有紧张的神色，两脚小步急行还好像是沿着什么行进。

向别国国君献礼的时候，是一本正经的神色。

私下相见时，则是轻松愉快的样子。

10.5　君子不以绀（gàn）緅（zōu）饰，红紫不以为亵（xiè）服。

当暑，袗（zhěn）绤（chī）绤（xì），必表而出之。

缁（zī）衣，羔裘；素衣，麑（ní）裘；黄衣，狐裘。

亵裘长，短右袂（mèi）。

必有寝衣，长一身有半。

狐貉之厚以居。

去丧，无所不佩。

非帷（wéi）裳，必杀（shài）之。

羔裘玄冠不以吊。

吉月，必朝服而朝。

[注释]

①绀，一种深青带红的颜色。緅，黑中带红的颜色。饰，做衣服的镶

边。②红，粉红色。古时把较浅的粉红色及较深的紫色都看作不是正色。因为它们都混淆了正色——朱色，即所谓"恐其乱朱紫"，"恶紫之夺朱也"。亵，私居的便服。③袗，花的单衫。绤，细的葛布。绤，粗的葛布。④缁，黑色。⑤羔裘，黑色的小羊皮袄，即今所谓"紫羔"。⑥麑，小鹿，毛白色。古穿皮衣，毛向外（今山西、内蒙古尚如此），故需穿罩衣，叫作裼衣，颜色要与皮毛之色相称。⑦袂，今日袖，古日袂。古日袖，相当于今舞台古装中的水袖。⑧寝衣，即被子，古时大被日衾，小被日被。⑨居，通"踞"，坐其上日踞。⑩帷，即"围"。帷裳，上朝或祭祀时穿的礼服的下裳，用整幅布缝制，长出的不裁掉，做成摺裙那样，故称帷裳。⑪杀，割掉，裁去。⑫羔裘，紫羔的裘，黑色。玄冠，黑色的礼帽。黑色表示吉利，故不以吊。⑬吉月，即期，阴历每月初一。

[提示]

本章言孔子服饰变化。

[译文]

君子不用绀色和缁色镶衣边，粉红色和紫色不用成内衣、私服的颜色。

暑天，穿粗的或细的葛布花单衣，而且露在外面。

黑色的罩衣与紫羔相配，白色的罩衣与鹿皮袄相配，黄色的罩衣与狐皮袄相配。

居家穿的私服袄身褂要长，右边袖子则短些。

一定有被子，被长合一人又半的身长。

厚毛的狐貉皮做坐垫。

除掉服丧期间，其他的时间身上什么佩戴物都可以戴。

除非是做下身的帷裳，其他衣服的布料一定要把多余的裁去。

紫羔皮袄和黑色礼帽不能穿戴去吊丧。

每月初一，一定穿上朝服上朝。

10.6 齐（zhāi），必有明衣，布。

齐（zhāi）必变食，居必迁坐。

[注释]

①明衣，干净的内衣。斋戒时必沐浴更衣，以保持身体清洁。②布，即麻织的布。③变食，改变平常的饮食。平时每天杀一次牲畜，斋戒时每天杀三次牲畜，三餐顿顿是现宰的鲜肉。④居必迁坐，则此"居"乃通"踞"，"坐"通"座"。

[译文]

斋戒沐浴时，定要换上干净的内衣，是麻布做的。

斋戒那些天，一定改变平时的饮食习惯，踞坐一定要搬移座位。

10.7 食不厌精，脍（kuài）不厌细。食饐（yì）而餲（ài），鱼馁（něi）而肉败，不食。色恶，不食。臭（xiù）恶，不食。失饪（rèn），不食。不时，不食。割不正，不食。不得其酱，不食。肉虽多，不使胜食气。唯酒无量，不及乱。沽酒市脯（fǔ），不食。不撤姜食，不多食。

[注释]

①食，此指粮。精，细纯，它的反面是"粗"。②脍，肉细切者，即今说的肉丝、肉末。③饐，饭糟出水。餲，饭臭。④馁，败。鱼腐烂叫馁，肉腐烂叫败。⑤饪，烹调食物。失饪，烹调不得法。⑥不时，菜蔬或鲜味不合时令，如不到季节的，或过了季节的。⑦割不正，切得不规矩，乱切。⑧气，或作"饩"，谷物，禾米。食气，即指粮食。我国自古发展农业以来，即以粮食为主食，"不使胜食气"，即是肉食不能超过主

食——粮食。⑨不及乱，不到神志昏乱，即不醉。⑩脯，干肉，这是"脯"字本义。

[提示]

本章言孔子饮食习惯。

[译文]

粮食不嫌碾得细，鱼和肉不嫌切得细。饭糟了，馊了，鱼不鲜了，肉坏了，不吃。饭菜颜色变了，不吃。饭菜的气味变坏了，不吃。烹调不得法，不吃。不在季节的菜，不吃。割肉、切肉不合规矩的，不吃。没有合适的酱，不吃。肉虽然吃得多，不使超过主食。只有酒不限量，不到神志昏乱就行。买来的酒，买来的干肉，不吃。吃完了，姜不撤除，可也不多吃。

10.8　祭于公，不宿（sù）肉。祭肉不出三日。出三日，不食之矣。

食不语，寝不言。

虽疏食、菜羹，必祭，必齐（zhāi）如也。

[注释]

①宿，住宿，过夜。不宿肉，祭肉不留到第二天。公家的祭祀，祭完以后就把祭肉分发给助祭的人。②语，谈论问题，使人领悟。③言，一般的说话。④疏食，粗粮，或糙米饭。羹，本指稠的肉汤，引申指一般的汤，此指菜汤。

[译文]

到公家去祭祀，分来的祭肉不过夜。所有的祭肉不出三天。存放过了三天，便不吃它了。

吃饭时不谈论问题，睡觉时什么话也不说了。

即使吃的是粗粮、菜汤，吃前也一定要先拨出一点祭一祭，而且一定要像斋戒一样恭敬认真。

10.9 席不正，不坐。

乡人饮酒，杖者出，斯出矣。

乡人傩（nuó），朝服而立于阼（zuò）阶。

问人于他邦，再拜而送之。

康子馈（kuì）药，拜而受之，曰："丘未达，不敢尝。"

厩（jiù）焚，子退朝，曰："伤人乎？"不问马。

君赐食，必正席先尝之。君赐腥（xīng），必熟而荐（jiàn）之。君赐生，必畜（xù）之。侍食于君，君祭，先饭。

疾，君视之。东首，加朝服，拖绅（shēn）。

君命召，不俟（sì）驾行矣。

入太庙，每事问。

朋友死，无所归，曰："于我殡（bìn）。"

朋友之馈，虽车马，非祭肉，不拜。

寝不尸，居不容。

[注释]

①乡人饮酒，有多种事因。于此乡饮大概是为党正腊祭饮酒，主要在于敬长。②傩，一种驱逐疫鬼的习俗，请巫师祭唱。③阼，主要的台阶。阼阶，一般指东边的台阶，朝服站在那里，以表诚敬。④再拜，两次拜送。孔子周游列国，所交皆名卿大夫。⑤馈，赠送。本多指送食，引申指送各种礼物，常写作"遗"。⑥厩，马棚。焚，大火。古有焚林而田，即焚烧山林以捕猎，故为大火。⑦腥，凡肉未熟曰腥。⑧荐，进献，此指向祖先上供。⑨生，活的，如鱼雁禽兽之类。⑩畜，喂养，此作动词。⑪君

祭，即饭前的祭礼，就像现在有的宗教仪式中有饭前祷告似的。⑫先饭，即为君先尝君食，知调味，保安全。⑬首，此作动词，头向……东首，头向东。屋内以西南角为尊贵，国君坐在那里。⑭绅，大的衣带。⑮命召，命令召见。⑯不俟驾，不等驾车。平时大夫以上上朝，不可以徒行，君召见，随即赴命，不俟驾，更为有礼。若驾车的随后赶上，便乘车赴命。⑰殡，停放灵柩曰殡，埋葬亦曰殡，这里指一切丧葬事务。⑱尸，它的篆文字形是一个横卧的"人"字，故人横卧曰尸，或曰直躺着。⑲容，仪容。

［提示］

本章说与上下的日常交往。

［译文］

坐席摆得不端正，不坐。

和乡人一起饮酒，等老人们出去了，自己才出去。

乡人们在迎神驱鬼，便穿上朝服站在堂前的东阶上。

托人问候在其他诸侯国家的亲友时，对使者要两次拜送。

季康子送来了药，孔子拜谢后收下，然后说："我不了解这药的性能，不敢尝。"

马棚着火了，孔子退朝回来，问："伤人了吗？"没问马。

国君赏赐了食物，必定摆正座位先尝一尝。国君赏赐的是生腥，必定煮熟了荐给祖上享用。国君赐下的是鲜活的祭品，就一定把它们养起来。陪侍国君吃饭，当国君饭前祭荐时，为君先尝食。

孔子病了，国君来探望。他便头朝东，披上上朝的礼服，拖着大带。

国君有令命见，不等套车就走人了。

进到太庙，各项事都要问个明白。

朋友死了，没有亲近的人，孔子便说："出殡的事归我吧。"

朋友的赠品，即使是车马，除非是祭肉，都一概不拜。

睡觉不挺直身子，闲居不讲究仪容。

10.10　见齐（zī）衰（cuī）者，虽狎（xiá），必变。见冕者与瞽者，虽亵，必以貌。

凶服者式之。式负版者。

有盛馔（zhuàn），必变色而作。

迅雷风烈必变。

升车，必正立，执绥。车中，不内顾，不疾言，不亲指。

[注释]

①狎，关系亲近，不够严肃庄重。②亵，太亲近，以致有失庄重。③貌，此为"礼貌"之义。"貌"的音义从"豹"，《周易》上说："君子豹变，其文蔚也。"以豹来比喻君子的仪表与文采，故"貌"字就有"仪表好"的意思。④凶服，丧服。式，同"轼"，车厢前的横木，这里用作动词，用手伏轼，稍俯身以表敬意。⑤负版者，背负国家图版典籍的人。⑥馔，此作名词，食物。盛馔，丰盛的食物。⑦作，站起来，表示敬主人之礼。⑧绥，挽着上车的绳子。这里所叙为在车上和车内的表现，表示君子庄敬的态度无所不在。

[译文]

孔子见到穿齐衰丧服的人，即使平日极亲密，甚至相处有失庄重，也必定改变态度（要有同情心）。见到戴冕的人和盲人，即使过去十分熟悉，以致有失庄重，此时也一定以礼相待。

在车上遇见有穿丧服的，伏轼行礼。遇到背负国家图籍的人，伏轼行礼。

遇到有丰盛食物，一定改变脸色，站起身来。

雷震风吼老天发怒的时候，一定改变常态。

　　登上车，必定端正地站好，抓住上车时的绳子。在车厢内，不回头四顾，不急切地谈话，不指手画脚。

　　10.11　色斯举矣，翔而后集。曰："山梁雌雉（zhì），时哉！时哉！"子路共之，三嗅而作。

　　[提示]

　　本章并没有古僻或疑难文字，但是历来都难以解释。大意好像是谈孔子看到一群雌雉自由飞翔，慨叹它们合乎时令。但是是什么含义就不明确，同时最后一句也连贯不起来，就只得存疑了。

先进篇第十一

11.1 子曰："先进于礼乐，野人也；后进于礼乐，君子也。如用之，则吾从先进。"

[注释]

野人，此指没有爵禄的平民，与君子相对，君子有爵禄，或可能获得爵禄。野人一词早已存在，或指乡野之人，或指朝野之人，由上下文所指而定。

[提示]

本章讲学习礼乐之先后，何种情况为好，孔子主张先学，"学而优则仕"，16.13章说："不学诗，无以言"，"不学礼，无以立"。当时的卿大夫子弟，世袭父兄的爵位，然后再学点礼乐，成了君子。他们有时就学不好，孔子说宁可取野人，这就无疑成为一个新鲜的论调。

[译文]

孔子说："先学习礼乐而后获得爵禄的是庶民百姓，生来就有世袭的爵禄后来才学点礼乐的是传统的君子。如果要选用人才，我就选用先学习礼乐的人。"

11.2 子曰："从我于陈、蔡者，皆不及门也。"

[注释]

陈国，姓妫，建都宛丘（今河南淮阳），领有今豫东和皖北一部分，前478年为楚所灭。蔡国，姓姬，建都上蔡（今河南上蔡），领有今豫南及皖西的一部分，前447年为楚所灭。"从我于陈、蔡"，事在前491年，孔子六十一岁，吴国伐陈，楚国发兵救陈，这时孔子师生一行由陈去蔡，正在陈、蔡之间。楚国派人召聘孔子，孔子将往拜礼。陈、蔡两国的大夫商量，认为孔子是"贤者"，他的批评都切中诸侯的弊病，孔子用于楚，陈、蔡就危险了。两国就发派徒役"围孔子于野"，绝粮七天，孔子说"岁寒，然后知松柏之后凋也"就是在那个时候。孔子派子贡到楚，楚昭王举师迎孔子，方才得免。

[译文]

孔子说："跟着我在陈、蔡之间受困的人，都不在我门下了。"

11.3　德行：颜渊、闵子骞、冉伯牛、仲弓。言语：宰我、子贡。政事：冉有、季路。文学：子游、子夏。

[注释]

①言语，主要内容如起草政令，外交辞令，作钟鼎能铭文，出师能誓，丧纪能诔，升高能赋等。②文学，指先王的典章文献。

[提示]

本章被称为孔门四科，共列举十人。德行排在第一，显然被看成最重要的。这个名单，应是孔子晚年所定，因为其中子游比孔子小四十五岁，子夏比孔子小四十四岁，若是他们二十岁，孔子就已六十五岁了。二十岁要在孔门成为拔尖人物，恐怕还是不易做到。

[译文]

品德修养好的：颜渊、闵子骞、冉伯牛、仲弓。口才文笔好的：宰我、子贡。治国之政：冉有、季路。熟悉历史文献的：子游、子夏。

11.4 子曰："回也非助我者也，于吾言无所不说（yuè）。"

[译文]

孔子说："颜回对我并不是有什么实际帮助的人，可他对我的话没有不喜欢的。"

11.5 子曰："孝哉闵子骞！人不间（jiàn）于其父母昆弟之言。"

[注释]

间，间隔，空隙。不间，就是没有距离，即是完全同意。昆，哥哥。孔子赞为孝顺的学生只此一人。

[译文]

孔子说："闵子骞真是孝顺呀！人们对于他父母兄弟称赞他孝顺的话完全同意。"

11.6 南容三复白圭，孔子以其兄之子妻（qì）之。

[注释]

白圭，指《诗经·大雅·抑》中的四句诗，原文是："白圭之玷，尚可磨也；斯言之玷，不可为也。"玷，即"点"，斑点，污点。圭，上圆下方的玉，大多作为分封给诸侯土地的凭证。诗句的意思是：白圭上的斑点还可以磨掉，我们言语中有了污点便没有办法去掉了。关于南容，参见5.2章。

［译文］

南容把白圭的几句诗多次反复地念，孔子便把自己的侄女嫁给了他。

11.7　季康子问："弟子孰为好学？"孔子对曰："有颜回者好学，不幸短命死矣，今也则亡（wú）。"

［提示］

本章还可参见6.3章，鲁哀公也问了同样的问题，详略就不同了。他们那些当权的人物，关心孔子弟子的情况，往往要某些弟子到他们手下任职。

［译文］

季康子问："弟子中谁是好学的？"孔子恭敬地回答："有个颜回的人好学，不幸短命死了，现在就没有了。"

11.8　颜渊死，颜路请子之车以为之椁。子曰："才不才，亦各言其子也。鲤也死，有棺而无椁，吾不徒行以为之椁。以吾从大夫之后，不可徒行也。"

［注释］

①颜路，颜回父，孔子早期学生，名无繇（Yóu），字路，鲁国人，比孔子小六岁。颜回比孔子小四十岁，死时三十二岁。椁，棺木有时有两层，内曰棺，外曰椁。外城曰郭，外棺曰椁，音相同，意相似。②鲤，孔子的儿子孔鲤，字伯鱼。鲤死时年五十，孔子七十岁。③徒行，步行。④从大夫之后，孔子曾做鲁国司寇，是大夫爵位，此时已去位十几年，故用谦逊的口气，说"从大夫之后"。

［译文］

颜渊死后，他的父亲颜路请求孔子卖掉车子，用做颜渊的外椁。孔子说："有才能或没有才能，也是各自说自己的儿子。孔鲤死了，也只有内棺，没有外椁，我不能步行，用车子去顶他的外椁。因为我也曾做过大夫，不可以步行呀。"

11.9 颜渊死。子曰："噫！天丧予！天丧予！"

颜渊死，子哭之恸（tòng）。从者曰："子恸矣！"曰："有恸乎？非夫（fú）人之为恸而谁为？"

[注释]

①噫，感叹词，大体相当于"唉"。②恸，极度的悲哀曰恸。③夫人，这样的人。非夫人之为恸而谁为，即非为夫人恸而为谁。

[译文]

颜渊死后，孔子说："唉！天亡我！天亡我！"

颜渊死了，孔子哭得极度悲伤。跟随的人说："您极度悲伤了！"孔子说："真的太悲伤了吗？我不为这样的人悲伤到极度还为谁呢？"

11.10 颜渊死，门人欲厚葬之。子曰："不可。"门人厚葬之。子曰："回也视予犹父也，予不得视犹子也。非我也，夫二三子也。"

[注释]

厚葬，隆重的葬礼或丰富的陪葬品。丧葬在古代一直是一个重大的礼仪问题，有严格的爵位、等级的区别，也跟社会生产力发展的水平、文明发展的水平密切相关，风俗习惯也各不相同。颜氏家贫，不能备礼，孔子认为也不应厚葬。

[译文]

颜渊死后，孔子弟子们想要厚葬他。孔子说："不可以。"弟子们还是厚葬了他。孔子说："颜回把我当父亲一样看待，我却不能把他看成像儿子一般。厚葬不是我干的，是那些弟子们啊！"

11.11　季路问事鬼神。子曰："未能事人，焉能事鬼？"曰："敢问死。"曰："未知生，焉知死？"

[注释]

敢，由"敢不敢"之义引申为表示尊敬和冒昧之词，仍为副词。

[提示]

本章孔子的两个回答是相当精辟的。一方面慨叹人事之艰辛，另一方面也是一种"不知为不知"的科学态度。子路连着这两问也问得好。鬼神与生死是人事问题，也是科学问题，是人类文化中的重要内容。

[译文]

子路问侍奉鬼神的问题，孔子说："人还不能侍奉，怎能侍奉鬼？"子路又问："我冒昧地问死是怎么回事。"孔子说："生的道理还不明白，怎么能懂得死？"

11.12　闵子侍侧，訚（yín）訚如也；子路，行（hàng）行如也；冉有、子贡，侃（kǎn）侃如也。子乐。"若由也，不得其死然。"

[注释]

①行行如，刚健貌。这是一般解释。行，本为"行走"之义，没有什么形容词性质的引申义，《论语》此用例也不见别处有此用法，故还应是"跑前跑后""忙忙叨叨""心不在焉"之义，所以孔子才说了下面一句很重的话。②其死，一般正常的死。然，同"焉"，语气词。

[译文]

闵子骞在孔子身边侍候，是恭敬端正的样子；子路则是忙忙叨叨、心不在焉的样子；冉有和子贡是刚直的样子。孔子很愉快，却说："像仲由这样，不得好死啊。"

11.13　鲁人为长府。闵子骞曰："仍旧贯，如之何？何必改作？"子曰："夫人不言，言必有中（zhòng）。"

[注释]

①鲁人，此实指鲁国执政大夫季孙氏，因为下面是批评他的话，故用了一个委婉说法，不直指其名。"为"也是一个笼统说法，实际就是下文说的"改作"。长府，据《左传》记载，这是鲁昭公的别宫，藏货财的地方。昭公二十五年（前517年），昭公曾以长府为据点，发兵进攻季孙氏，要夺回季氏霸占的实权，结果失败了，昭公逃奔齐国。事情发生时，孔子才三十四岁，要到闵子骞来对改建长府的举动提出批评，则改建长府应是在昭公失败以后又过若干年的事了。②仍，依照，因袭，动词。贯，一贯。旧贯，老办法，老规矩。③改作，即是改建。孔子对季氏聚敛财富，"季氏富于周公"（11.16章）都很不以为然，对于改建长府，当然也就看不顺眼了。④夫，此作指示代词。夫人，这个人，指闵子骞。⑤中，中肯，准确，说中。

[译文]

鲁国的当权人要改建昭公时的长府。闵子骞说："依照原来的办法吧，怎么样？何必要去改造呢？"孔子说："这个人不大说话，一说就说在点子上。"

11.14　子曰："由之瑟奚为于丘之门？"门人不敬子路。

子曰："由也升堂矣，未入于室也。"

[注释]

①瑟，古代弦乐器。据《孔子家语》及《说苑·修文篇》记载，子路鼓瑟有北鄙之声，南是生育之乡，北是杀伐之域，君子之音应该是温柔中和，所以孔子有意见了。奚，什么，疑问代词。奚为，即为奚，为什么。②堂，正厅。室，内室。入门，升堂，入室，用以表示学习和做学问的三个阶段。入室就是到了理解精深、运用熟练灵活的阶段。

[译文]

孔子说："由的瑟为什么到了我孔丘的门上了？"弟子们就不敬重子路。孔子说："仲由呀已经升堂了，只是还没有入室。"

11.15　子贡问："师与商也孰贤？"子曰："师也过，商也不及。"曰："然则师愈与（yú）？"子曰："过犹不及。"

[注释]

①师，孔子学生，姓颛（Zhuān）孙，名师，字子张，陈国人。商，孔子学生，姓卜，名商，字子夏。他在孔门四科中以文献知识著称，孔子说："商起予者商也！始可与言《诗》已矣。"②过，此为"过甚"之义。"过"字的本义是"超过""越过"，引申为"过甚"，又引申为"过错""罪过"之义。过甚就要走向错误，这反映我们先人对错误根源的认识，过错就是做过了头。③犹，跟……一样。从"好像"之义引申。

[提示]

从子张和子夏的情况看，主要是子张考虑的问题离自己过于遥远，志向过高，子夏则有时没有达到应有的高度。

[译文]

子贡问道："师与商两人谁贤能？"孔子说："师过头了，商则没有赶上。"子贡道:"那么师好一些吧?"孔子说:"过头与赶不上同样不好。"

11.16 季氏富于周公，而求也为之聚敛（liǎn）而附益之。子曰："非吾徒也。小子鸣鼓而攻之，可也。"

[注释]

①于，比。周公，泛指在周天子左右做卿士的人，如周公旦、周公黑肩、周公阅等，他们都是王室至亲，有大功于国。富于周公，比周公富。季氏则为诸侯之卿，想增加赋税，使冉求询问孔子。孔子主张施舍要厚，聚敛要薄，不能违礼而贪得无厌。结果冉求仍听从季氏实行田赋，增加收入。②鸣鼓，古时战场冲锋以击鼓为号，故鸣鼓就是用敌对的态度对待冉求。

[译文]

季氏比周公的财富还多，冉求还在为他施行田赋，增加更多的财富。孔子说："已经不是我的门徒了。弟子们完全可以大张旗鼓地去攻击他。"

11.17 柴也愚，参也鲁，师也辟（pì），由也喭（yàn）。子曰："回也其庶乎，屡空。赐不受命而货殖焉，亿则屡中（zhòng）。"

[注释]

①柴，孔子学生，姓高，名柴，字子羔，卫国人。②辟，同"僻"，偏。师的志向过高而成了偏向。③喭，刚猛。④庶，庶几，差不多。⑤空，贫穷。⑥受命，古之经商皆受命于官府。货殖，货财生殖，或生产，或销售。⑦亿，即"臆"，猜测，预料。子贡善于经商，"鬻财于曹、鲁之

间”，善于掌握市场行情，故说他"亿则屡中"。

[译文]

高柴愚笨，曾参迟钝，颛孙师往往失之偏颇，仲由刚猛有余。

孔子说："颜回的学问修养大概差不多了，只是常常贫穷不堪。端木赐不受官府之命而经商营销，推测市场行情，往往猜中了。"

11.18　子张问善人之道。子曰："不践迹，亦不入于室。"

[注释]

践迹，踏着足迹。善人不踏着恶人的足迹走，却亦不踏着仁人志士或先王的足迹走，故也说不上升堂入室。

[提示]

本章谈善人品质还是好的，但是也靠不上他们。参看13.11章。

[译文]

子张问怎样才算是善人。孔子说："善人不踏着别人的足迹走，也达不到升堂入室的境界。"

11.19　子曰："论笃（dǔ）是与，君子者乎？色庄者乎？"

[注释]

与，赞许，实即"誉"字。论笃，言论笃实的人，此作名词性词组，即指论笃之人。论笃是与，即与论笃。

[提示]

本章是说，不能光看"论笃"，听其言还要观其行，然后再做判断。

[译文]

孔子说："人们总是赞许言论笃实的人，可是这种人真是君子呢？还是仅仅是神色上庄重一点的人呢？"

11.20 子路问："闻斯行诸？"子曰："有父兄在，如之何其闻斯行之？"

冉有问："闻斯行诸？"子曰："闻斯行之。"

公西华曰："由也问闻斯行诸，子曰有父兄在；求也问闻斯行诸，子曰闻斯行之。赤也惑，敢问。"子曰："求也退，故进之；由也兼人，故退之。"

[注释]

①闻，《论语》中往往指听到了夫子的教诲。斯，就。诸，等于"之乎"。之，代表教诲。乎，疑问语气词。闻斯行诸，听到了教诲就实行它吗。②进之，使他前进一点。"进"为使动词。③兼人，好胜，逞强。④退之，让他退缩一点。"退"亦为使动词。

[提示]

本章对同一问题，孔子做不同回答，对不同的人说不同的话，因材施教。

[译文]

子路问道："听到了夫子的教诲就加以实行吗？"孔子说："有父兄在一起，怎么可以听到了就实行呢？"

冉有问道："听到了夫子的教诲就加以实行吗？"孔子说："听到了就实行。"

公西华说："仲由问听到了就实行吗，夫子说有父兄在；冉求问听到了就实行吗，夫子说听到了就实行。我闹不清了，冒昧地来问一问。"孔子说："冉求做事退缩，所以我让他前进一点；仲由为人好胜，故我让他退让一点。"

11.21　子畏于匡，颜渊后。子曰："吾以女为死矣。"曰："子在，回何敢死？"

[注释]

①后，动词，掉在后头，与"先"相反。②回何敢死，我颜回怎么敢死。当时形势严峻，这不是颜回敢不敢的问题，意思是不要死于非命，不该死的时候，不要去送死，要为老师活着，也就是为儒家学说活着。颜回这句话对后世影响很大，不失为儒家先辈们的创业精神。

[译文]

孔子在匡受惊了，颜渊后来才到，很晚才跟上来。孔子说："我以为你死了。"颜渊说："夫子在，我颜回怎么敢死？"

11.22　季子然问："仲由、冉求可谓大臣与（yú）？"子曰："吾以子为异之问，曾（zēng）由与求之问。所谓大臣者，以道事君，不可则止。今由与求也，可谓具臣矣。"曰："然则从之者与（yú）？"子曰："弑（shì）父与君，亦不从也。"

[注释]

①季子然，《史记·仲尼弟子列传》有"季孙问曰：子路可谓大臣与"，此作季子然，则季子然亦该是季氏同族的人。下一句他问仲由、冉求二人，因为他们二人做了季氏家臣。若是可称之为"大臣"，则季氏就处于国君的位置上了，所以孔子对这样露骨的问题感到意外，并做了明确的回答。②异之问，即问异，问奇异不同的问题。③曾，竟，乃。由与求之问，即问由与求，问有关仲由与冉求的问题。这里连着两句用宾语提前的语法，是要强调发问的内容出乎意外。④具，备，仅备臣数，不能有所作为。具臣，充数办事的臣。⑤从之者，听从上司的人。"之"暗指季

氏。⑥弑，违背君臣、父子道义的谋杀行为。

[译文]

季子然问道："仲由和冉求可以称作大臣吗？"孔子说："我以为你问个特别的问题，竟是问个仲由与冉求的事。我们所说的大臣，他要用仁义之道来效力于国君，若是做不到，宁可不做臣。如今仲由和冉求，只可称作充数办事的臣。"季子然又问："那么他们是听从上司指使的人了？"孔子说："若是弑父弑君，也是不能听从的。"

11.23　子路使子羔为费（Bì）宰。子曰："贼夫人之子。"子路曰："有民人焉，有社稷（jì）焉，何必读书，然后为学？"子曰："是故恶（wù）夫佞（nìng）者。"

[注释]

①贼，陷害，从道义上杀害。这是"贼"字的本义。贼，从"戈"，"则"声，故总与法则、原则相联系。费是季氏的食邑，那里拥护季氏者或反对季氏者有着反复的斗争，是是非之地，参看6.9章注。那次是季氏派闵子骞为费宰，以德行著称的闵子骞干脆就不去。这次子路派子羔去，子羔就是"柴也愚"的那位高柴，所以子路说，他可以到那里去向民人、社稷学习，不一定要在门下读书。②焉，于之，在那里，指在费邑。③是故，此所以，经常讲成"所以"。

[译文]

子路派子羔去当费邑的邑宰。孔子说："这是陷害了人家的儿子。"子路说："在那里有民人，有土地和五谷之神，何必一定要在这里读书，才算是学习呢？"孔子说："所以我就厌恶你那种嘴上说得好听的人。"

11.24　子路、曾皙（Xī）、冉有、公西华侍坐。

子曰："以吾一日长乎尔，毋吾以也。居则曰：'不吾知也！'如或知尔，则何以哉？"

子路率尔而对曰："千乘（shèng）之国，摄乎大国之间，加之以师旅，因之以饥馑（jǐn），由也为之，比（bǐ）及三年，可使有勇，且知方也。"夫子哂之。

"求，尔何如？"对曰："方六七十，如五六十，求也为之，比及三年，可使足民。如其礼乐，以俟君子。"

"赤，尔何如？"对曰："非曰能之，愿学焉。宗庙之事，如会同，端章甫，愿为小相焉。"

"点，尔何如？"鼓瑟希，铿（kēng）尔，舍瑟而作，对曰："异乎三子者之撰（zhuàn）。"子曰："何伤乎？亦各言其志也。"曰："莫（mù）春者，春服既成，冠者五六人，童子六七人，浴乎沂（Yí），风乎舞雩（yú），咏而归。"夫子喟（kuì）然叹曰："吾与（yǔ）点也！"

三子者出，曾皙后。曾皙曰："夫三子者之言何如？"子曰："亦各言其志也已矣。"

曰："夫子何哂由也？"曰："为国以礼，其言不让，是故哂之。"

"唯求则非邦也与？""安见方六七十如五六十而非邦也者？"

"唯赤则非邦也与？""宗庙会同，非诸侯而何？赤也为之小，孰能为之大？"

［注释］

①曾皙，孔子学生，姓曾，名点，字皙，曾参的父亲，鲁国人。

②以，因为。一日，虚指略为年长一些。乎，比。尔，你们，指在场四位。以吾一日长乎尔，因为我比你们年长一点。③以，用，如13.14章"虽不吾以"，即虽然不用我了。毋吾以也，（人家）不用我了。④居，闲待着，平时。⑤则何以哉，就做些什么呢。⑥尔，副词词尾，与"然""若""如"音相近，实即一词，故都可作副词词尾。率尔，轻易迅速地，轻快地。⑦摄，夹持。乎，在，介词。⑧因，继续，接着，动词。饥，谷物不熟。馑，蔬菜不熟。⑨比，连着。及，到。比及，一连到了。⑩方，办法，治国的方略。⑪哂，微笑。⑫如，或。纵横六七十里或五六十里的国家，即是诸侯小国，相当于现在一个小县的面积。而它却是一个相当独立的行政单位，就是"千室之邑，百乘之家"。5.8章中孔子说，可以让冉求到那里去当个总管，至于仁义，就谈不上了。这里冉求自己也说"如其礼乐，以俟君子"，即是要等待别的君子来解决。孔子当然就评价不高了，即是把儒家主要的东西仁义礼乐丢掉了。那一次孔子谈论了三个学生，今天这三个人都在场了，而且让他们自述。或者也可能是这里三人的自述在前，5.8章是孔子后来对他们三人的评论。⑬宗庙，宗室的庙堂，里面供有祖先的牌位。为什么叫庙呢？庙，貌也，先祖形貌所在地。宗庙之事，指诸侯祭祀祖先的事。⑭会同，诸侯会盟曰会，诸侯共同朝见天子曰同。⑮端，整幅布做的礼服，也叫玄端。章甫，一种古老的黑布礼帽。这里都用作动词，即穿着玄端礼服，戴着章甫礼帽。⑯相，祭祀或盟会时的礼仪主持人，实际这个相也不算小相了。⑰希，即"稀"，是说鼓瑟将停。⑱铿，铿锵，形容金属发出的响亮声音。⑲舍，放下。作，起身。古时曲膝席地而坐，曾点此时恭敬地回答问题，直起身子，跪在地上。⑳异乎，不同于。"乎""于"语音很相近。撰，通"馔"，讲述。㉑何伤乎，有什么关系呢。这是当时流行的口头语，并没有创伤、伤害之义。㉒莫，即"暮"。莫春，即阳春三月。㉓春服，指夹衣或单衣。既，已经。㉔冠者，成年人。古时二十岁行加冠礼，即为成

人，彼此朋友，需要切磋。㉕童子，未成年人。有待教诲。㉖浴，洗身，此作动词。沂，水名，流经曲阜南。㉗风，吹风，此亦作动词。舞雩，求雨的坛台，高有十米，在曲阜之东。求雨之祭叫雩祭，祭时有乐舞，故又称舞雩。㉘与，赞成，同意，此作动词。㉙唯，加于句首的发语词。㉚安见，怎么见得，疑问副词。"安""恶""焉"三词语音相近，作疑问词时用法相同。"胡""奚""曷"三词语音相近，也都作疑问词，用法均相同。

[提示]

本章为述志之作。由志于兵，求志于农，赤志于礼乐，点志于什么呢？点志于礼教，继承夫子的事业，以至引起夫子的共鸣。

[译文]

子路、曾皙、冉有、公西华陪伴孔子坐着。

孔子说："因为我比你们年纪大些，人家不用我了。平时经常说：'没人了解我们啊！'假如有人了解你们，那么做什么呢？"

子路轻快地回答说："拥有上千辆兵车的国家，夹持在大国的中间，国外有人来用兵，国内接着是荒年，我去治理它，一连到三年头上，可使人民勇于作战，并且懂得治国的办法。"孔子微微一笑。

"求，你怎么样？"回答说："纵横六七十里或者五六十里的小国家，我去治理它，一连到三年头上，可使人民富足。至于修明礼乐，就只有等待君子了。"

"赤，你怎么样？"回答说："不是说我已经能够做这些了，只是说我愿意学习它。国君祭祀的事情，或者诸侯间的盟会，还有共同朝见天子，我穿上黑色的礼服，戴上古老的礼帽，愿意做一名小小的主持人。"

"点，你怎么样？"曾点奏瑟渐渐停下，铿锵一声放下了瑟，直起身来，回答说："我的想法与三位讲述的不同。"孔子说："有什么关系呢？正是要各人谈谈自己的志向啊。"曾点说："暮春三月，春装已经穿上，陪同朋友五六人，少年六七人，到沂水中间洗澡，在舞雩台上吹风，再一路咏唱着回来。"孔子长叹一声道："我赞同曾点的想法啊！"

子路、冉有、公西华三人出去了，曾皙后走。曾皙问道："那三位弟子的话怎样？"孔子道："也不过是各人说说自己的志向罢了。"

曾皙说："夫子为什么要笑由呢？"孔子说："治国要讲礼让，他的话却一点不谦虚，所以笑了他。"

"难道求讲的就不是治国大事吗？""怎样见得纵横六七十里或五六十里还不是一个国家呢？"

"难道赤讲的就不是治国大事吗？""宗庙祭祀、诸侯盟会、共朝天子，不是诸侯的事情又是什么呢？赤做个小主持人，谁能做个大主持人呢？"

颜渊篇第十二

12.1 颜渊问仁。子曰："克己复礼为仁。一日克己复礼，天下归仁焉。为仁由己，而由人乎哉？"颜渊曰："请问其目。"子曰："非礼勿视，非礼勿听，非礼勿言，非礼勿动。"颜渊曰："回虽不敏，请事斯语矣。"

[注释]

①克己复礼，克制自己的欲望，恢复礼制。②为仁由己，即7.29章"我欲仁，斯仁至矣"。③目，对纲来说，大纲细目，纲举目张。克己复礼是个纲，具体做起来，视、听、言行就是目。

[提示]

本章孔子所述克己复礼的话，还见于《左传·昭公十二年》："仲尼曰：'古也有志："克己复礼，仁也。"信善哉！楚灵王若能如是，岂其辱于乾谿？'"从这里我们可以看到：（一）克己复礼这句话，是自古就有记载而流传下来的。（二）克己的内容是什么？楚灵王多嗜欲，夸功伐，炫耀自己的武力，想要别人的土地。复礼，就是要维护原来周天子分封的局面，不得互相侵凌兼并。以上是从天下大局看，本章要把克己复礼作为个人修养来看，孔子的解释就是要把它贯彻到所有的视听和言行中去，从心理学到行为学，都不能忽视。自古以来的思想家都要求把他们的主旨贯彻到言行的始终。

[译文]

颜渊问仁的实行。孔子说："克制自己，恢复礼制，就是仁。一旦做到克己复礼，普天下的人都归向仁德了。实现仁德，全凭自己，难道能凭别人吗？"颜渊说："请问为仁的具体细目。"孔子说："不符合礼的事不去看，不符合礼的话不去听，不符合礼的话不说，不符合礼的事不做。"颜渊说："我回虽然迟钝，请让我去实行这番话吧。"

12.2 仲弓问仁。子曰："出门如见大宾，使民如承大祭。己所不欲，勿施于人。在邦无怨，在家无怨。"仲弓曰："雍虽不敏，请事斯语矣。"

[注释]

①宾，指其他诸侯国家派来的使者。大宾，职位高的外宾。②承，承办。大祭，国家之祭。③所不欲，不想要的事。④施，给予。⑤在邦，指在诸侯公室效力。⑥在家，指在卿大夫家效力。

[译文]

仲弓问仁的实行。孔子说："出门在外，总好像见到大宾那样谦恭；派遣民众，总好像承办大祭那样认真。自己不想要的事，不要加给别人。在诸侯那里效力没有怨恨，在卿大夫家效力也没有怨恨。"仲弓说："我雍虽然迟钝，请让我去实行这番话吧。"

12.3 司马牛问仁。子曰："仁者，其言也讱（rèn）。"曰："其言也讱，斯谓之仁已乎？"子曰："为之难，言之得无讱乎？"

[注释]

①司马牛，孔子学生，姓司马，名耕，字子牛，宋国人。②讱，话

不轻易说出，忍着点。讱与讷不同："讷于言而敏于行"，讷是少说或不说，是内向的；讱是要想一想，有所认识才说。

［提示］

本章亦见于《史记·仲尼弟子列传》，那里说："牛多言而躁，问仁于孔子。"孔子就说了这一番话，提出这个"讱"字。一则孔子的回答有很强的针对性，是就司马牛其人而言的，当然也要考虑到有无普遍意义；再则"多言而躁"，应是讱的反面，那么讱就是不要说得过多，"躁"是什么呢？16.6章说："言未及之而言谓之躁，言及之而不言谓之隐。"隐就是说得过少了，躁就是没有说到问题上，所以要多想一想，有所认识再说。

［译文］

司马牛问仁的实行。孔子说："仁就是话不轻易说出来。"司马牛说："话不轻易说出，就叫做仁了吗？"孔子说："做起来就难了，说话能够不稳重吗？"

12.4　司马牛问君子。子曰："君子不忧不惧。"曰："不忧不惧，斯谓之君子已乎？"子曰："内省（xǐng）不疚（jiù），夫何忧何惧？"

［注释］

疚，久病，长病。引申指久悬不安的亏心事、长期抱愧的事。

［提示］

本章要与下一章结合来看。司马牛从宋国来孔子处学习，常怀忧惧之心，因为他的一个哥哥还带着几个兄弟在宋国犯上作乱。《左传·哀公十四年》载宋景公去讨伐他们，孔子死于哀公十六年，可见此时此言已是孔子晚年所述。

［译文］

司马牛问怎样做一个君子。孔子说："君子不忧愁，不恐惧。"司马牛说："不忧愁，不恐惧，就叫作君子了吗？"孔子说："内心做反省，没有久愧于心的事，要愁什么、怕什么呢？"

12.5 司马牛忧曰："人皆有兄弟，我独亡（wú）。"子夏曰："商闻之矣：死生有命，富贵在天。君子敬而无失，与人恭而有礼。四海之内，皆兄弟也。君子何患乎无兄弟也？"

［注释］

亡，同"无"。实际上司马牛是有兄弟的，他的哥哥桓魋也是想要土地，谋反于宋国，几个回合，就失败了。他的几个兄弟也跟随逃亡，只有司马牛没有赞同。

［提示］

"死生有命，富贵在天"这句话流传得很普遍，有两种不同的理解：一种是宿命论，命中注定，无法改变。一种是经过多种努力，只能得到这种结果，听天由命了。这就不是宿命论。例如林黛玉身体不好，多年都十分注意，在贾府，"请大夫，熬药，人参，肉桂，已经闹了个天翻地覆了"，这时，"黛玉叹道：'死生有命，富贵在天，也不是人力可强求的。今年比往年反觉又重了些似的。'"（《红楼梦》第四十五回）尽管黛玉这样说，却没有人说她是个宿命论者。

［译文］

司马牛忧愁地说："别人都有兄弟，唯独我没有。"子夏说："我听说过这样的话：死生由命决定，富贵由天安排。君子谨慎而没有过失，对人恭敬而有礼节。那么，四海之内，都是兄弟。君子为什么要担心没有兄弟呢？"

12.6 子张问明。子曰："浸润之谮（zèn），肤受之愬（sù），不行焉，可谓明也已矣。浸润之谮，肤受之愬，不行焉，可谓远也已矣。"

［注释］

①浸润，水逐渐浸泡潮湿。谮，暗中说人坏话，诬陷。②肤受，切身的感受。愬，即"诉"，逆势上告，毁谤。

［提示］

本章就谗言诬告而言。这是专制政治时代的一个重大问题，因为由帝王一个人说了算，他的耳目和能力都有限，偶然性的因素就往往很起作用。

［译文］

子张问怎样才算政治清明。孔子说："像水一样逐渐渗透的谗言，使人有切肤之痛的诬告，在这里行不通，就可以称为政治清明了。像水一样逐渐渗透的谗言，使人有切肤之痛的诬告，在这里行不通，就可以称为道德高远了。"

12.7 子贡问政。子曰："足食，足兵，民信之矣。"子贡曰："必不得已而去，于斯三者何先？"曰："去兵。"子贡曰："必不得已而去，于斯二者何先？"曰："去食。自古皆有死，民无信不立。"

［注释］

①兵，武器，军备。这是"兵"字的本义。②信，此作"信任"之义，本义为"诚实"。

［提示］

本章把军事问题放在应有的位置上，还有如14.19章提到军旅。应该说，孔子对军事是相当忽视的，尤其在他那个时代。他说："军旅之事，未之学也。"这虽然是在卫灵公面前的推托之词，但即使学了，也是学得不多的。且不说兵家以兵为主旨，就如商鞅只讲耕、战二字，墨子也是要正面讨论军事问题的，而主张清静无为的老子，他的八十多章书中有二十多章说的是军事问题，而且有见解精辟。相比之下，这就是孔子的一个弱点了。

[译文]

子贡问怎样从政。孔子说："粮食足，军备足，民众也就信任我们了。"子贡说："实在不得已要去掉一项的话，在这三项中先去哪项？"孔子说："去掉军备。"子贡说："实在不得已还要去掉一项的话，在这两项中先去哪项？"孔子说："去掉粮食。自古以来都免不了死亡，民众对政府没有信任，就只有垮台。"

12.8　棘（Jí）子成曰："君子质而已矣，何以文为？"子贡曰："惜乎，夫子之说君子也！驷不及舌。文犹质也，质犹文也，虎豹之鞟（kuò）犹犬羊之鞟！"

[注释]

①棘子成，卫国一位当权的大夫。②何以文为，用文做什么。"何以……为"是一种常用句式，就是"以……为何"，做什么。③说，解释，说明。一般的说话用"言"字。④驷，古时一车套四马，是跑得最快的了，故四马拉的车称驷。⑤鞟，去掉了毛的皮，今或称皮板、光板。用虎豹的毛色来比喻君子的文采，始见于《周易·革卦》，说当变革到来的时候，"大人虎变，其文炳也。""君子豹变，其文蔚也"。

[提示]

本章参照6.18章，孔子的观点是要"文质彬彬，然后君子"。

[译文]

棘子成说："君子就是讲究本质罢了，用文采做什么？"子贡说："可惜啦，先生这样解释君子！四匹马驾的车也追不上你舌头说出去的这句话。（如果没有文采，）把文采跟本质一样看待，也把本质跟文采一样看待，那么虎豹的皮板跟犬羊的皮板也可以一样看待了。"

12.9　哀公问于有若曰："年饥，用不足，如之何？"有若对曰："盍（hé）彻乎？"曰："二，吾犹不足，如之何其彻也？"对曰："百姓足，君孰与不足？百姓不足，君孰与足？"

[注释]

①年饥，用不足，鲁哀公十二年和十三年，均遭蝗灾，又连年用兵于邾，故说国用不足。②盍，何不。语音上"盍"也是"何不"的合音。彻，一种古老的税法，据记载，大约是十取其一的税率。当时各国又陆续实行"税亩"制，即按亩取十分之一的税，加起来就是取其二了。③百姓，这本是一个社会上层的概念，因为下层的人本没有姓，给你一个姓就很有身份了。但是社会阶层在不断变化，到后来大家都有姓，"百姓"就不稀罕了。所以，对这个概念也只能看具体情况来理解。这里的"百姓"就可以看作社会中上阶层。有人对"人""民"二字也做了分析，认为"人"是指社会上层说的，"民"则指下层。"人""民"在许多场合都是可以是同义的，但也不能绝对化，有时用得很灵活，社会变动也很快。

[提示]

本章说的是经济思想问题，这是儒家的民本思想，后来孟子加以发挥，就提得更高了。

[译文]

鲁哀公问有若说："年景歉收了，国用不足，怎么办？"有若尊敬地答道："何不仍实行彻的税制呢？"哀公说："十取其二，我还不够，怎么还能行彻的税制呢？"有若还是恭敬地回答："百姓足了，您跟谁一起不足？百姓不足，您跟谁一起足？"

12.10 子张问崇德，辨惑。子曰："主忠信，徙（xǐ）义，崇德也。爱之欲其生，恶（wù）之欲其死。既欲其生，又欲其死，是惑也。'诚不以富，亦祇以异。'"

[注释]

诚不以富，亦祇以异，这是《诗经·小雅·我行其野》中的两句话（今本《诗经》"诚"作"成"），意思是：人有成就，不在于他富于钱财，而只在于他有奇异的才德。

[提示]

本章历来均感费解，最后两句与上文难以联系。

[译文]

子张问什么是崇高的品德，怎样去辨别迷惑。孔子说："以忠诚信实为主，唯义是从，这就是崇高的品德。喜爱他便要他活着，厌恶他就要他去死。既要他活，又要他死，这就是迷惑不解了。（《诗经》上说：）'人的成就不是因为他钱财多，只因为他有奇异的才德。'"

12.11 齐景公问政于孔子。孔子对曰："君君，臣臣，父父，子子。"公曰："善哉！信如君不君，臣不臣，父不父，子不子，虽有粟，吾得而食诸？"

[注释]

①齐景公，齐国国君，名杵臼，景是他的谥号。前547～前490年在位，共五十八年。孔子去齐国时是三十五岁，"子在齐闻《韶》，三月不知肉味"，就是那时候。他去做了高昭子的家臣，通过他去见齐景公。所以，孔子当时是以一个年轻的政治家的面貌出现在齐国朝廷上的。孔子回答齐景公的话是尖锐的。不仅说到他的现在，还说到他的未来。景公内多宠妾，又不立太子，使得下面庶子争位而互相加害，这就是父不父，子不子。陈氏就乘机掌了齐国的实权，笼络人心，这就是君不君，臣不臣。前后闹腾了几代人，把一个强大的齐国搞得乱糟糟的。②君君，第一个"君"字是名词作主语，第二个"君"字是名词作谓语，即"君是君"之义，是古语中的特殊句式。③信，确实，真正，副词。④诸，之乎。语音上"诸"也是"之乎"二字的合音。

[译文]

齐景公向孔子问政事。孔子恭敬地回答说："君是君，臣是臣，父是父，子是子。"景公说："说得好啊！如果确实君不是君，臣不是臣，父不是父，子不是子，即使有了粮食，我能吃得着它吗？"

12.12　子曰："片言可以折狱者，其由也与？" 子路无宿诺。

[注释]

①片言，也叫单辞，诉讼案件中原告或被告某一方面的话。折狱，今说断案。折，就是断，取"到此为止"之义。②宿诺，不过夜的承诺。无宿诺，即不拖延诺言。

[提示]

本章说子路断案，过去都解释作子路诚实直率，别人不愿欺骗他，因此他可以片言折狱。实际上恐怕还是说子路简单粗糙，凭勇敢断案。"无敢折狱（勿得只用果敢折断讼狱）"，早在《周易》中就已指出来了，孔子说，如今叫子路做到了。这就是11.17章所说的"由也嗲"。不过他的刚猛也有好的一面，即是"无宿诺"。

[译文]

孔子说："根据某一方面的言辞就可以判案的人，大概就是由了吧？"

可是子路不拖延自己的诺言，说到就办。

12.13 子曰："听讼（sòng），吾犹人也。必也使无讼乎！"

[注释]

听，审理，处理，这是它的引申义。

[提示]

本章孔子所述的意见是很对的，至今治理社会也是要使案件消除在萌芽状态，从积极方面、从根本上治理。

[译文]

孔子说："审理诉讼，我跟别人是一样的。一定要使诉讼的案件不致发生才好哩！"

12.14 子张问政。子曰："居之无倦，行之以忠。"

[注释]

居，本为"居住"之义，《论语》中常作引申义，指居于某种职位上，或某种状况下。如3.26章说"居上不宽"，即居国君的位置了。这里因为下一句是说办事，上一句就要理解为职位了。

［译文］

子张来问政事。孔子说："身在职位上不要疲倦怠惰，奉行政事要忠诚。"

12.15　子曰："博学于文，约之以礼，亦可以弗畔矣夫！"

［提示］

本章已见于6.27章。

12.16　子曰："君子成人之美，不成人之恶。小人反是。"

［提示］

本章所载孔子这种好心肠的话，不知影响了后代多少的人。而且这种好心是超经济的，不指望报酬、不计较利益的。《穀梁传·隐公元年》说："《春秋》成人之美，不成人之恶。"不过，若是一味地隐恶扬善，就也不是完全正确的了。

［译文］

孔子说："君子成全人家的好事，不成全人家的坏事。小人和这相反。"

12.17　季康子问政于孔子。孔子对曰："政者，正也。子帅以正，孰敢不正？"

［注释］

帅，通"率"，统领。季康子为鲁国上卿，为诸臣之帅。

［提示］

本章与以下两章结合来看。孔子显然有批评季康子自己不正的意思：政治上把持鲁国国君的政权，经济上"富于周公"。但是季康子对孔子取尊重态度，有时还帮助了孔子，受了批评似乎也没有生气。

[译文]

季康子向孔子问政事。孔子恭敬地回答道："政字的意思就是端正，您带领着大家，自己走得端正，谁敢不端正呢？"

12.18 季康子患盗，问于孔子。孔子对曰："苟子之不欲，虽赏之不窃。"

[注释]

①盗，偷窃和抢劫。②苟，如果。欲，贪欲。

[提示]

本章更是借题发挥，批评季康子。盗贼成灾，在当时各诸侯国是一个普遍问题。《左传》上记载了这样一件事：鲁襄公二十一年，即孔子出生的前一年，"鲁多盗"，当时鲁国的正卿是季家的季武子。他对当时鲁国的司寇官臧武仲说："你为什么不禁一禁盗？"武仲说："我没有能力去禁。"季武子说："你做司寇，怎么不能去禁？"武仲说："你做正卿，召来了邾国的大夫庶其，庶其是盗了漆、闾丘二邑来的，你竟还把我们国君的姑母嫁给了他，还赏了他的随从。这样赏赐盗贼，怎么能要我去禁盗呢？"由此可见，季康子的前代已经提出了"患盗"问题，已经受到了非议，如今又来问孔子了。

[译文]

季康子苦于盗贼成灾，向孔子请教。孔子恭敬地回答道："如果您没有贪欲，即使赏赐下头的人，他们也不会去偷盗的。"

12.19 季康子问政于孔子，曰："如杀无道，以就有道，何如？"孔子对曰："子为政，焉用杀？子欲善而民善矣。君子之德风，小人之德草，草上之风必偃。”

[注释]

①无道，指无道的人。下句“有道”，指有道的人。均是名词性词组。②后一个“之”字，到，此指吹来。偃，安卧，引申为“倒下”。“偃”从“匽”（安也）声，故“偃”有“安息”之义。它特别适宜于对动荡事物的仆倒停息而言，如偃旗、偃武（武器），草也是如此。

[提示]

本章也有具体背景，《韩诗外传》三引传：鲁国有父子之间发生诉讼的，季康子欲杀之，孔子曰：“未可杀也。夫民为不义，则上失其道，上陈之教而先服之，则百姓从风矣。”季康子的父亲季桓子死，季康子袭位，是在鲁哀公三年七月，那年孔子六十岁，则以上三章问对都是孔子六十以后的话。本章是孔子一方面的思想，道德感化的力量很大，他也主张政治是要“宽猛相济”的。

[译文]

季康子向孔子问政事，说：“假如杀掉无道的人，成就有道的人，怎么样？”孔子恭敬地回答道：“您从事政治，为什么要用杀戮？您想要把国家搞好，民众就会好起来。君子的品德好比是风，小人的品德好比是草，草上吹来了风，草就必定安然倒下了。”

12.20　子张问：“士，何如斯可谓之达矣？”子曰：“何哉，尔所谓达者？”子张对曰：“在邦必闻，在家必闻。”子曰：“是闻也，非达也。夫达也者，质直而好义，察言而观色，虑以下人。在邦必达，在家必达。夫闻也者，色取仁而行违，居之不疑。在邦必闻，在家必闻。”

[注释]

①达，通达事理。参见6.30章"己欲达而达人"。②闻，著名，有声望。③下人，对人退让一步，委屈自己，尊重别人。

[译文]

子张问道："一个士人学者，怎样就可以称作通达了呢？"孔子说："你所说的通达是什么意思呀？"子张恭敬地答道："在诸侯国家必有名望，在卿大夫邑中也必有名望。"孔子说："这是名望，不是通达。要说通达么，品质正直，喜欢讲道义，会考察人家的言论，观看人家的神色，用委屈自己、尊重别人的态度来考虑问题。这样，在诸侯国家那里必定显得事理通达，在卿大夫那里也必定显得事理通达。要说名望么，神色上取仁的表现，而行动上则违背了仁，自己却还以仁人自居而不加怀疑。这种人，在诸侯国家有名望，在卿大夫那里也会有名望。"

12.21 樊迟从游于舞雩之下，曰："敢问崇德，修慝（tè），辨惑。"子曰："善哉问！先事后得，非崇德与？攻其恶，无攻人之恶，非修慝与？一朝之忿，忘其身，以及其亲，非惑与？"

[注释]

①修，修缮，治理。慝，邪恶之隐匿于心者。从"心"，"匿"声，声中有义。修慝，改善人家隐藏的邪恶的心。②其，此指自己的。攻其恶，整治自己的坏处。③一朝之忿，即因一时的气愤而格斗。《荀子·荣辱篇》："斗者，忘其身者也，忘其亲者也……。行其少顷之怒，而丧终身之躯，然且为之，是忘其身也。室家立残，亲戚不免乎刑戮，然且为之，是忘其亲也。"这是对本章孔子这句话的解释。

［译文］

樊迟随从孔子等在舞雩台下活动，樊迟说："冒昧地问问：什么是崇高的品德？怎样去改善人家对自己的隐蔽的邪恶之心？怎样去辨别迷惑的事？"孔子说："问得好！先办事而后有所得，不是崇高的品德吗？整治自己的坏毛病，不去整治别人的坏毛病，不是可以改善人家隐蔽的邪恶之心了吗？因一时的愤怒而去格斗，竟忘记了自身，也忘记了父母，这不是迷惑不解的事吗？"

12.22　樊迟问仁。子曰："爱人。"问知（zhì）。子曰："知人。"樊迟未达。子曰："举直错诸枉，能使枉者直。"

樊迟退，见子夏，曰："乡也吾见于夫子而问知，子曰：'举直错诸枉，能使枉者直。'何谓也？"子夏曰："富哉言乎！舜有天下，选于众，举皋陶（Yáo），不仁者远矣。汤有天下，选于众，举伊尹，不仁者远矣。"

［注释］

①乡，或作"向"，过去，往昔，此为"刚才"之义。②皋陶，姓偃，传说中东方部落的首领，舜举其为掌刑法的官。③伊尹，名伊，尹是官名，一说名挚。传说是奴隶出身，任以国政，助汤灭桀，成为商代开国时期的著名大臣。

［提示］

本章还可参见2.19章。

［译文］

樊迟问仁。孔子说："爱人。"又问智。孔子说："了解人。"樊迟没有想通。孔子说："提拔正直的人，地位在邪门歪道的人之上，能够使邪门歪道的人正直起来。"

樊迟退了出来，见到子夏，说："刚才我见到夫子，向他问智，他说：'提拔正直的人，地位在邪门歪道的人之上，能使邪门歪道的人正直起来。'这是什么意思？"子夏说："这是内容多么丰富的言论呀！舜有了天下，到众人中去挑选，提拔了皋陶，没有仁德的人就远离了。汤有了天下，到众人中去挑选，提拔了伊尹，没有仁德的人就远离了。"

12.23　子贡问友。子曰："忠告而善道之，不可则止，毋自辱焉。"

[注释]

告，劝告。道，通"导"，诱导，引导。

[译文]

子贡问对待朋友的问题。孔子说："忠诚地劝告他，好好引导他，不行便算了，不要在那种地方自招侮辱。"

12.24　曾子曰："君子以文会友，以友辅仁。"

[译文]

曾子说："君子用礼节学问来会聚朋友，靠朋友来辅助他的仁德。"

子路篇第十三

13.1　子路问政。子曰：“先之劳之。”请益。曰：“无倦。”

［注释］

①先，本义是“走在前头”，动词。劳，使动词，让人们勤劳。②益，增加，它的反面是“损”。

［译文］

子路问政事。孔子说：“自己实行在前，然后让大家勤劳。”子路请多讲一点。孔子又说：“不知疲倦。”

13.2　仲弓为季氏宰，问政。子曰：“先有司，赦小过，举贤才。”曰：“焉知贤才而举之？”子曰：“举尔所知；尔所不知，人其舍诸？”

［注释］

有，名词的词头。司，管理。有司，官员。

［译文］

仲弓做了季氏的管家，向孔子问政事。孔子说：“自己做在官员们的前头，原谅他们的小错误，提拔贤能的人。”仲弓说：“怎样知道是贤能的人才而提拔他呢？”孔子说：“提拔你所了解的；你不了解的人，别人难道会舍弃他吗？”

13.3 子路曰："卫君待子而为政，子将奚先？"子曰：
"必也正名乎！"子路曰："有是哉？子之迂（yū）也！奚
其正？"子曰："野哉，由也！君子于其所不知，盖阙如也。
名不正，则言不顺；言不顺，则事不成；事不成，则礼乐不
兴；礼乐不兴，则刑罚不中；刑罚不中，则民无所措手足。故
君子名之必可言也，言之必可行也。君子于其言，无所苟而
已矣。"

[注释]

①卫君，卫出公，名辄。此时卫灵公已死，子蒯聩因得罪南子，流
亡在晋，孙子辄接位。本章所记为卫出公四年之事，是时孔子六十四岁。
出公之父在外，不得立，诸侯国家多有责备出公的意思。孔子弟子多仕于
卫，卫君欲得孔子为政，因此子路有"卫君待子而为政"的话。②奚，
疑问代词。奚先，即先奚，先做什么。③正名，纠正百事之名分。不合礼
制、不合职位者，一概加以纠正。名分要涉及实际行动，涉及政事。名和
实是一对对立的概念。如君不是君，臣不是臣，就是最大的名分不正了。
至于出公父子之事该如何正名，就没有具体说。④迂，迂远，迂腐，不近
情理，不切实际。⑤盖，大概，一般。阙，通"缺"。阙如，缺而不言，
欠缺的样子。⑥措，安置，安放。与"举直错诸枉"之"错"义同。无所
措手足，行动无所适从。⑦苟，苟且，马虎，随便。

[译文]

子路说："卫国的国君等待夫子去治理国政，你准备首先做什么？"
孔子说："那一定是纠正名分了！"子路说："有这样的事吗？是你的迂
腐吧！怎么个正法？"孔子说："粗野呀，由！君子对于他所不知道的
事，多半就缺而不言。名分不正，说话就不顺当；说话不顺当，事情就办
不成；事情办不成，礼乐就不能兴起；礼乐不兴，刑罚就不会得当；刑罚

不得当，民众就连手脚都不知道摆在哪里才好。所以君子指称的名一定可以说得出来，说出来的就一定可以做得到。君子对于自己说的话，就没有马虎了事的。”

13.4　樊迟请学稼。子曰："吾不如老农。"请学为圃（pǔ）。曰："吾不如老圃。"

樊迟出。子曰："小人哉，樊须也！上好礼，则民莫敢不敬；上好义，则民莫敢不服；上好信，则民莫敢不用情。夫如是，则四方之民襁（qiǎng）负其子而至矣，焉用稼？"

[注释]

①小人，周秦时的一个常用概念，主要有两种含义：一种是指普通劳动者，没有社会地位，如《尚书·无逸》："知稼穑艰难，则知小人之依。"此指农民，和它相对的便是地位很高的大人。一种是指无德的人，和它相对的便是崇德的君子。此外还作自我谦称，意义就很灵活。本章说樊迟学稼，便是第一种含义。②莫，没有人，无人，否定代词。③情，实，真实。情的反面是"伪"，情伪，即真假。④襁，背婴儿的布兜。

[译文]

樊迟请求学种庄稼。孔子说："我不如老农。"又请学种菜。孔子说："我不如老菜农。"

樊迟退了出去。孔子说："樊迟是个普通的劳动人吧！君上喜欢礼节，民众就没有人敢不认真；君上喜欢道义，民众就没有人敢不服从；君上喜欢信用，民众就没有人敢不说真话。要像这样，四方的民众都要背负着儿女来了，为什么要去种地呢？"

13.5　子曰："诵《诗》三百，授之以政，不达；使于四方，不能专对；虽多，亦奚以为？"

[注释]

专，独自地，独立地。对，指下对上的恭敬酬答，有严格的使用范围。

[译文]

孔子说："诵读《诗经》三百篇，交给他政事，还是不能通达；不论出使到哪个诸侯国家，又都不能独立地去酬答人家上边的问题；即使诵读得再多，又有什么用呢？"

13.6　子曰："其身正，不令而行；其身不正，虽令不从。"

[提示]

本章强调以身作则，《论语》中多处强调这个意思，这可说是我们民族传统中的好思想。参看13.13章。

[译文]

孔子说："在位的人自身站得正，不发命令，事情也行得通；若是自身不正，即使下令，下头也不听。"

13.7　子曰："鲁卫之政，兄弟也。"

[提示]

孔子对这两国的政局当然是最了解的了。比较之下，他说了这话。历来有许多人阐发孔子的意思，例如苏东坡就说"言治乱略同也"。他说了几层意思：想当初，鲁是周公之封国，卫是康叔之封国，周公、康叔即为兄弟。孔子说这话的时候，鲁国是哀公七年，卫国是出公五年。鲁国之政，季氏掌权，君不君，臣不臣；卫国之政，儿子在位，父亲流亡，父不父，子不子。最后，哀公和出公还都流亡而死于国外，一哀一出，哀者亦出，出者亦哀，都得了一个悲剧。

［译文］

孔子说："鲁国的政治和卫国的政治，像兄弟一样。"

13.8 子谓卫公子荆：①"善居室，始有，曰：'苟合矣。'少有，曰：'苟完矣。'富有，曰：'苟美矣。'"

［注释］

①卫公子荆，卫灵公的祖父是卫献公，公子荆是献公的儿子。吴国的季札曾把他列为卫国的君子之一，说："卫国的君子很多，卫国不会有患难。"季札说这话的时候，孔子才七岁，所以这里孔子评价公子荆，是追述前辈事迹。②善，同"缮"，修治。居室，住宅。③苟，姑且，差不多。合，足够。④完，齐全，完备。这是"完"字的本义。

［提示］

本章还可参看11.14章。孔子赞扬前人住宅俭朴，有对照当时卿大夫的意思。

［译文］

孔子说到卫国的公子荆："他修治住宅，刚有一点，就说：'差不多够啦。'稍微有一些，就说：'差不多齐全啦。'多了，就说：'几乎是富丽堂皇的了。'"

13.9 子适卫，冉有仆。①子曰："庶矣哉！"冉有曰："既庶矣，又何加焉？"曰："富之。"曰："既富矣，又何加焉？"曰："教之。"

［注释］

①适，去到。②仆，驾车。这是古时的一个常用义，所谓"车仆"就

是掌管车辆及其驾驭的人。③庶，众多，此指人口众多。

[提示]

本章讲先富后教之义。

[译文]

孔子到卫国去，冉有驾车。孔子说："人多啊！"冉有说："人已经多了，再做什么呢？"孔子说："让他们富裕起来。"冉有说："已经富裕了，再做什么呢？"孔子说："教育他们。"

13.10 子曰："苟有用我者，期（jī）月而已可也，三年有成。"

[注释]

期月，一整年，月份周转一次。期月也可指一整月，视情况而定。

[提示]

卫灵公晚年终于没有任用孔子，孔子喟然而叹，说了这么一句。孔子长期期待能在卫国实现他的主张，尤其是在灵公期间。灵公死时，孔子五十九岁。

[译文]

孔子说："如果有用我的，一年下来就可以了，三年就有成就。"

13.11 子曰："'善人为邦百年，亦可以胜残去杀矣。'诚哉是言也！"

[提示]

本章参照11.18章、7.25章。善人虽亦贤人，但对仁道未能入室，所以一百年也仅能胜残去杀，与上一章"三年有成"相比，就不可同日而语了。

［译文］

孔子说："'善人治国一百年，也可以克服残暴、去除杀伐了。'这话是真的呀！"

13.12　子曰："如有王者，必世而后仁。"

［注释］

①王者，具备德政的君主。②世，连续三十年为一世。"世"的字形就从"卅"，故此是本义。

［提示］

本章提出"王者"这个概念。王、霸的概念在《论语》中各用了一次，但德和力的对立，孔子是明确阐述的，如14.33章。

［译文］

孔子说："如果有王者出来的话，一定在三十年之后仁德大行。"

13.13　子曰："苟正其身矣，于从政乎何有？不能正其身，如正人何？"

［提示］

本章也是说以身作则的思想。兵家也要身先士卒，法家就不要求以身作则。我们现在官员是公仆，故更要发扬以身作则的思想。

［译文］

孔子说："如果自身端正了，从政有什么困难呢？自身不能端正，怎能让别人端正呢？"

13.14　冉子退朝。子曰："何晏（yàn）也？"对曰："有政。"子曰："其事也。如有政，虽不吾以，吾其与

（yù）闻之。"

[注释]

①冉子，即冉有，为季氏宰，总管季氏家事。这里"政"指鲁国国政，是诸侯公室的事。②晏，本为"晴朗"之义，日出无阴云阻挡便是"晏"。上朝很早，到晴日当空，便是晚了，故引申为"晚"。③不吾以，即不以吾，不用我。13.10章"苟有用我者"，"以吾"即"用我"。④其，还是，表示选择。与闻，参与和听到，二字均为动词。《左传·哀公十一年》载季氏就田赋之事征求孔子意见，并说："子为国老，待子而行（您是鲁国的元老，等着您的意见行事）。"这可算是"吾其与闻之"的一个实例。

[译文]

冉有退朝回来。孔子说："为什么这么晚？"冉有恭敬地回答说："有国政。"孔子说："那只是大夫的家事。如果有国政，即使我没有任职，我还是会参与、知道的。"

13.15 定公问："一言而可以兴邦，有诸？"孔子对曰："言不可以若是其几也。人之言曰：'为君难，为臣不易。'如知为君之难也，不几乎一言而兴邦乎？"

曰："一言而丧邦，有诸？"孔子对曰："言不可以若是其几也。人之言曰：'予无乐乎为君，唯其言而莫予违也。'如其善而莫之违也，不亦善乎？如不善而莫之违也，不几乎一言而丧邦乎？"

[注释]

①定公，哀公之父，在位十五年，正当孔子的中年时期。《论语》中孔子和定公的对答不多（共两次，另一次见3.19章），但孔子在鲁任大

司寇并兼丞相，是在定公时期。②一言，有时指一句话，有时指一个字，看上下文具体所指。这里指一句话。③几，近乎，接近于。意思是说话不能那么直接，兴邦有多种因素，不能是说一句话就兴了邦，可以有一句话促成了兴邦。④几乎，接近于。"几""近"二字声母相同，意义相通。⑤丧，失，亡。因为上文为"兴邦"，故此解释为"亡国"。⑥乎，比。无乐乎为君，没有比做国君还快乐的了。本句不能解释为"对于做国君没有感到快乐"，意思便正相反，歧义现象语言中往往有之，是正常现象，故应注意辨别。⑦莫予违，即莫违予，没有人违背我。下句"莫之违"，即莫违之，没有人违背他。

[提示]

本章是孔子在专制政治的条件下做专制者的思想工作。我国专制独裁的政治理论，到《韩非子》便最完备了。他那里，君主和大臣都是不需要以身作则的，君主完全可以去吃喝玩乐，哪能花掉多少粟？君主只要把大臣选用好，国家不就好了吗？他还举出两个例子来。春秋时期，我国的专制政治还没有强化到极点，所以《论语》中能出现许多这样的君臣对话。

[译文]

鲁定公问道："一句话就可以振兴了国家，有这种话吗？"孔子恭敬地回答道："话不可以说得这样直截了当。人们有句话说：'做国君难，做臣子也不容易。'如果懂得做国君的难处，不就接近于一句话振兴了国家吗？"

定公又说："一句话就亡了国，有这种话吗？"孔子恭敬地回答道："话不能说得这样直接。人们有句话说：'我没有比当国君更快乐的了，只有我的话是没有人能违背的。'如果这句话是好的，没有人能违背它，不是很好吗？如果这句话不好，还没有人能违背，不就接近于一句话便亡国吗？"

13.16 叶公问政。子曰："近者悦，远者来。"

[注释]

近者，境内的人。远者，其他诸侯国家的人。当时诸侯国家之间不像现在那样有严格的国籍与护照，人口的流动性大，哪国的政治开明点，社会治安好些，人们就"襁负其子而至矣"。

[提示]

孔子到叶，是在哀公六年，孔子六十三岁。《史记·孔子世家》载孔子回答叶公的话是"政在来远附迩"，字面稍异，意思一样。孔子回答叶公之问共三次，另两次见7.18章与13.18章。

[译文]

叶公问政事，孔子说："境内的人高兴，境外的人来归。"

13.17 子夏为莒（Jǔ）父（Fǔ）宰，问政。子曰："无欲速，无见小利。欲速，则不达；见小利，则大事不成。"

[注释]

莒父，鲁邑，在今山东莒县。

[提示]

本章孔子的话，自然是十分著名的了。具体到子夏其人，孔子认为他是眼光不够远大的，一次是孔子叫他要做君子儒，不要做小人儒（6.13章），一次是说"商也不及"（11.15章）。孔子对子夏的具体指导可说是很深刻的了。这番话已成为我们民族智慧中的警句。它不受时、地的限制，具有普遍性。速度问题、小利与大利、小事与大事的关系问题，是历来都要认真研究的课题。

[译文]

子夏做了莒父的邑长，问政事。孔子说："不要图快，不要只顾小利。图快，就不能达到目的；只顾小利，就办不成大事。"

13.18　叶公语孔子曰："吾党有直躬者，其父攘（rǎng）羊，而子证之。"孔子曰："吾党之直者异于是：父为子隐，子为父隐——直在其中矣。"

[注释]

①党，乡党。躬，身子。直躬，身子正直，看似是此人的外号。②攘，本义为"除去""消除"，引申为"窃取""侵夺"。③证，告发。

[提示]

周秦时代，人们有一种道德，就是把君臣、父子的关系放在至上的位置，君父有什么过错，臣子都要为之隐瞒，即所谓"讳"。讳从韦声，韦，违避之也。《公羊传·闵公元年》："《春秋》为尊者讳，为亲者讳，为贤者讳。"《穀梁传·成公九年》也载："为尊者讳耻，为贤者讳过，为亲者讳疾。"此疾也不指病，恶也。这最主要的自然是史官的事，但在现实中也不能不发生问题，这楚国的直躬者算是典型一例，叶公和孔子是两种意见。后来《吕氏春秋·当务篇》《韩非子·五蠹篇》都讨论了此事，韩非当然就是针锋相对地批驳了孔子的观点。这一道德观念在后代并没有得到进一步的发扬，相反地，在一定场合下要求大义灭亲。日常生活中要求大人给孩子做出榜样。但是历代的儒家学者对孔子这一观点都是要维护的，别人不说，如大学问家朱熹、康有为等，都是如此。

[译文]

叶公跟孔子谈论道："我们乡党有个直躬的人，他的父亲偷了羊，儿子就去告发了他。"孔子说："我们乡党的正直人跟这不同：父亲替儿子隐瞒，儿子替父亲隐瞒——正直就在其中了。"

13.19 樊迟问仁。子曰："居处恭，执事敬，与人忠。虽之夷狄，不可弃也。"

[注释]

之，去到。夷狄，东夷北狄，指偏远地区，被认为是没有礼仪的地方。

[译文]

樊迟问仁。孔子说："日常生活要恭敬，办事要认真，对人要忠诚。即使到夷狄地区去，也不能丢掉这些品德。"

13.20 子贡问曰："何如斯可谓之士矣？"子曰："行己有耻，使于四方，不辱君命，可谓士矣。"曰："敢问其次。"曰："宗族称孝焉，乡党称弟焉。"曰："敢问其次。"曰："言必信，行必果，硁（kēng）硁然小人哉！抑亦可以为次矣。"曰："今之从政者何如？"子曰："噫！斗筲（shāo）之人，何足算也？"

[注释]

①硁，击石声。听起来虽亦响亮，却终非大雅之音。比喻一些人言信行果，听起来似乎还响亮，终究还只是小信小忠，缺乏仁义，不过是平民百姓呀。小人，此指普通人。②抑，可是，表转折的连接词。③筲，盛饭竹器。斗筲，都是普通的容器。斗筲之人，比喻胸襟和才识都不宏大的人，不是那种栋梁之才，没有那种鸿鹄之志。④算，古时计数的筹码，此引申为"筹划"之义，动词。

[译文]

子贡问道："怎样才可称作士了呢？"孔子说："做人有羞耻之心，出使周围诸侯国家，不辜负国君的使命，就可以称作士了。"子贡说：

"请问其次一等的。"孔子说："宗族中称赞他孝顺父母，乡党里称赞他尊敬兄长。"子贡说："请问再其次一等的。"孔子说："谈话一定有信用，行动一定要果断，仅是这样，仍是一个说得响亮不讲仁义的普通人哩！也可说是再次一等的士了。"子贡说："现在的执政人怎么样？"孔子说："咳！都是度量狭小、见识短浅之人，有什么值得去跟他们筹划的呢？"

13.21 子曰："不得中行而与之，必也狂狷（juàn）乎！狂者进取，狷者有所不为也。"

［注释］

①中行，即中道。《孟子·尽心下》有一章在重述和发挥孔子这句话时把"中行"说成"中道"，可见两者是一个意思。"中道"也就是行中庸之道，无过，无不及。②狂，参见8.16章的注，狂者志极高而行为不检点。狷，拘谨自守，难以变通。"狂"与"狷"正好是两种相反的人。

［译文］

孔子说："得不到能行中庸之道的人相交往，那就一定要交些志高行狂的人或拘谨守节的人吧！志高行狂的人有进取的一面，拘谨守节的人不轻易行动。（都有他们好的一面。）"

13.22 子曰："南人有言曰：'人而无恒，不可以作巫医。'善夫！"

"不恒其德，或承之羞。"子曰："不占而已矣。"

［注释］

①巫医，用驱鬼、符咒、祈祷等巫术并结合药物、针刺、摩击等医术为人治病的人。②或，有时。承，承受。羞，耻辱。不恒其德，或承之

羞，出自《周易·恒卦》。③占，察看。字形从"卜"，从"口"，即是察看龟甲上火灼出现的裂纹而问其吉凶祸福。

[提示]

本章的主旨是推崇有恒的品德。

[译文]

孔子说："南方人有句话说：'人假若没有恒心，不可以做巫医。'这句话好呀！"

（《周易·恒卦》中说：）"没有永恒不变这种品德，有时就遭受耻辱。"孔子说："人要这样，就不用占卜了吧。"

13.23 子曰："君子和而不同，小人同而不和。"

[注释]

和，和谐，协调。烹饪是五味相和，音乐是五音相谐，儒家强调中和之美，"礼之用，和为贵"。同，同一。同则无五味之差，无五音之别，就无所谓和谐。故"和"与"同"是相对立的两个概念。

[译文]

孔子说："君子跟各方面的关系和意见求得协调和谐，而不是一时苟且求同；小人则苟且求同，而不是协调和谐。"

13.24 子贡问曰："乡人皆好（hào）之，何如？"子曰："未可也。""乡人皆恶（wù）之，何如？"子曰："未可也。不如乡人之善者好之，其不善者恶之。"

[提示]

本章请参照15.29章"众恶之，必察焉；众好之，必察焉"、4.3章"唯仁者能好人，能恶人"、17.13章"乡愿，德之贼也"。这里也可联系上一章，君子能好能恶，从中求得和谐，众好之与众恶之，便是一种苟同现象。

［译文］

子贡问道："乡党的人都喜欢他，这个人怎么样？"孔子说："不行呀。""乡党的人都厌恶他，怎么样？"孔子说："也不行呀。不如乡党中的好人都喜欢他，不好的人都厌恶他。"

13.25　子曰："君子易事而难说（yuè）也。说之不以道，不说也；及其使人也，器之。小人难事而易说也。说之虽不以道，说也；及其使人也，求备焉。"

［注释］

①难说、易说、说之，这些"说"（即悦）字都是使动词，即使他高兴；不说、说也，这两个说字就不是使动词。我们可以根据上下文来判别。②器，本义为统称各种用具，自古以来常常把人比作器，表示是有用之才，故器有"器重""推崇"之义，又引申指人的才识、气度。此为"器重"之义，与下文"求备"之义相对。

［译文］

孔子说："君子容易侍奉，但难以使他满意。要使他满意而不用正道，他不会满意；等到他使用人的时候，则总是看重别人的才能。小人难侍奉，却容易使他满意。要使他满意，即使不用正道，他也会满意；等到他使用人的时候，就对别人求全责备。"

13.26　子曰："君子泰而不骄，小人骄而不泰。"

［注释］

泰，宽厚，安详。如说"泰然处之"。

[提示]

本章可参照20.2章。

[译文]

孔子说："君子宽厚而不骄傲，小人骄傲而不宽厚。"

13.27 子曰："刚、毅、木、讷（nè），近仁。"

[注释]

毅，果敢，有决断。木，质朴，耿直，不轻佻。

[译文]

孔子说："刚强、果决、质直、说话不轻易出口，这四种品格接近于仁德。"

13.28 子路问曰："何如斯可谓之士矣？"子曰："切切偲（sī）偲，怡怡如也，可谓士矣。朋友切切偲偲，兄弟怡怡。"

[注释]

①切，切磋；切切，不断切磋。偲，有才能；偲偲，多才，增进才能。②怡，愉快，和睦。怡怡，总是愉快和睦。

[译文]

子路问道："怎样就可以称为士了呢？"孔子说："不断切磋，增进才能，愉快和睦相处，就可称为士了。朋友之间不断切磋，总有长进，兄弟之间愉快和睦。"

13.29 子曰："善人教民七年，亦可以即戎矣。"

子曰："以不教民战，是谓弃之。"

［注释］

①七年，古时三年考核成绩，五年再考，七年三考，而后决定升降职位。善人需要七年，时间就比较长了，但总还是有点成绩。②即，去到，动词。它的反面是"离"，如说"若即若离"。戎，武器，军队。即戎，从戎，参军。

［译文］

孔子说："善人教导民众七年之久，也能够去参军了。"

孔子说："用未经教练的民众作战，这叫作抛弃民众。"

宪问篇第十四

14.1　宪问耻。子曰："邦有道，谷；邦无道，谷，耻也。""克、伐、怨、欲不行焉，可以为仁矣？"子曰："可以为难矣，仁则吾不知也。"

[注释]

①谷，此指俸禄。以谷物为俸禄，是因为货币还不发达。②克，逞强，好胜。伐，夸耀，吹嘘。

[提示]

本章原宪说"克、伐、怨、欲不行"，只是从消极方面说，正面的品德怎样，还不知道，所以孔子不能同意这就是仁人。

[译文]

原宪问什么是耻辱。孔子说："国家上轨道，在位得俸禄；国家混乱无道，也得俸禄，便是耻辱。"（原宪又问：）"逞强、自夸、怨恨、贪欲这些毛病都没有，可以成为仁人了吗？"孔子说："可以说是难能可贵的人，要说是仁人，我还不知道。"

14.2　子曰："士而怀居，不足以为士矣。"

[注释]

怀，思念，留恋。居，安定的住所，安定。

［译文］

孔子说：“士如果留恋安定的住所，就不足以做个士了。”

14.3　子曰：“邦有道，危言危行；邦无道，危行言孙（xùn）。”

［注释］

①危，端正。如说“正襟危坐”，危、正并言。②孙，通“逊”，谦让。

［译文］

孔子说：“国家上轨道，说正直的话，做正直的事；国家混乱无道，做正直的事，说话就要谦让。”

14.4　子曰：“有德者必有言，有言者不必有德；仁者必有勇，勇者不必有仁。”

［译文］

孔子说：“有道德的人一定有言论，有言论的不一定有道德；仁人一定勇敢，勇敢的不一定是仁人。”

14.5　南宫适（Kuò）问于孔子曰：“羿（Yì）善射，奡（Ào）荡舟，俱不得其死然。禹稷（Jì）躬稼，而有天下。”夫子不答。

南宫适出。子曰：“君子哉若人！尚德哉若人！”

［注释］

①南宫适，字子容，即南容，孔子的侄女婿，三复“白圭”的人。②羿，夏代有穷国部落首领，擅长射箭。篡夏后位，后被他的臣寒浞所

杀。③奡，寒浞的儿子，大力士，能陆地行舟，后为夏后少康所杀。荡，
左右冲杀。荡舟，用舟师冲锋陷阵。④俱，都，一起。然，同"焉"，语
气词。⑤稷，周族的始祖，名弃。相传他是开始种稷和麦的人，曾在尧
舜时任农官，教民耕种。禹尽力于治洪水，开沟洫，稷教民百谷，故曰
"躬稼"，即亲自种植。禹自己继了位，稷的后世创建了周，都有天下。
⑥尚，尊尚，推崇。

[提示]

本章为什么孔子又对侄女婿如此赞赏？羿和奡都是尚力的，一个善
射，一个荡舟，都不得善终，禹稷尚德，而有天下。这是尚德与尚力的根
本差别，德和力在当时的思想理论界和政坛都是尖锐对立的两个概念。参
见14.33章。

[译文]

南宫适向孔子提问说："羿有惊人的善射本领，奡能陆地行舟冲锋陷
阵，都没能寿终正寝。禹和稷亲自教民耕种，都有了天下。"夫子没有回
答这个问题。

南宫适退了出去。孔子说："这个人真是个君子呀！这个人多么崇尚
道德！"

14.6 子曰："君子而不仁者有矣夫！未有小人而仁者也。"

[译文]

孔子说："君子中不仁的人是有的吧！小人之中是不会有仁人的。"

14.7 子曰："爱之，能勿劳乎？忠焉，能勿诲乎？"

[注释]

①劳，勤劳，而后能有得。使动词。②焉，于之。上句"爱"是及

物动词，可说"爱之"；"忠"是不及物动词，故只能说"忠焉"，即忠于他。

[提示]

看来本章不仅是对弟子而言的，还是对民而言的。

[译文]

孔子说："爱他们，能不让他们勤劳吗？忠于他们，能不教育他们吗？"

14.8　子曰："为命，裨（Pí）谌（Chén）草创之，世叔讨论之，行人子羽修饰之，东里子产润色之。"

[注释]

①命，一般指政府文告、政令，此指诸侯之间的外交辞令。②裨谌，郑国大夫。草创，起草创制。③世叔，郑国大夫，或称子太叔，名游吉。讨论，探讨整理。④行人，外交官。子羽，郑国大夫，姓公孙，名挥，字子羽。修饰，修整装饰。⑤东里，在今新郑县，子产所居。子产，郑国贤相，见5.16章注。润色，滋润增色，指修辞方面的加工，使有文采。事情都由子产一手办理，故他最后润色，实际上是总其成了。

[提示]

本章一连用了四个由同义词组合的双音词，并组成排句，这本身就是修饰之，润色之。《左传·襄公三十一年》："郑国将有诸侯之事，子产乃问四国（指四方的国家）之为于子羽，且使多为辞令，与裨谌乘以适野，使谋可否，而告冯简子使断之。事成，乃授子太叔，使行之，以应对宾客，是以鲜有败事（很少把事情办坏）。"把这一段和本章比较，大同小异。

[译文]

孔子说:"制定外交公文时,裨谌先起草创制,世叔进一步探讨推敲,再由负责外交的子羽修饰整理,最后由东里子产润色加工。"

14.9 或问子产。子曰:"惠人也。"问子西。曰:"彼哉!彼哉!"问管仲。曰:"人也。夺伯氏骈邑三百,饭疏食,没齿无怨言。"

[注释]

①子产,见上章。②惠人,慈惠的人。子产为政,宽厚处多,偶尔严峻。③子西,子产的同宗兄弟,子产便是继他主持郑国国政的。④彼哉,彼哉,当时表示轻视的习惯语,即支支吾吾,搪塞过去。⑤管仲,春秋初年的人,比孔子早一百年还多,故在孔子眼中是个著名的历史人物了。⑥人,此指历史人物、杰出人物。⑦伯氏,齐国大夫。骈邑为伯氏食邑。当时伯氏有罪,管仲相齐,齐桓公夺伯氏之邑以与管仲,伯氏自知己罪而心服管仲之功。《荀子·仲尼篇》:齐桓公立管仲为仲父,"与之书社(二十五家为一社,社的户口书写在版图上,故称为社)三百,而富人莫之敢距(通"拒")也"。⑧齿,年。没齿,至死,终身。

[译文]

有人问子产怎么样。孔子说:"是个慈惠的人。"问子西。孔子说:"哪呀!哪呀!"又问管仲。孔子说:"是个人物。他夺了伯氏骈邑三百户,伯氏吃着粗粮,到死也没有怨言。"

14.10 子曰:"贫而无怨难,富而无骄易。"

[译文]

孔子说:"贫穷还没有怨言,比较难;富裕了没有骄傲,比较容易。"

14.11　子曰："孟公绰（Chuò）为赵、魏老则优，不可以为滕、薛大夫。"

　　［注释］

　　①孟公绰，鲁国大夫，是孔子尊敬的人。他清廉，知足常乐，还颇能预料事态的发展。②赵、魏，晋国诸卿大夫中最具实力的两家。孔子之后不久，赵、魏、韩三家分晋，都成了独立的国家。相比之下，滕和薛就都是小国了，他们的都城都在今山东滕州市境内。老，卿大夫的家臣。孔子的意思似乎是说：孟公绰这样的人，到大地方去，哪怕当个小一点的职务也称职，却不能到小地方去当个大一点的职务——施展不开。

　　［译文］

　　孔子说："孟公绰哪怕做个晋国赵、魏两家的家臣也是很胜任的，却不能到滕、薛这些小国去当个大夫。"

14.12　子路问成人。子曰："若臧武仲之知，公绰之不欲，卞庄子之勇，冉求之艺，文之以礼乐，亦可以为成人矣。"曰："今之成人者何必然？见利思义，见危授命，久要（yāo）不忘平生之言，亦可以为成人矣。"

　　［注释］

　　①成人，有成就的人。《说文解字》："成，就也。"②臧武仲，鲁国大夫，即臧孙纥，武是谥号。《左传·襄公二十三年》载有他的事迹。他在鲁国国内的斗争中，真有点料事如神。逃到齐国后，又预见齐庄公将失败而设法辞去庄公要给他的封邑。《左传》里孔子就赞扬了他的聪明实在难得，并指出他没有成功的原因。③公绰，见上一章孟公绰。④卞

庄子，鲁国卞邑大夫，曾刺双虎。齐人欲伐鲁，不敢过卞。⑤授，给予。"受"为接受，"受"的反面便是"授"。授命，付出生命。⑥要，通"约"，穷困。久要，长久的穷困状态。

[提示]

本章所述四人，主要是针对他们所显示的个人才能而言。他们在事业上并不显赫，甚至是失败的，孔子不论这一点，事业还有各种历史条件，或者说"天命"。这也就是他所说的"成人"的含意。至于当今"成人"，孔子所述三点，是针对社会风尚来提的，做到其中的某一条，就是当今的突出"成人"了。

[译文]

子路问怎样才是有成就的人。孔子说："像臧武仲的智慧，孟公绰的清廉、不贪欲，卞庄子的勇敢，冉求的多才多艺，若是再用礼乐来装点文采，就很可以作为有成就的人了。"又说："当今的'成人'何必一定要这样？见到利益就要想想是否合乎道义，遇到危险便肯付出生命，经过长期的穷困日子也不忘记平生的诺言，就很可以作为有成就的人了。"

14.13 子问公叔文子于公明贾，曰："信乎，夫子不言，不笑，不取乎？"公明贾对曰："以告者过也。夫子时然后言，人不厌其言；乐然后笑，人不厌其笑；义然后取，人不厌其取。"子曰："其然？岂其然乎？"

[注释]

①公叔文子，卫国大夫，姓公孙，名拔，文是他的谥号，孔子同时代人。《礼记·檀弓下》载，公叔文子死后，他的儿子去向卫君请求谥号，卫君说："昔者卫国凶饥，夫子为粥与国之饿者，是不亦惠乎！昔者卫国有难，夫子以其死卫寡人（寡人，国君自称），不亦贞乎！夫子听卫国之

政，修其班制（尊卑的区分曰班，享赠多寡之别曰制），以与四邻交，卫国之社稷不辱，不亦文乎！故谓夫子贞惠文子。"公明贾，卫人。公明贾回答孔子的话用"对"，则其地位或年龄在孔子之下。②时，到一定时候，与"学而时习之"之"时"同义。③其，表反问语气。然，这样。其然，这样的吗。孔子最后的话表达了一种将信将疑的态度。

[译文]

孔子向公明贾问到公叔文子其人，说："老先生不说话，不发笑，不取利，是真的吗？"公明贾恭敬地答道："传告这话的人错了。老先生该说的时候才说，别人不讨厌他的话；高兴了才发笑，别人不讨厌他的笑；合乎道义然后才取利，别人不讨厌他取利。"孔子说："这样的吗？难道是这样的吗？"

14.14　子曰："臧武仲以防求为后于鲁，虽曰不要君，吾不信也。"

[注释]

①防，防城，鲁君封给臧武仲的食邑。臧武仲在鲁国得罪了季武子等人，就逃避到防城，他在那里请求鲁君以防城封立臧氏子弟为继承人，言辞谦逊。得请以后，他便离开防城，去了齐国。孔子怀疑他如果不得请的话，可能要在防城反叛。②要，拦劫，胁迫，要挟。

[译文]

孔子说："臧武仲凭着封邑防城请求立臧氏子弟为后嗣，虽然有人说不是要挟国君，我不相信。"

14.15　子曰："晋文公谲而不正，齐桓公正而不谲。"

[注释]

晋文公，晋国国君，名重耳，文是谥号。他继齐桓公之后为诸侯霸主，所以那时人们经常把齐桓、晋文并列，因此孔子也把他们两人加以比较。齐桓公，齐国国君，名小白，桓是谥号。他们都是离孔子已近百年的人。谲，欺骗，权诈。"谲"从"矞"声，声中有义，矞，以锥穿物。可见，谲还不是一般的欺诈，是尖刻、刁钻并伤害人的欺诈。前人就孔子此言，对齐桓、晋文之事做了许多比较。例如两人都曾伐楚。齐桓公伐楚，只是声讨一番，并未交战，楚国屈完不卑不亢，让了点步，桓公便班师回朝了。文公则先取曹，目的在卫；再取卫，目的在楚。胜楚之后，逼使楚国大将子玉自杀；围郑之际，又逼使郑国大臣叔瞻自杀，郑国交出叔瞻之后，又说要交出郑国国君才能甘心。当时，曹国就有人将齐桓与晋文做了比较，对文公说："齐桓公合诸侯而国（分封，动词）异姓，今君为会（指会诸侯于温）而灭同姓（指欲灭曹）。"当然，这些比较的大前提都是站在周天子及诸侯各国的立场上的。

[译文]

孔子说："晋文公欺诈、刁钻而不正，齐桓公正而不欺诈、刁钻。"

14.16　子路曰："桓公杀公子纠，召（Shào）忽死之，管仲不死。"曰："未仁乎？"子曰："桓公九合诸侯，不以兵车，管仲之力也。如其仁，如其仁。"

[注释]

①公子纠，名纠，他和齐桓公小白都是齐僖公的儿子、齐襄公的弟弟。襄公继位后无道，公子纠由召（即"邵"）忽、管仲侍奉逃往鲁国，桓公由鲍叔牙侍奉逃往莒国。襄公被他的从弟公孙无知杀害，齐人又起来杀了公孙无知，齐国就乱了。公子纠和齐桓公分别回国争位。桓公先入，立为

君，即起兵伐鲁，逼鲁国杀了公子纠。召忽随即自杀了，管仲不死，请鲁人囚送回齐，经鲍叔的推荐，当了桓公的宰相。②死之，为公子纠死。之，此指公子纠。③九合，多次会合，实际会合是十一次。九，喻其多。④不以兵车，指没有打仗，军队还是开出去了，摆出阵势，外交解决。⑤如，像。如其仁，像是他的仁。意即孔子有所保留，没有完全肯定。

[提示]

本章和下一章大力肯定管仲，批判管仲见3.22章。此外还见14.9章。

[译文]

子路说："桓公逼死了公子纠，召忽为公子纠而死，管仲不去死。"子路又说："没有仁德吧？"孔子说："桓公多次会合诸侯，却没有要打仗，这是管仲的力量呀。似乎就是他的仁，似乎就是他的仁。"

14.17　子贡曰："管仲非仁者与？桓公杀公子纠，不能死，又相（xiàng）之。"子曰："管仲相桓公，霸诸侯，一匡天下，民到于今受其赐。微管仲，吾其被发左衽（rèn）矣。岂若匹夫匹妇之为谅也，自经于沟渎（dú）而莫之知也？"

[注释]

①相，辅佐，做丞相，动词。②一，一概，都。匡，即"筐"，方形的盛器，或盛饭，或盛桑。引申为"方正"之义，作动词为"纠正、匡正、匡救"之义。③到，周秦时都是"自远而至"之义，"到"从"刀"声，"刂"即"刀"，从"刀"声而有"遥远"之义的如"迢"，迢迢，远貌。赐，恩惠。民到于今受其赐，自管仲到现在已约一百年之久，还受到他的恩赐。④微，无，两字古音相近。⑤其，大概，恐怕，表推测的语气，如5.7章"从我者，其由与"，义与此同。被发，即披发，披散头发。此指一些少数民族的习俗，汉族及早把头发梳理，用簪别在头上，称作

髻。髻，结也。或者再戴上弁、冕之类。"明朝散发弄扁舟"，即是一种狂放的表现。衽，衣襟。左衽，衣襟向左掩，也是古时一些少数民族的习俗，汉族则是向右掩，即右衽。被发左衽，意即中原人民就要接受夷狄的统治，接受他们的文化与习俗了。⑥匹，注见9.26章。匹夫匹妇，指普通人。谅，信任，"谅解"就是信任和理解。⑦经，通"刭"，以刀割颈。沟，原指田间纵横相交的水渎。渎，凡水所行之孔，大小皆可称渎。

[提示]

以上两章评价管仲，主要是看大节，有利于天下民众，便是大节，为公子纠而死，只是小信小节，小节要服从大节。顾炎武《日知录》中说："略其不死子纠之罪，而取其一匡、九合之功，盖权衡于大小之间而以天下为心也。"子路、子贡先后从小节提出问题，大小之间有矛盾，不得其解。

[译文]

子贡问道："管仲不是仁人吧？桓公杀了公子纠，他不殉节，还去辅佐桓公。"孔子说："管仲辅佐桓公，称霸诸侯，匡正整个天下，人民直到现在还受到他的恩惠。没有管仲，我们恐怕披散头发、左面开襟，成了夷狄人了。难道像个普通男女那样搞点小信小节，自己去暴尸野外还没人理解吗？"

14.18 公叔文子之臣大夫僎（Zhuàn）与文子同升诸公。子闻之，曰："可以为'文'矣。"

[注释]

公叔文子，见14.13章注。春秋时大夫家臣也称大夫。公，公朝，公室，与私朝相对言。

[提示]

本章所述"文"的含义，谥法有所谓赐民爵位曰文。

[译文]

公叔文子的家臣大夫僎，（由于文子的推荐）和文子一起提升到了公朝，做了国家的大臣。孔子听到这事，说："这便可以谥为'文'了。"

14.19　子言卫灵公之无道也。康子曰："夫如是，奚而不丧？"孔子曰："仲叔圉（Yǔ）治宾客，祝鮀（Tuó）治宗庙，王孙贾治军旅，夫如是，奚其丧？"

[注释]

①卫灵公之无道，指他在位的四十二年间好色不好德，又不依宗法制度办事，要立南子的儿子继位，终于搞得内政十分混乱，威信扫地。②康子，盖即季康子。则孔子这段话该是在晚年回到鲁国之后说的，那时灵公已死，后患还没有个完，孔子就评论起灵公来了。③仲叔圉，即孔文子，见5.15章。治宾客，即接待诸侯各国的外交使者。

[译文]

孔子谈论了卫灵公的昏乱无道。康子说："要像这样，为什么没有亡国呢？"孔子说："孔圉管理外交接待，祝鮀管理宗庙祭祀，王孙贾管理军队，像这样，怎么会亡国？"

14.20　子曰："其言之不怍（zuò），则为之也难。"

[注释]

怍，惭愧。言之不怍，说话不感惭愧，即大言不惭。在我们的传统观念中，大言是错误的根源，如"误"从"吴"声，吴，大言也，这是"吴"字的本义。

[译文]

孔子说："那种大言不惭的人，做起来就困难了。"

14.21 陈成子弑（shì）简公。孔子沐浴而朝，告于哀公曰："陈恒（Héng）弑其君，请讨之。"公曰："告夫三子!"孔子曰："以吾从大夫之后，不敢不告也。君曰'告夫三子'者!"之三子告，不可。孔子曰："以吾从大夫之后，不敢不告也。"

[注释]

①陈成子，齐国大夫，姓陈（或作田，田、陈古音很相近），名恒，成是谥号。陈氏在齐国长期专权之后，杀了齐简公，又过了几十年，终于夺了君位。此事发生在鲁哀公十四年，即孔子去世前两年。这惊人的消息传来，孔子就坐不住了，以臣杀君，非讨不可。那年的《左传》上记载着孔子的话："陈恒弑其君，民之不与者半。以鲁之众，加齐之半，可克也。"但是未曾如愿。齐简公，名壬，在位四年。②沐，洗发。浴，洗身。沐浴斋戒，表示郑重其事。③讨，讨伐。"讨"字从"言"从"寸"，文字中的"寸"，经常表示"法"，即是以法讨伐有罪之人，师出有名，公然进行。④三子，即三桓，主要是季氏。哀公对此等大事做不得主。参阅16.2章，即政在大夫，礼乐征伐本应从天子出，现在诸侯也不能出，要由大夫出了。⑤从大夫之后，谦逊说法，即也在大夫的行列，曾经当过执政大夫。孔子这几句话是从哀公那里退朝出来说的，接着又去见了三桓，未得同意，又重复这句话。

[译文]

陈成子非法杀了齐简公。孔子洗头洗澡，隆重赴朝，上告哀公说："陈恒非法杀君，请求讨伐。"哀公说："报告季孙、叔孙、孟孙三人吧！"孔子退朝出来说："因为我也在大夫的行列，不敢不报告呀。君上却说'报告那三位'吧！"到三位那里报告了，未得同意。孔子说："因为我也在大夫的行列，不敢不报告呀。"

14.22　子路问事君。子曰："勿欺也，而犯之。"

[注释]

犯，冒犯，抵触，侵。

[提示]

1.2章中说："其为人也孝弟，而好犯上者，鲜矣。"好犯上是不行的，下一步便是作乱了，但在有理的时候是要敢于犯上的。怎样对待君主，是封建政治中的一个重要问题，韩非子为此也写了《说难》《孤愤》等篇章。但是，在春秋时期，诸侯朝廷上的气氛还是要松动一些，立即拉出去杀头的情况还是不多，除非是晋灵公之类的暴君，以杀人取乐，那又是另一个问题。

《礼记·檀弓上》说："事亲有隐而无犯"，"事君有犯而无隐"，"事师无犯无隐"。隐，隐瞒。义与此相似。

[译文]

子路问怎样侍奉国君。孔子说："不要欺骗，却可以触犯他。"

14.23　子曰："君子上达，小人下达。"

[注释]

上、下，指社会地位而言。如说"可以语上""不好犯上"，指在上位的人或事；"不耻下问""民斯为下"，即下位或下等。方位词大多不加介词，如说"将西见赵简子"，指孔子想向西到晋国去见赵简子。故此"上"即向上，"下"即向下。

[译文]

孔子说:"君子向上求得通达,小人向下求得通达。"

14.24 子曰:"古之学者为己,今之学者为人。"

[注释]

学,效也,这是它的本义。学者,求学的人。与今说"学者"指研究学问的人不同。"古之学者必有师",这是韩愈的话,此"学者"之义与本章"学者"之义同。

[提示]

本章"为己"与"为人"的问题:为己,如道德的修养、仁义礼乐的履行等,能行之于己;为人,如为诸侯国君、为卿大夫、为民如足食足兵,为友如切磋,为人如谋等,能用之于世。今之"成人",见利思义,见危授命,时刻不忘平生之言,也主要是为人的。8.12章说"三年学,不至于谷,不易得也",这也是用世的。至于古今对比,可参照17.16章。

[译文]

孔子说:"古代求学的人是为自己,现代求学的人是为别人。"

14.25 蘧(Qú)伯玉使人于孔子。孔子与之坐而问焉,曰:"夫子何为?"对曰:"夫子欲寡其过而未能也。"使者出。子曰:"使乎!使乎!"

[注释]

蘧伯玉,卫国大夫,名瑗。孔子在卫国期间曾寓居蘧伯玉家。蘧伯玉在卫国德高望重,他严以省己,善于改过,《淮南子·原道训》中说"蘧伯玉年五十而知四十九年非"。使,派遣,动词。末句两"使"字为名词,赞叹这位使者答得好。

［译文］

蘧伯玉派人来问候孔子。孔子跟他一起坐下问话，说："老人家在做点什么呢？"使者恭敬地回答道："老人家总想减少他的过错而没能做到呀。"使者退了出去。孔子说："是位使者呀！是位使者呀！"

14.26　子曰："不在其位，不谋其政。"
曾子曰："君子思不出其位。"
［提示］

本章曾子的话见于《周易·艮卦》，故他是引《周易》来解释孔子之言。孔子的话已见于8.14章。看来孔子这话就是出于《周易》的，且说得更确切了。

［译文］

孔子说："不在那个职位上，就不谋划那个职位的政事。"
曾子说："君子考虑问题不超越自己的职位。"

14.27　子曰："君子耻其言而过其行。"
［译文］

孔子说："说话超过自己的行动，君子引以为耻。"

14.28　子曰："君子道者三，我无能焉：仁者不忧，知者不惑，勇者不惧。"子贡曰："夫子自道也。"
［注释］

①"道"从"首"声，首，头向着，故"道"包含着"方向"之义，即导向。者，此为停顿语气词。君子道者三，君子的导向有三条。②焉，于之，在这三方面。以下三句已见于9.29章。③自道，说自己。此"道"

字与第一句"道"字意义不同。

[译文]

孔子说:"君子的导向有三条,我在这三方面无能为力:仁者没有忧虑,智者没有疑惑,勇者没有恐惧。"子贡说:"这是夫子说自己哩。"

14.29 子贡方人。子曰:"赐也贤乎哉?夫(fú)我则不暇。"

[注释]

方人,比方人物,而比较其长短。

[译文]

子贡往往比较人之长短。孔子说:"子贡就贤能了吗?我就没有这个闲工夫。"

14.30 子曰:"不患人之不己知,患其不能也。"

[提示]

本章可参见1.16章,又15.21章"君子求诸己"。

[译文]

孔子说:"不怕别人不了解我,就怕自己没有能耐。"

14.31 子曰:"不逆诈,不亿不信,抑亦先觉者,是贤乎!"

[注释]

①逆,《周易·说卦》中说"数往者顺,求来者逆",故"逆"为"逆料来者"之义。"逆诈",预料未曾发生的诈骗。②亿,通"臆",猜测。不信,名词性词组,不诚信的人或事。

［译文］

孔子说："不预料别人要诈骗，不猜测别人不诚信，可是能及早觉察这些，这就是贤能呀！"

14.32　微生亩谓孔子曰："丘何为是栖栖者与？无乃为佞乎？"孔子曰："非敢为佞也，疾固也。"

［注释］

①微生亩，微生是复姓，名亩。看来他是一位隐者，他对孔子的周游提出了异议，提出了质问。②栖栖，车马往来不停貌。③无乃，恐怕，大概，副词。④疾，痛恨，动词。固，固执，顽固，执一不通；此作名词，指顽固不通的人。

［译文］

微生亩对孔子说："孔丘你为什么这样来往不停呢？恐怕是要讨好吧？"孔子说："不敢要讨好呀，是痛恨那种顽固不通的人。"

14.33　子曰："骥（jì），不称其力，称其德也。"

［注释］

①骥，千里马，因它产于天水郡冀县，故称骥。②称，赞扬。

［提示］

本章是一个比喻。初看上去，千里马若是没有力量，怎么能有它持久驰骋的品德呢？孔子这句话，主要强调德和力的对立，德为其上，力为其下。这是当时两种理论的对立。与此相联系的还有王道和霸道的对立，王道以德解决天下问题，霸道以力解决天下问题。例如后来韩非子就这样明确地说过："上古竞于道德，中世逐于智谋，当今争于气力。"他认为时代不同，解决问题的方法也就不一样了。孔子的时代，实际也已经是气与力之争了，春秋五霸没有力量怎么能称霸？不过是还没有到最激烈的阶段罢了。对于霸主，你只要听话一点，就没有你的事了，还没有到把你吃掉的时候。但是你要违抗，那也是不客气的。在阶级社会里，暴力不能否定。

[译文]

孔子说："千里马，不是称赞它的力量，而是称赞它的品德。"

14.34 或曰："以德报怨，何如？"子曰："何以报德？以直报怨，以德报德。"

[提示]

在我们民族的美德中，还有常常说的"以德报怨"。《老子》书中就也说了"报怨以德"的话。

[译文]

有人问："用恩德报答怨恨，怎样？"孔子说："又用什么来报答恩德呢？用公平正直来报答怨恨，用恩德来报答恩德。"

14.35 子曰："莫我知也夫！"子贡曰："何为其莫知子也？"子曰："不怨天，不尤人，下学而上达。知我者其天乎！"

[注释]

尤，责怪，归罪。今说"怨天尤人"的话，即由此。

[译文]

孔子说："没有人理解我了吧！"子贡说："为什么没有人理解你呢？"孔子说："我不怨天，不怪人，在下位的时候学而不厌，在上位的时候求得闻达。理解我的大概就是老天爷了吧！"

14.36　公伯寮愬（sù）子路于季孙。子服景伯以告，曰："夫子固有惑志于公伯寮，吾力犹能肆诸市朝（cháo）。"子曰："道之将行也与，命也；道之将废也与，命也。公伯寮其如命何！"

[注释]

①公伯寮，孔子学生，姓公伯，名寮，字子周，鲁国人。愬，即"诉"。②子服景伯，鲁国大夫，姓子服，名何，字伯，景是谥号。③惑志，迷惑了的心志。④肆，陈列。诸，之于。市，市集，闹市。朝，朝廷。古时把罪人之尸示众，士于市集，大夫于朝廷。

[译文]

公伯寮到季孙氏那里去报告了子路的坏话。子服景伯把这个情况告诉孔子，道："季氏老人家原先就有被公伯寮迷惑的意思，我的力量还能够让他陈尸在集市或朝廷上示众。"孔子说："我的主张能够实行的话，是命运；我的主张要是废除的话，也是命运。公伯寮哪能改变得了命运！"

14.37　子曰："贤者辟世，其次辟地，其次辟色，其次辟言。"

子曰："作者七人矣。"

[注释]

①辟，通"避"。世，三十年为一世，即为一个世代。②作者，像这样做的人。七人，不是实数，指相当多一个数量，九则喻其多。

[译文]

孔子说："有些贤能的人躲避一个世代，其次的便是躲避一个地区，再其次的是躲避一些人的脸色，又其次的是躲避开一些人的言语。"

孔子又说："这样做的人相当多了。"

14.38 子路宿于石门。晨门曰："奚自？"子路曰："自孔氏。"曰："是知其不可而为之者与？"

[注释]

①石门，鲁城的外门。②门，此指守门的人。晨门，早晨把门的人。

[译文]

子路在石门住了一宿。早晨把守城门的人见到他说："从哪里来？"子路说："从孔氏门下。"守门人道："这就是那位知道不可以还是要去做的人吗？"

14.39 子击磬于卫，有荷蒉（kuì）而过孔氏之门者，曰："有心哉，击磬乎！"既而曰："鄙哉，硁硁乎！莫己知也，斯已而已矣。'深则厉，浅则揭（qì）。'"子曰："果哉！末之难矣。"

[注释]

①磬，古代的一种石制乐器。就像"声"字下半部分那样一个半曲的形状，悬挂起来，敲击发音，有玉磬、石磬，还有用十六个或更多个大小不等的磬排列组成的编磬。②荷蒉，挑着盛草的筐子。③鄙，鄙塞不通。④硁硁，击磬声。⑤已，结束，完毕，拉倒，动词。斯已，就算了。⑥"深则厉，浅则揭"，这是《诗经·鲍有苦叶》中的两句诗，意思是水深就连衣下水而过，水浅就提起衣服过去。比喻我们采取什么行动，看社会情况而定，社会情况险恶，就是水深了。⑦末，无，没。难，责问，辩难。末之难，即末难之，说那位隐者很坚定，无从再责难他什么了。

[提示]

这里一连几章都是说的隐士，他们对社会都有看法，隐居民间，到孔子门上来说上一两句别有深意的话就走了。儒家主张积极用世，待价而沽，不能自到于沟渎，默默无闻了事。韩非则更认为那些人对社会毫无贡献，应予严惩。

[译文]

孔子在卫国击磬，有一位挑着草筐经过孔子之门的人说："击磬声中大有心意呀！"过了一会儿又说："这铿铿的磬声闭塞不通哩！没有人理解自己，就拉倒了吧。'水深就和衣而过，水浅了就提起衣服。'"孔子说："坚定呀！没啥可责难他的了。"

14.40　子张曰："《书》云：高宗'谅（liàng）阴（ān），三年不言'。何谓也？"子曰："何必高宗！古之人皆然。君薨（hōng），百官总己以听于冢（zhǒng）宰三年。"

[注释]

①谅阴，或作"亮阴"。"谅"或"亮"为"诚信"之义。阴，庐，帝王居丧所居之所，后称凶庐。高宗，商代国王武丁，后世称高宗，在位五十九年，他奋发图强，中兴商王朝。两句话见《尚书·无逸》。②薨，天子死曰崩，诸侯曰薨，大夫曰卒，士曰不禄，庶人曰死。③总己，总揽己职。冢，大，高。冢宰，宰相。

[译文]

子张说："《尚书》中载：殷高宗'住在凶庐守丧，三年不说话'。怎么个说法？"孔子说："为什么一定要说到高宗！古时的人都是这样。国君死了，三年之内，（继承的君王暂不问政，）所有官员的一切职务都听命于宰相。"

14.41　子曰："上好（hào）礼，则民易使也。"

[译文]

孔子说："君上喜好礼节，民众就容易役使。"

14.42 子路问君子。子曰："修己以敬。"曰："如斯而已乎？"曰："修己以安人。"曰："如斯而已乎？"曰："修己以安百姓。修己以安百姓，尧舜其犹病诸！"

[译文]

子路问怎样做一个君子。孔子说："修养自己，以认真对待一切。"子路说："像这样就行了吗？"孔子说："修养自己，以使别人安乐。"子路又说："像这样就行了吗？"孔子说："修养自己，以使百姓安定。真要修养自己，以使百姓安定，尧舜恐怕还有缺点哩！"

14.43 原壤夷俟（sì）。子曰："幼而不孙（xùn）弟（tì），长而无述焉，老而不死，是为贼。"以杖叩其胫（jìng）。

[注释]

①原壤，孔子的朋友，鲁国人。《礼记·檀弓下》载："孔子之故人曰原壤。"他的母亲死了，孔子去帮他治丧，他却站到棺材上说：多久我都没有唱歌了。接着就哼了几句。孔子只当没有听见，别人让孔子跟他断交，孔子说：亲人不失其为亲人，朋友不失其为朋友。孔子不计较他。这次孔子批评他：不管你怎样古怪特别，你的一生却表现不佳，没有成就。夷，平，此指两腿平展于地如簸箕般坐地。俟，候，等待。②胫，膝盖以下为胫，小腿。膝盖以上为股。都可以引申指腿。

[提示]

本章联系下章，幼而不逊，则一生无成，孔子对自己的朋友就批评得很重了。

　　［译文］

　　原壤伸直两腿还张开着坐在地上，等候孔子。孔子骂道："你小时不知谦让，不敬兄长，长大了又没有什么作为可以称道，老了又不死，这成了个祸害。"说罢用拐杖敲敲他的腿。

　　14.44　　阙党童子将命。或问之曰："益者与？"子曰："吾见其居于位也，见其与先生并行也。非求益者也，欲速成者也。"

　　［注释］

　　①阙党，或称阙里，孔子故里，在今曲阜城内，孔子教学于此。童子，未成年人，十几岁的孩子。将，奉送，动词。命，命令或信息。②益，增加，《论语》中大多用作"长进"之义。③居于位，坐在位子上。童子隅坐无位，或立于后，居于位便是无礼。④与先生并行，也是无礼。《礼记·曲礼上》："五年以长，则肩随之。"即长五年的就应并行而稍后，为跟随之状。

　　［提示］

　　本章与上章，记一老一少，谓皆不可无礼。生活中注意一点礼貌，是我们民族的美德，人们都是灵活掌握而有情理，又不是繁文缛节。各个家庭随他们的传统与习惯、文化与经济，又不完全一样。

　　［译文］

　　阙党的一个孩子捎信给孔子。有人问孔子道："是个求上进的孩子吗？"孔子说："我看见他坐在长辈的位子上，又看见他同年长的人并肩走路。不是一个求长进的人，而是一个取巧求速成的人。"

卫灵公篇第十五

15.1 卫灵公问陈（zhèn）于孔子。孔子对曰："俎豆之事，则尝闻之矣；军旅之事，未之学也。"明日遂行。

　[注释]

　①陈，即"阵"，军事的阵法，如行军的布阵、战斗的阵势等。②俎，古代祭祀时盛牲的器皿。豆，高脚盘子。俎豆之事，泛指祭祀、饮宴等礼仪之事。③遂，就，于是，副词。

　[提示]

　本章是孔子六十岁时、灵公死那年的事。灵公有兴趣的是兵阵，孔子愿答的是礼仪。第二天，灵公又跟孔子谈了话，还是话不投机，灵公看着外面的飞鸿，神色不在孔子了。

　[译文]

　卫灵公向孔子问兵法问题。孔子恭敬地回答道："有关礼器、祭祀的事，曾经听过；军事的事，没有学过。"第二天孔子就走了。

15.2 在陈绝粮，从者病，莫能兴。子路愠见曰："君子亦有穷乎？"子曰："君子固穷，小人穷，斯滥矣。"

　[注释]

　①粮，干粮。行道曰粮，止居曰食。②兴，起床，引申义。③穷，

没路走，没办法。如说穷途末路。今曰穷，古曰贫。④固，本义指四面的边塞，引申为"坚固、坚持"之义。⑤滥，泛滥，引申指人的行为脱离正道，无所不为。

[提示]

本章之事，是在上章离卫去陈的第二年九月离陈去蔡的途中发生的。

[译文]

孔子在陈国边境断了粮，跟随的人都饿病了，没有人能爬得起来。子路生着气来见孔子说："君子也有没路走的时候吗？"孔子说："君子在穷困的情况下还是坚持着，小人穷困，就无所不为了。"

15.3　子曰："赐也，女（rǔ）以予为多学而识（zhì）之者与？"对曰："然，非与？"曰："非也，予一以贯之。"

[注释]

①识，记住，同7.2章"默而识之"之"识"。②然，对，应对之辞，它的反面是"否"。

[提示]

本章参照4.15章、15.24章，一以贯之的东西是忠恕。

[译文]

孔子说："子贡呀，你以为我是学得多又记得住的人吗？"子贡恭敬地回答："对，不是吗？"孔子说："不是呀，我的学问是用一个东西贯串着它。"

15.4　子曰："由，知德者鲜（xiǎn）矣。"

[提示]

参看6.29章，故这里释"德"为中庸之德。

[译文]

孔子说："由，懂得中庸之德的人少了。"

15.5　子曰："无为而治者，其舜也与？夫何为哉？恭己正南面而已矣。"

[注释]

①无为而治，与道家从道出发的无为而治根本不同。儒家德治，舜能用贤，故可无为而治，如《大戴礼记·主言篇》："昔者舜左禹而右皋陶，不下席而天下治。"《新序·杂事三》："舜举众贤在位，垂衣裳恭己无为而天下治。"②面，面向，动词。南面，朝南坐，意思是称帝。

[译文]

孔子说："无所作为就治好了天下的人，大概就是舜了吧？做了什么呢？使自己庄重并端正地朝南坐朝廷就是了。"

15.6　子张问行。子曰："言忠信，行笃敬，虽蛮貊（Mò）之邦，行矣；言不忠信，行不笃敬，虽州里，行乎哉？立则见其参（shēn）于前也，在舆（yú）则见其倚于衡也，夫然后行。"子张书诸绅（shēn）。

[注释]

①行，行得通。本章六个"行"字，"行笃敬"与"行不笃敬"的"行"，是"行为"之义，其余均"行得通"之义。②蛮，南方的少数民族。貊，东北地区的少数民族。③州里，此指本乡本土。《周礼》上说，五党为州，二十五家为里。④舆，车厢。舆论就是车厢中的言论，古时虽没有公共汽车，却可以有公共马车，要不怎么能有"舆论"？《诗经》中有"有女同车"，还发生了恋爱。⑤绅，大的衣带曰绅。

［译文］

子张问一个人要怎样才能到处走得通。孔子说："说话忠诚老实，行为厚道庄重，即使到南北的少数民族地区，也能行得通了。说话不忠诚老实，行为不厚道庄重，即使在本乡本土，走得通吗？站着就好像见到忠信笃敬的人出现在面前，在车厢里就好像见到这种人靠在车前的衡木旁，这样就到处走得通。"子张把这话写在自己的衣带上。

15.7 子曰："直哉史鱼！邦有道，如矢；邦无道，如矢。君子哉蘧（Qú）伯玉！邦有道，则仕；邦无道，则可卷（juǎn）而怀之。"

［注释］

①史鱼，卫国大夫，姓史，名鳍，字子鱼。他多次向卫灵公推荐蘧伯玉，斥退弥子瑕，未被接受。他临死时嘱咐儿子说，他活着没能向国君推举贤人，死后不要在正堂治丧，如果国君来吊丧，就告诉他这番话。古时把这叫"尸谏"。②矢，箭，比喻正直，因为箭不直就射不准。③怀，藏在怀里，动词。

［译文］

孔子说："正直呀史鱼！国家上轨道，像箭一样正直；国家混乱无道，也像箭一样正直。君子呀蘧伯玉！国家上轨道，就做官；国家混乱无道，就可以把自己的本领收起来藏进怀里。"

15.8 子曰："可与言而不与之言，失人；不可与言而与之言，失言。知者不失人，亦不失言。"

［提示］

本章可参照14.13章"夫子时然后言，人不厌其言"。

[译文]

孔子说："可以同他谈却没有同他谈，就错过了人；不可以同他谈却同他谈了，就错说了话。聪明人既不错过人，也不错说话。"

15.9 子曰："志士仁人，无求生以害仁，有杀身以成仁。"

[提示]

本章再参照4.5章"君子无终食之间违仁，造次必于是，颠沛必于是"。后代往往在宝剑上刻上"杀身成仁"四字。

[译文]

孔子说："有志之士、仁德之人，不要因为求生损害了仁德，只有牺牲自己来成全仁德。"

15.10 子贡问为仁。子曰："工欲善其事，必先利其器。居是邦也，事其大夫之贤者，友其士之仁者。"

[注释]

友，结交朋友。12.24章有"以友辅仁"。

[提示]

本章把大夫之贤者、士之仁者看作治邦之利器。

[译文]

子贡问怎样培养仁德。孔子说："工匠要做好他的工作，必先要磨炼好他的工具。住在一个国家里，待奉那些大夫中的贤者，结交那士人中的仁者。"

15.11 颜渊问为邦。子曰："行夏之时，乘殷之辂（lù），服周之冕，乐（yuè）则《韶》《舞》。放郑声，远佞人。郑声淫，佞人殆（dài）。"

[注释]

①行夏之时，施用夏代历法。我们现在的阴历，有时还称作夏历，与夏代历法基本相同，便于农业生产。周代历法以夏历的十一月为下一年的元月，即提前了两个月，以冬至为一年的元日，在观测天象方面比以前进步，如冬至是白天最短的一天，之后就越来越长了，但是夏历更适合于农业生产的季节要求。②辂，大车。殷代的车子比周代质朴，饮食、居室方面都是如此。《左传·桓公二年》："大路（即辂）越席（结蒲草为席）……以昭（显示）俭也。"周人之车，饰以金玉，奢侈而易败。③周之冕，周代的礼帽比较华美，制度及等级的区别也完备。④《韶》，舜时音乐称《韶》。《舞》，同"武"，周武王时音乐。⑤放郑声，放弃郑国的音乐。儒家提倡的是雅乐。

[提示]

本章孔子谈治国，主要是说历法、舟车、服饰、音乐方面的民族文化问题。其中舟车、服饰早就过时了，《韶》《武》也早失传了，与今天人们生活联系最为密切的，就是"行夏之时"。

[译文]

颜渊问怎样治国。孔子说："使用夏代的历法，坐殷代的大车，戴周代的礼帽，音乐就用《韶》和《舞》。放弃郑国的乐曲，斥退献媚讨好的人。郑国的乐曲淫荡，献媚讨好的人危险。"

15.12　子曰："人无远虑，必有近忧。"

[注释]

虑，考虑。谋思曰虑，虑难曰谋。

［提示］

本章孔子的话说得既深切又肯定，提示远和近的辩证关系，具有普遍性。

［译文］

孔子说："一个人没有长远的考虑，必有眼前的忧患。"

15.13 子曰："已矣乎！吾未见好德如好色者也。"

［提示］

本章已见9.18章。

15.14 子曰："臧（Zāng）文仲其窃位者与（yú）！知柳下惠之贤而不与立也。"

［注释］

①臧文仲，鲁国大夫，又见5.18章。其，大概，恐怕，表推测语气。②柳下惠，鲁国大夫，姓展，名获，字禽，食邑在柳下，惠是他妻子提议给他的私谥（不是由国君赐的谥号），参阅18.2章。立，通"位"。

［译文］

孔子曰："臧文仲大概是个窃取官职的人吧！明知柳下惠的贤能，就是不给他官位。"

15.15 子曰："躬自厚而薄责于人，则远怨矣。"

［注释］

躬，身。躬自，自身。

［译文］

孔子说："对自身多要求，对别人少责备，就避免怨恨了。"

15.16　子曰："不曰'如之何，如之何'者，吾末如之何也已矣。"

[提示]

即是我们现在所说的：要多问几个为什么。

[译文]

孔子说："不说'怎么办，怎么办'的人，我也没有怎么办好说了。"

15.17　子曰："群居终日，言不及义，好（hào）行小慧，难矣哉！"

[译文]

孔子曰："整天同大家在一起，说话不涉及正经道理，喜欢耍点小聪明，难办了啊！"

15.18　子曰："君子义以为质，礼以行之，孙（xùn）以出之，信以成之。君子哉！"

[注释]

义以为质，即以义为质。以下三个"以"字均同。

[译文]

孔子说："君子把道义作为自己的本质，依礼节来行动，用谦逊的口气出言，用真诚的态度完成事业。这才真是君子啦！"

15.19　子曰："君子病无能焉，不病人之不己知也。"

[注释]

病，担忧，动词。由于"病"字的本义是"重病"，区别于一般的

"疾"，它的引申义也就特别重，故此应为"特别担忧"之义。

[译文]

孔子说："君子特别担心自己无能，不担心人家不了解自己。"

15.20　子曰："君子疾没世而名不称焉。"

[提示]

本章的"疾"字跟上章的"病"字均作动词，均引申为"担忧"之义，但是意义有轻重之别，可资比较。这种区别对那个时代的人应是很明确的，因为那时"病"字绝不轻易使用。

[译文]

孔子说："君子担心到死名声也不受世人称道。"

15.21　子曰："君子求诸己，小人求诸人。"

[译文]

孔子说："君子要求自己，小人要求别人。"

15.22　子曰："君子矜而不争，群而不党。"

[提示]

本章又说到"不党"的问题，这"不党"就是不要宗派。7.30章有"吾闻君子不党，君子亦党乎"，那里所说的"不党"，是说孔子不该为鲁昭公辩护，对国家也不能偏袒。孔子在宗族社会就及早提出了反宗派的思想。在长期的封建社会中，朋党问题也很突出，这是意识形态发展的特点。

[译文]

孔子说："君子庄重而没有争执，合群而没有宗派。"

15.23　子曰："君子不以言举人，不以人废言。"

[提示]

本章无疑也是孔子的名言。14.4章说"有言者不必有德"，听其言还需观其行。人和他的言之间不能是简单的等号。这都是经验之谈。

[译文]

孔子说："君子不凭言论来提拔人，也不凭人如何去废弃人家的话。"

15.24　子贡问曰："有一言而可以终身行之者乎？"子曰："其恕乎！己所不欲，勿施于人。"

[注释]

①一言，一个字，即"恕"字。②恕，宽恕。下一句解释恕，即将心比心，能够体谅别人。《说文解字》："恕，仁也。"能够将心比心就是仁。6.30章："能近取譬，可谓仁之方也已。"参阅4.15章。

[提示]

"己所不欲，勿施于人"这句话传到国外，也不时受到赞赏和引用。

[译文]

子贡问道："有一个字竟可以终身实行的吗？"孔子说："大概就是恕字了！自己不要的东西，也不加给别人。"

15.25　子曰："吾之于人也，谁毁谁誉？如有所誉者，其有所试矣。"

[译文]

孔子说："我对于别人，说了谁的好话？说了谁的坏话？如果有受到称赞的人，就是曾经试用过的了。"

15.26 斯民也，三代之所以直道而行也。

[注释]

三代，夏、商、周。所以，……的原因。

[提示]

民风今不如古，这是周秦诸子的共同看法，孔子也流露了不少。时代不同，春秋战国孕育着一个封建大帝国的诞生。

[译文]

夏、商、周三代能够本着仁义礼乐直道而行的原因，就在于民众。

15.27 子曰："吾犹及史之阙（quē）文也。有马者借人乘之。今亡（wú）矣夫！"

[提示]

本章存疑为善。以下为杨伯峻译文，供参考。

[译文]

孔子说："我还能够看到史书存疑的地方。有马的人先给别人使用。（这种精神）今天也没有了吧！"

15.28 子曰："巧言乱德。小不忍，则乱大谋。"

[译文]

孔子说："巧妙的言辞能败坏道德。没有小的忍让，就会败坏大的谋略。"

15.29 子曰："众恶（wù）之，必察焉；众好（hào）之，必察焉。"

［提示］

本章参照13.24章："不如乡人之善者好之，其不善者恶之。"

［译文］

孔子说："众人都厌恶的，一定要去考察；众人都喜欢的，也一定要去考察。"

15.30　子曰："人能弘道，非道弘人。"

［提示］

人在实践中总结出道德和学问，人的言行体现了道德和学问。若是道德和学问改善人们的心灵，仍然是人的言行体现了道德和学问。若是本无意求此道德学问，仅以此装点门面，以道弘人，则"巧言令色，鲜矣仁"，"巧言乱德"，适得其反，"左丘明耻之，丘亦耻之"，即是"非道弘人"了。再有如14.44章所述想要速成，"欲速，则不达"，叫孔子一看，一无长进，想以道弘人而不可得。此强调对道的追求与实行。

［译文］

孔子说："人能弘扬道德学问，不是道德学问来弘扬人。"

15.31　子曰："过而不改，是谓过矣。"

［提示］

《左传·宣公二年》有"过而能改，善莫大焉"，可与此章对照。

［译文］

孔子说："错了不加改正，这就叫作过错了。"

15.32　子曰："吾尝终日不食，终夜不寝，以思，无益，不如学也。"

[提示]

本章讲学与思的关系，参照2.15章。

[译文]

孔子说："我曾经整天不吃，整夜不睡，去想，没有好处，不如学习呀。"

15.33 子曰："君子谋道不谋食。耕也，馁（něi）在其中矣；学也，禄在其中矣。君子忧道不忧贫。"

[注释]

馁，食不足。较"饿"为轻。参见16.12章注。

[提示]

本章参照13.4章樊迟学稼。

[译文]

孔子说："君子谋求道德学问，不谋求个人生计。种田嘛，挨饿就在其中了；学习嘛，俸禄就在其中了。君子担心的是道德学问，不担心贫困。"

15.34 子曰："知（zhì）及之，仁不能守之，虽得之，必失之；知（zhì）及之，仁能守之，不庄以莅（lì）之，则民不敬；知（zhì）及之，仁能守之，庄以莅之，动之不以礼，未善也。"

[注释]

莅，临位，在职。全章十一个"之"字，并非指代一个事物，"及之""守之""得之""失之"中的"之"指事业和官职，"莅之""动之"中的"之"均指民。

[**译文**]

孔子说："靠才智得到它，仁义不能保持它，即使得到了，一定会丧失掉；靠才智得到它，仁义能保持它，不用庄重的态度在位治理它，民众就不认真；靠才智得到它，仁德能保持它，用庄重的态度治理，不用礼节来调动它，也不算好啊。"

15.35　子曰："君子不可小知而可大受也，小人不可大受而可小知也。"

[**译文**]

孔子说："君子不可以从小事情上去理解，却可以在大事业上承受；小人不可以在大事业上承受，只可以从小事情上去理解。"

15.36　子曰："民之于仁也，甚于水火。水火，吾见蹈（dǎo）而死者矣，未见蹈仁而死者也。"

[**译文**]

孔子说："民众对于仁德，比对于水火的需要更甚。水火，我看见踩到就死的人了，却未见踩到仁德就死的人。"

15.37　子曰："当仁，不让于师。"

[**译文**]

孔子说："面临仁义，对老师也不谦让。"

15.38　子曰："君子贞而不谅。"

[**注释**]

贞，忠贞，不被诱惑，不变节。《贾子·道术篇》："言行抱一谓之贞。"亦即"吾道一以贯之"的意思。谅,小信小节。参见14.17章"匹夫匹妇之为谅"。

[译文]

孔子说:"君子忠贞如一而不是有点小信小节。"

15.39 子曰:"事君,敬其事而后其食。"

[译文]

孔子说:"侍奉国君,认真办政事而后再拿俸禄。"

15.40 子曰:"有教无类。"

[提示]

参照7.7章"自行束脩以上,吾未尝无诲焉"。从孔子学生的情况看,有一些是出自社会下层的,有的是父亲表现坏、兄弟犯上作乱的,即家庭出身不算好的,也有出身大夫阶层的。只是没有发现女性,可说"有教无类"还不彻底。关于民族学生,恐怕当时的语言隔阂已经很严重。孔子学生中有吴国人,《左传》中吴语被认为是少数民族语言。宗族和地区方面,也是不分类别。至于文化教育走向民间,这是从孔子开始的。

[译文]

孔子说:"只有给予教育,不分什么类别。"

15.41 子曰:"道不同,不相为谋。"

[译文]

孔子说:"学说不同,不互相商讨。"

15.42　子曰："辞达而已矣。"

［提示］

本章是写作上的一个重要原则——辞以达意。言辞的范围很广，那时还没有把文学作品和理论文章区别看待。孔子并不是不要文采，"不学诗，无以言"。《论语》的语言，有些就很有艺术性。"文质彬彬，然后君子"，这个观点也适用于言辞表达，只是不要"文胜质"，"巧言"更是左丘明耻之，丘亦耻之。有时宁可"讷于言"，倒还容易近仁。

［译文］

孔子说："言辞，达意便罢了。"

15.43　师冕见，及阶，子曰："阶也。"及席，子曰："席也。"皆坐，子告之曰："某在斯，某在斯。"

师冕出。子张问曰："与师言之道与（yú）？"子曰："然，固相师之道也。"

［注释］

①师，此作乐师，古时往往由盲人担任。师冕，乐师名冕。②席，我国古时皆席地而坐，跟现在日本的民间习惯相似。宋以后才普遍有桌子和凳子。③相，帮助。如果帮助的是国君、大夫之类，便是做什么辅佐的官，宰相也叫相，本也是"帮助"之义。

［译文］

乐师冕来见孔子，走到台阶，孔子说："台阶呀。"走到坐席，孔子说："坐席呀。"都坐下了，孔子告诉他说："某人在这儿，某人在这儿。"

师冕走了。子张问："这是同乐师讲话的方式吗？"孔子说："对了，当然就是帮助乐师的方式。"

季氏篇第十六

16.1　季氏将伐颛（Zhuān）臾（Yú）。冉有、季路见于孔子曰："季氏将有事于颛臾。"孔子曰："求！无乃尔是过与（yú）？夫颛臾，昔者先王以为东蒙主，且在邦域之中矣，是社稷（jì）之臣也。何以伐为？"

冉有曰："夫子欲之，吾二臣者皆不欲也。"孔子曰："求！周任有言曰：'陈力就列，不能者止。'危而不持，颠而不扶，则将焉用彼相矣？且尔言过矣，虎兕（sì）出于柙（xiá），龟玉毁于椟（dú）中，是谁之过与？"

冉有曰："今夫颛臾，固而近于费（Bì）。今不取，后世必为子孙忧。"孔子曰："求！君子疾夫舍曰欲之而必为之辞。丘也闻：有国有家者，不患寡而患不均，不患贫而患不安。盖均无贫，和无寡，安无倾。夫如是，故远人不服，则修文德以来之。既来之，则安之。今由与求也相夫子，远人不服而不能来也，邦分崩离析而不能守也，而谋动干戈于邦内。吾恐季孙之忧，不在颛臾，而在萧墙之内也！"

[注释]

①颛臾，鲁国的附属国，在鲁国境内东蒙山下，世为鲁臣。鲁哀公欲消除三桓，颛臾是可靠力量，所以季氏要伐他，即所谓"有事于颛臾"。

这里鲁哀公没有权，政令由大夫出。②过，责备，归罪，动词。尔是过，即过尔，责怪你们。③先王，指周之先王。东蒙主，主祭东蒙山神的人。④社稷，本指土地之神和五谷之神，引申指国家，此指鲁国。社稷之臣不当伐，在邦域之中不必伐，先王所封不可伐，孔子三句话说了三层意思。⑤夫子，此指季康子。季氏把持国政有一百多年之久，鲁君斗不过他们兄弟三人。冉有、季路为季氏家臣，孔子要他们规劝季氏不要用兵。⑥周任，古代的良史官。⑦陈，陈列，摆出来。陈力，出力。就列，到职位上。陈力就列，不能者止，能出力就到那个职位上，不能出力就不去了。⑧兕，犀牛，善抵触。柙，即"匣"，牢笼，与今说"匣"大不相同了。"匣"从"甲"声，声中有义，甲，草木的籽外层包的壳，引申指龟甲、兵甲、牢笼等，又引申指各种匣子。⑨龟，龟版，用以占卜。玉，玉器，用以祭祀或表示爵位、礼节。椟，柜子。这两句的意思是：文的事情不讲究，却要动起武来，礼节不用，竟露出狰狞面目，根本上就错了。⑩固，四面的边塞，此作动词，筑起要塞。费，季氏的食邑。大夫有食邑（或称采地、采），是传之子孙的，如今威胁费邑，就成为子孙之忧了。冉有的话，终于说出他们二人也在为季氏打算，冉有就是为季氏"聚敛附益"的人。平时子路抢着说，这次他全不吱声。⑪疾，痛恨，厌恶。夫，那种，指代词。舍，舍弃，撇开。舍曰欲之，撇开不说自己想要去打。必为之辞，一定为它做些别的说辞。⑫有国有家者，诸侯占有国，大夫占有家，指他们治国或治家的人。⑬寡，少，此指境内的人口少。从意义上看，此"寡"字应与下句的"贫"字对调，即不愁贫而愁不均，不愁寡而愁不安定。⑭析，剖析。"析"字从"斤"从"木"，斤，斧子，斧子对着木便是劈开。分崩离析，就是四分五裂要垮台。当时四分鲁国七百里之封，季氏得其二，孟孙、叔孙各有其一，独附庸之国尚为鲁君公臣。季氏伐之，可一举而数得。经传均未有伐颛臾的记载，也可能是以孔子言而止。⑮萧墙，宫门口当门的照墙，或称屏。天子外屏，诸侯内屏，大夫以帘，士以帷。孔子最后这句话说得很含蓄。萧墙之内，指鲁哀公对季氏的威胁。实际上，季氏最后是由他的家臣起来专了他的权，季氏才衰败了。

[提示]

本章孔子对鲁国国内形势做了分析，并批评了两位学生。两位学生开始时推托其辞，后来冉有终于说出准备帮助季氏出兵。然后孔子说了他的治国方针。后来韩非子多次对鲁国季氏、齐国陈氏的问题做了分析，总结其中的教训，得出专制独裁的结论。

[译文]

季氏要攻打颛臾。冉有、子路进见孔子说："季氏将要对颛臾采取行动。"孔子说："求！恐怕要责备你们了吧？颛臾，从前先王授权它主持东蒙山的祭祀，而且在我们的领域之内，是忠诚于鲁的臣属啊。为什么要攻打它呢？"

冉有说："大夫要这么做，我们两个当臣的都是不同意的。"孔子说："求！周任有句话说：'能出力才去赴任，不能就停下来。'危险了不去扶，摔倒不去挽，何必要用你们助手呢？而且你的话说错了，老虎犀牛从牢笼中放出来，龟甲玉石在柜子里放坏，是谁的过错呢？"

冉有说："如今这个颛臾，筑起了防御工事，又接近费邑。现在不去占领，到了后代必定给子孙留下祸患。"孔子说："求！君子痛恨那种不说想要人家土地而反倒为自己找借口的行为。我呀听说过：有国的诸侯、有家的大夫，不担心贫困，只担心贫富不均，不担心人口少，只担心社会不安定。若是财富平均，就无所谓贫富；大家和睦，就不会觉得人口少；社会安定，就不会颠覆。做到这样，远方的人还不归服，就再发扬礼义道德来使他们归服。已经来了的，就使他们安心住下。如今由和求两人辅助季孙，远方的人不归服，不能吸引他们，国家支离破碎，不能维护，反而考虑要在国内发动战争。我就怕季孙的忧虑，不在颛臾，而在宫廷之内哩！"

16.2　孔子曰："天下有道，则礼乐（yuè）征伐自天子出；天下无道，则礼乐征伐自诸侯出。自诸侯出，盖十世希不失矣；自大夫出，五世希不失矣；陪臣执国命，三世希不失矣。天下有道，则政不在大夫；天下有道，则庶人不议。"

［注释］

①盖，大概。盖十世，大概十代左右。这里孔子是数了数历史的。例如齐国，齐桓公九合诸侯、一匡天下，便是政自诸侯出，到齐简公被陈恒所弑，"孔子沐浴而朝"（见14.21章），共历十一代。晋国的情况更惨，若是从晋文公称霸、政自诸侯出算起，到晋顷公九代，便有卿大夫六家专权，中间由赵家杀了晋灵公不算，最后三家分晋，才算了事。希，即"稀"，少。失，此指亡国，即"丧邦"。②五世，指大夫专政而言。如鲁国的季氏，自季友为鲁相，经季文子、季武子、季平子、季桓子，桓子为阳虎所执。这是孔子见到的。③陪臣，臣的臣，诸侯是天子的臣，大夫是诸侯的臣，大夫到天子的朝上便自称陪臣，同样，大夫的家臣到诸侯朝上，便也是陪臣。这里"陪臣执国命"便是大夫的家臣掌握了诸侯国的政令。季氏的家臣专季氏的政，也就间接地专了鲁国的政，如阳虎，在他之前还有公山弗扰、南蒯，他们都没有到三世，在自己手上就垮台了。④庶，众多。庶人，自食其力的平民百姓。议，议论，指有意见。

［提示］

本章是一个历史回顾，越是下层，越不稳定，可是越是下层的人上来又越不能持久，即局势越来越动荡，上下都不稳。有一点孔子相当明确，即这种动荡是从上层内部开始的：首先是周天子不灵了，就自上而下地乱了阵脚。

[译文]

孔子说："天下的局势上轨道，制礼作乐和出征讨伐的命令都从天子发出；天下无道，制礼作乐和出征讨伐的命令从诸侯发出。从诸侯发出，一般十代左右就很少有不亡国的了；从大夫发出，五代左右就很少有不亡国的了；大夫的家臣掌握了诸侯国家的政令，三代左右就很少有不亡国的了。天下局势上轨道，政权就不在大夫手中；天下局势上轨道，平民百姓就不会议论纷纷。"

16.3 孔子曰："禄之去公室五世矣，政逮（dài）于大夫四世矣，故夫三桓（huán）之子孙微矣。"

[注释]

①禄，俸禄，此指发放俸禄的权力。去，离开，脱离，这是"去"字在周秦时代的常用义，它的反面是"就"。公室，指鲁国的王室。五世，鲁国公室卑，三桓强，是从鲁宣公即位开始的，经成公、襄公、昭公、定公，共五代。②逮，到。四世，为文子、武子、平子、桓子四代，季桓子为家臣阳虎所劫，是鲁定公八年的事。③微，由"微小"之义引申为"衰退、微贱"之义。

[译文]

孔子说："政权脱离鲁国的公室已经五代了，政权落到大夫手里已经四代了，所以桓公的三房子孙现在也衰退了。"

16.4 孔子曰："益者三友，损者三友。友直，友谅，友多闻，益矣；友便（pián）辟（pì），友善柔，友便佞（nìng），损矣。"

［注释］

①友，本章共八个"友"字，前两个为名词，指朋友，后六个为动词，指交朋友。②便，习惯于。辟，通"僻"，邪僻，不正直，与上文"友直"相对。③善，擅长，善于。柔，同"揉"，正木的工具，曲木可使直，直木可使曲，作动词为使木曲直变化。今说"矫揉"，矫是一种使箭曲变直的工具。使曲变直为矫，使直变曲为揉。也作"矫鞣"，制造车轮便需要使直变曲，鞣以为轮。此"善柔"，即善于曲直变化而无常，与上文"友谅"相对，"谅"为信实。

［译文］

孔子说："有益的朋友有三种，有害的朋友也有三种。交正直的朋友，交诚实可信的朋友，交知识广博的朋友，就有益了；交惯于邪僻的朋友，交变化无常的朋友，交善于巧言讨好的朋友，便有害了。"

16.5 孔子曰："益者三乐，损者三乐。乐节礼乐，乐道人之善，乐多贤友，益矣；乐骄乐，乐佚游，乐晏乐，损矣。"

［注释］

①乐，本章共有十个"乐"字，凡在句末的四个"乐"字均为名词，指快乐，在句首的六个"乐"字为意动词，即以……为快乐。②佚，通"逸"，闲逸不劳。③晏，安定。《论语》有的版本如朱熹《四书集注》"晏"作"宴"，则为"饮宴、吃喝"之义。

［提示］

损者三乐，主要是叫人不能沉溺于安乐，孔子主张人应过得艰苦勤奋些。

[译文]

孔子说：“有益的快乐有三种，有害的快乐有三种。以调节礼乐为快乐，以称道别人的好处为快乐，以交了许多贤能的朋友为快乐，就有益了；以傲慢取乐为快乐，以闲逸游荡为快乐，以酒食欢娱为快乐，便有害了。”

16.6 孔子曰：“侍于君子有三愆（qiān）：言未及之而言谓之躁，言及之而不言谓之隐，未见颜色而言谓之瞽（gǔ）。”

[注释]

①愆，过错。愆，从“心”，“衍”声，也是声中有义。衍，水溢也，溢就是水过头了，因此也引申为“过错、罪过”之义。②颜色，容颜的神色。神色是不是在谈话上，这很重要。孔子最后一次跟卫灵公谈话，灵公看着外边的鸿雁，“色不在孔子”，孔子就只有走了。未见颜色而言，就是没有看看人家君子的脸色是不是要来听你的话、想跟你交谈，你倒已经打开了话匣子。

[译文]

孔子说：“陪着君子说话容易犯三种过错：话没有到话题上就说起来了，就叫作吵扰；话已在话题上却不说，就叫作隐瞒；没有看看君子的神色如何就说将起来，就叫作眼瞎。”

16.7 孔子曰：“君子有三戒：少（shào）之时，血气未定，戒之在色；及其壮也，血气方刚，戒之在斗；及其老也，血气既衰，戒之在得。”

[注释]

①戒，防备，警惕。②少，古所谓少，包括少年、青年时期，一般"三十而立"以前都可说少。少年，往往指青年男子，即便是汉、唐，也是如此，如说"淮南少年游侠客"，便是青年。③血气未定，是个综合性概念，如身体还正在成长，性格还不很确定，人生观还没成熟，人还没定型。④得，贪得。《淮南子·诠言训》："凡人之性，少则猖狂，壮则强暴，老则好利。"义本于此。可见"得"有"贪得"之义。

[提示]

本章主要意思是"君子无所争"，故参照3.7章和15.22章。

[译文]

孔子说："作为君子应有三戒：青年之时，血气未定，神色表情上要时刻戒备；壮年之时，血气方刚，争强好斗上要时刻戒备；老年之时，血气已衰，贪得占有上要时刻戒备。"

16.8　孔子曰："君子有三畏：畏天命，畏大人，畏圣人之言。小人不知天命而不畏也，狎大人，侮圣人之言。"

[注释]

①大人，指天子、诸侯，与指平民百姓的"小人"相对而言。②圣人，诸子百家都说圣人，但是含义和所指人物都不一样，甚至差别很大。孔子所敬仰的圣人尧、舜、禹、文王、武王、周公等，圣人的含义为仁义、道德、礼乐方面的典范。③狎，关系亲近，却不庄重，参见10.10章注。对于大人应保持一个距离并十分庄重，今正相反，故"狎"字用得切合。

[译文]

孔子说："君子有三怕：怕天命，怕王公大人，怕圣人的话。小人不懂天命，因而不怕，轻视王公大人，怠慢忽视圣人的话。"

16.9 孔子曰："生而知之者，上也；学而知之者，次也；困而学之，又其次也；困而不学，民斯为下矣。"

[提示]

这一章无论从哪方面看，恐怕都没有正确的地方。它对了解孔子思想的另一面便很重要了。历来注家也很难为孔子辩护。

[译文]

孔子说："生来就知道的是上等；学了才知道的是次等；困难了才去学，又次一等；困难了还不学，民众就是下等了。"

16.10 孔子曰："君子有九思：视思明，听思聪（cōng），色思温，貌思恭，言思忠，事思敬，疑思问，忿（fèn）思难（nàn），见得思义。"

[提示]

本章以上共有六章书，均用列举要点的叙述方法来论述君子多方面的问题。若是我们读一读《尚书·洪范篇》，便可知道孔子是在学习《洪范篇》，并做发挥，他不是"述而不作"，还是有述有作的。例如《洪范篇》中的"敬用五事"："一曰貌，二曰言，三曰视，四曰听，五曰思。貌曰恭，言曰从，视曰明，听曰聪，思曰睿（深入，通于微）。恭作肃（心里认真），从作乂（乂，治理。话能听从，就可做治理的事），明作晢（晢，有的版本作'哲'，情况明了），聪作谋（听清了就可谋划事业），睿作圣（于事无不通谓之圣）。"将此五事与本章九思比较，可知孔子的发挥还是不少。

[译文]

孔子说："君子有九种考虑：看要考虑看清楚了没有，听要考虑听明白了没有，脸上的神色要考虑温和，容貌态度要考虑庄重，说话要考虑忠诚，做事要考虑认真，遇到疑问要考虑求教，发怒了要考虑后患，看到有可得的要考虑道义。"

16.11　孔子曰："见善如不及，见不善如探汤。吾见其人矣，吾闻其语矣。隐居以求其志，行义以达其道。吾闻其语矣，未见其人也。"

[注释]

探，《说文解字》："远取之也。"这一解释非常准确，现在的字典都不如《说文解字》这一解释好。"探"与"深远"之义相通，故必须是远取，区别于一般的取。如探囊、深山探宝，都是远取。汤，开水。探汤，手远伸到开水里。这里为什么要有"远"的意思？君子里仁为美，远小人，无友不如己者，故不善的东西都在远处。

[译文]

孔子说："看见好的人和事，总好像赶不及似的；看见不好的人和事，好像把手远伸到了开水里，赶紧缩回来。我看见这种人了，也听到这种话了。隐居起来以追求他的志愿，做适宜的事以贯彻他的主张。我听到这种话了，却没有见过这种人。"

16.12　齐景公有马千驷，死之日，民无德而称焉。伯夷、叔齐饿于首阳之下，民到于今称之。其斯之谓与！

[注释]

①有马千驷，即是千乘之国的君主，一乘驾驷马。②饿，大饥曰饿。15.2章子"在陈绝粮，从者病，莫能兴"，那时都没有说"饿"。实际伯夷、叔齐是饿死在首阳山的。《韩非子·饰邪》："家有常业，虽饥不饿。"《淮南子·说山训》："宁一月饥，毋一旬饿。"这都可以比较出

"饿"的词义。首阳山，在今山西运城市南。

[提示]

本章到底说的什么意思？实际是很明确很完整的。主要是说德与力的对比，联系14.33章就明了了，即"骥，不称其力，称其德也"。齐景公有力而无德，伯夷叔齐有德而无力，民称与不称，就说明了这个要德不要力的道理。同时，这里为什么不说千乘之国，而说"有马千驷"，就是要明确指实力，千乘之国则有多种含义，如国家的大小、国君的统治能力等，意思就分散不确定了。

[译文]

齐景公有马四千匹，到死的时候，民众找不到什么德行称道他。伯夷、叔齐饿死在首阳山下，民众直到现在还称道他们。两件事就是说明这样的道理吧！

16.13　陈亢问于伯鱼曰："子亦有异闻乎？"对曰："未也。尝独立，鲤趋而过庭。曰：'学诗乎？'对曰：'未也。''不学诗，无以言。'鲤退而学诗。他日，又独立，鲤趋而过庭。曰：'学礼乎？'对曰：'未也。''不学礼，无以立。'鲤退而学礼。闻斯二者。"

陈亢退而喜曰："问一得三，闻诗，闻礼，又闻君子之远其子也。"

[注释]

①陈亢，孔子学生，即陈子禽，见1.10章。伯鱼，名鲤，孔子儿子。下文伯鱼的回答用"对"，说明陈亢的身份要高。②独立，独自站着。③他，别的。他日，别的日子，另外一天。④远，使动词，让儿子离远一点，保持一个教子的尊严，最典型的莫过于《红楼梦》中贾政对宝玉的态

度了。《论语》中的许多伦理关系都在其中活生生地表现着。

[译文]

陈亢向伯鱼问道："你听到什么不同于我们的教导吗？"伯鱼恭敬地回答："没有。他曾经有一次独自站在庭中，我小跑经过庭院。他说：'学诗了吗？'我恭敬地回答：'没有。'他说：'不学诗，没法说话。'我下来就学诗。另外一天，他又独自站在院中，我又小跑经过庭院。他说：'学礼了吗？'我恭敬地回答：'没有。'他说：'不学礼，没法立身。'我下来就学礼。就教了这两件事。"

陈亢回去后高兴地说："问一个问题，得到了三个教导，教诗，教礼，又教了君子对待儿子要保持一段距离。"

16.14　邦君之妻，君称之曰夫人，夫人自称曰小童；邦人称之曰君夫人，称诸异邦曰寡小君；异邦人称之亦曰君夫人。

[译文]

国君的妻子，国君称她叫夫人，夫人自称叫小童；国内的人称她叫君夫人，在其他诸侯国家的人面前称她叫寡小君；其他诸侯国家的人称她也叫君夫人。

阳货篇第十七

17.1　阳货欲见孔子，孔子不见，归（kuì）孔子豚（tún）。孔子时其亡也，而往拜之。遇诸涂。

谓孔子曰："来！予与尔言。"曰："怀其宝而迷其邦，可谓仁乎？"曰："不可。——好从事而亟（qì）失时，可谓知（zhì）乎？"曰："不可。——日月逝矣，岁不我与。"孔子曰："诺，吾将仕矣。"

[注释]

①阳货，又称阳虎，长期做季氏的大臣。季氏几代把持鲁国国政，阳虎就把持季氏的权柄，即所谓"陪臣执国政"。最后阳虎曾两次把季桓子抓了起来，要操纵三桓的继承人问题，终于仍为季桓子击破，逃奔到齐国。那是鲁定公九年、孔子五十岁时候的事，则本章所述之事是在五十岁前。桓子的父亲季平子死，桓子嗣立，在定公五年，所以本章的事应发生在定公六年或七年，因为定公八年阳虎已经第二次把季桓子抓起来了。《史记·孔子世家》中说当时的鲁国"自大夫以下皆僭离于正道，故孔子不仕，退而修诗书礼乐，弟子弥众，至自远方，莫不受业焉"。因此阳货要叫孔子出仕。见，使动词。欲见孔子，想让孔子来见阳货。因为阳货的地位比孔子高。②归，通"馈"，赠送。豚，小猪，此指做熟了的小猪。本句主语为阳货。③时，等到……时候。④往拜之，大夫有赐于士，士必

答礼，阳货就可乘机见到孔子。⑤涂，同"途"，大路。⑥怀，怀藏，动词。宝，以宝玉比喻人的才能。此以下三个"曰"字的主语均为阳货，他以自问自答的方式说理，动员孔子出仕。⑦亟，屡次。失时，错过时机。⑧与，等待。不我与，即不与我。

[译文]

阳货想让孔子来见，孔子不见，阳货就送给孔子一只小猪为礼。孔子等阳货不在家的时候去拜谢他。两人在路上相遇了。

阳货对孔子说："过来！我跟你说话。"又说："怀着一身才能却让国家迷失了方向，可以叫作仁吗？"又说："不可以。——喜欢从政而屡次错过时机，可以叫作有智慧吗？"又说："不可以。——时光流逝着，岁月不等人。"孔子说："好吧，我打算做官了。"

17.2　子曰："性相近也，习相远也。"

[提示]

本章孔子对本性的说法比较合理，接着就发生了孟子"本性善"与荀子"本性恶"的对立。

[译文]

孔子说："本性是相近的，习俗就相差远了。"

17.3　子曰："唯上知与下愚不移。"

[译文]

孔子说："只有上等的智者和下等的愚人是不会转移的。"

17.4　子之武城，闻弦歌之声。夫子莞（wǎn）尔而笑，曰："割鸡焉用牛刀？"子游对曰："昔者偃（Yǎn）也闻诸夫子曰：'君子学道则爱人，小人学道则易使也。'"子曰："二三子！偃之言是也。前言戏之耳。"

[注释]

①莞，一种编蒲席用的小草，有的称作小蒲。古时皆席地坐，故对这种草很熟悉，就引申为"微小"之义。莞尔，微微地。②割，杀，宰。割牲现在都不用"割"字了，还有感情的分割或舍弃如"割爱"之类现在也不用了。割鸡焉用牛刀，是说治小邑何必用礼乐大道。

[提示]

本章与6.14章均记子游为武城宰，那里讲以人才为重，此章讲以教化为先。

[译文]

孔子到武城，听到弹琴唱歌的声音。夫子微微地笑了，说："宰鸡何必用宰牛的刀？"子游恭敬地答道："从前我听夫子说过：'君子学了道就爱人，小人学了道就容易差使。'"孔子说："弟子们！偃的话是对的，刚才的话是说着玩的。"

17.5 公山弗扰以费（Bì）畔（pàn），召，子欲往。子路不说（yuè），曰："末之也已，何必公山氏之之也？"子曰："夫召我者，而岂徒哉？如有用我者，吾其为东周乎！"

[注释]

①公山弗扰，即公山不狃，字子泄，季氏家臣，经常与阳虎共谋。鲁定公九年，阳虎已失败逃往齐国，公山弗扰以费邑为据点，叛季桓子，使人召孔子。孔子想去，子路不高兴，他犹豫了一番，终于没有成行。这是孔子五十岁时的事。畔，即"叛"。②末，没。之，往，动词。也，表停顿语气。已，停止，完结。末之也已，没有去的地方便算了。③何必公山

氏之之也，即何必之公山氏也。④东周，东方的周王朝。周从陕西丰镐崛起，现在可从山东费邑崛起。

[译文]

公山弗扰从费邑起来反对季氏，召孔子去，孔子想要去。子路不高兴了，说："没有去的地方就算了，何必到公山氏那里去呢？"孔子说："那个叫我去的人，难道会空叫唤吗？如果有用我的人，我恐怕要成为东方兴起的周王朝吧！"

17.6　子张问仁于孔子。孔子曰："能行五者于天下为仁矣。""请问之。"曰："恭、宽、信、敏、惠。恭则不侮，宽则得众，信则人任焉，敏则有功，惠则足以使人。"

[译文]

子张向孔子问仁。孔子说："能够在普天下实行五种品德，便是仁了。"子张说："请问五种品德。"孔子说："庄重、宽厚、诚实、勤敏、慈惠。庄重了就不受侮辱，宽厚了就能赢得群众，诚实了人家就任用你，勤敏了就会出功绩，慈惠了就足以动用人。"

17.7　佛（Bì）肸（Xī）召，子欲往。子路曰："昔者由也闻诸夫子曰：'亲于其身为不善者，君子不入也。'佛肸以中牟畔，子之往也，如之何？"

子曰："然，有是言也。不曰坚乎？磨而不磷（lìn）。不曰白乎？涅而不缁（zī）。吾岂匏（páo）瓜也哉？焉能系（jì）而不食？"

[注释]

①佛肸，是晋国范、中行的家臣，做中牟的邑宰，中牟（晋国城邑，

在今河北邢台与邯郸之间，非河南之中牟）为范、中行的食邑。晋国六卿专权，这六家卿大夫是魏、赵、韩、范、中行、智。当时的范氏与中行氏为范吉射与中行寅，他们两家在六卿中最弱，赵简子于晋定公十九年（前493年）攻取了中牟，佛肸遂叛。这时孔子五十九岁。孔子总共三次入卫，这是第二次入卫出来后的事。②亲于其身为不善，亲身参与做不道德的事。③不入，谓不入其国，不入其域。④磷，薄石，如云母之类。引申为薄。⑤涅，矿物名，用作黑色染料。《说文解字》："涅，黑土在水中也。"缁，黑色，或黑色的帛。本来是以涅染缁，则黑于涅，现在则是涅而不缁了。⑥匏瓜，短颈大腹，可包藏物，故"匏"字音义从"包"。

[提示]

以上阳货、公山弗扰、佛肸均是犯上作乱的人，来召请孔子，孔子都没有应召，即使是鲁君、卫君、齐景公等正经八落的仁义礼乐之君已经没有了，能否在这污泥浊流之中不受感染，建起一个纯净的仁义之邦呢？孔子是想试试的，却总被子路拦了驾。

[译文]

佛肸召请孔子，孔子想去。子路说："过去我从夫子您那里听到这样的说法：'亲身参加做不道德的事，君子是不去他那里的。'佛肸凭中牟之地反叛，您要去，怎么说呢？"

孔子说："对，有这样的话。不是说有坚固的东西吗？磨也磨不薄。不是说有洁白的东西吗？染也染不黑。我难道像个匏瓜了吗？怎么只能挂着不能吃呢？"

17.8 子曰："由也！女（rǔ）闻六言六蔽矣乎？"对曰："未也。""居！吾语（yù）女。好仁不好学，其蔽也愚；好知（zhì）不好学，其蔽也荡；好信不好学，其蔽也贼；

好直不好学，其蔽也绞；好勇不好学，其蔽也乱；好刚不好学，其蔽也狂。"

[注释]

①六言，六个字，此指六种品德。蔽，遮蔽，动词。"蔽"从"敝"声。敝，破败的衣服，引申为破败的，形容词；破败之处，即弊端、弊病，名词。故"敝""蔽""弊"都是声中有义，音义相通。②居，坐下，实即"踞"，双膝着席，屁股坐在脚上。③愚，愚蠢，如可以陷害、可以欺罔之类。④荡，浪荡，放荡，无所适从。⑤贼，坏德，坏法。只知诚实，不论是非曲直，就以非为是，只有坏法了。⑥绞，纠缠不清，只知直而不知曲，参见8.2章"直而无礼则绞"。⑦刚，刚强，旺盛，如16.7章"血气方刚"。

[译文]

孔子说："仲由！你听过六种品德便有六种弊病了吗？"子路恭敬地回答说："没有。"孔子说："坐下！我告诉你。爱仁爱不爱学习，它的弊病是容易被人愚弄；爱智慧不爱学习，它的弊病是流于浪荡；爱诚实不爱学习，它的弊病是会损害法则；爱直率不爱学习，它的弊病往往是纠缠不清；爱勇敢不爱学习，它的弊病是可能去作乱；爱刚强不爱学习，它的弊病是狂妄自大。"

17.9　子曰："小子何莫学夫《诗》？《诗》，可以兴，可以观，可以群，可以怨。迩（ěr）之事父，远之事君；多识于鸟兽草木之名。"

[注释]

①以，用。可以，可以用来。兴，联想。取这个解释主要是依据《诗经》有赋、比、兴三种写法而来的，兴就是一种联想，引起其他的考虑。

②迩，近。它的反面是"遐"，如常说遐迩。"远""迩"亦常对举。

[译文]

孔子说："弟子们为什么没有人学习《诗经》呢？《诗经》可以用来联想，可以用来观察，可以用来联合朋辈，可以用来抒发怨恨。近说可以用来侍奉父母，远说可以用来侍奉国君；还可以多识别一些鸟兽草木的名称。"

17.10 子谓伯鱼曰："女（rǔ）为《周南》《召（Shào）南》矣乎？人而不为《周南》《召南》，其犹正墙面而立也与？"

[注释]

①为，治，此作"研究"之义。《周南》《召南》为《诗经·国风》中的两部分，本为两地名，周、召地方百里，在今河南陕县，周为周公旦治理的地区，召为召公奭治理的地区。那一带的南部民歌就归在这两部分，《周南》十一首，《召南》十四首。这二十五首民歌有这么大的作用，显然是被抬高了的，因为把它作为经典中的经典看待了。②墙面，即面墙，面对着屏风、照墙之类，即一物无所见，一步不可行。

[译文]

孔子对伯鱼说："你研究《周南》《召南》了吗？做人不研究《周南》《召南》，大概就像正面对着屏障而站着了吧？"

17.11 子曰："礼云礼云，玉帛云乎哉？乐（yuè）云乐云，钟鼓云乎哉？"

[注释]

①云，本章六个"云"字，三、六两个"云"字是动词，说的，其余

四个均是语气词，表陈述，与"焉"相近。②帛，白色丝织的布。玉帛，诸侯会盟、朝聘天子等所持礼物，祭祀或馈赠时也用玉帛。"物"就有"礼物"之义。物，从"牛"、从"勿"。牛，泛指牺牲之类，阳货馈孔子豚，就是以牲为礼。勿，就跟玉帛都有关系了。勿，本义指州里悬挂的旗帜，用不同颜色的帛制成，所谓"杂帛为物"。勿，又派生出"笏"，俗称手版，朝见时执笏，天子的用玉制成，诸侯的用象牙制成，大夫、士以竹制成。所以，玉、帛、牲都是用以表示礼的。但孔子的意思是，玉帛不可少，却不只是玉帛，更重要的是精神，要有恭、敬在，要有忠、信在。《礼记·乐记》："乐至则无怨，礼至则不争。"这里是要用来协调人际关系的。③钟鼓，可以说是民族乐器的代表，用途比我们现在广泛。如：钟鼓乐之，是办喜事的，钟鸣鼎食，是大户人家；鼓舞，是跳舞的，一鼓作气，是打仗的；等等。

[译文]

孔子说："礼呀礼呀，只是说的玉帛吗？乐呀乐呀，只是说的钟鼓吗？"

17.12　子曰："色厉而内荏（rěn），譬诸小人，其犹穿窬（yú）之盗也与！"

[注释]

①荏，柔屈，软塌。②穿，打洞。窬，通"逾"，越过。盗，古说盗，不光指抢劫，亦包括偷窃。

[译文]

孔子说："神色严厉而内心软塌的人，在一般小人中找个譬喻的话，大概像个挖洞跳墙的小偷吧！"

17.13　子曰："乡愿，德之贼也。"

[注释]

乡愿，《孟子·尽心下》中对它有一段具体解释，说是"言不顾行，行不顾言"，似乎世上没有比他更善良的人了，实际是同流合污，欺世盗名，使人难以认清他的本来面目。

[译文]

孔子说："乡愿，是道德的败坏者。"

17.14 子曰："道听而涂说，德之弃也。"

[注释]

说，解释，说明。

[译文]

孔子说："路上听来的，更在路上去加以解释，这种人是道德的背弃者。"

17.15 子曰："鄙夫可与事君也与哉？其未得之也，患得之。既得之，患失之。苟患失之，无所不至矣。"

[注释]

①鄙夫，庸俗闭塞的人。"鄙"的本义指边远偏僻的地区。②患得之，该作"患不得之"。《荀子·子道篇》："孔子曰：……其未得也，则忧不得；既已得之，又恐失之。"东汉王符《潜夫论·爱日篇》："孔子疾夫未之得也，患不得之；既得之，患失之者。"他们都作患"不得"。

[提示]

我们现在还说的成语"患得患失"就从此来，孔子的确是把这种人的心态描绘无遗了。

[译文]

孔子说："鄙夫是可以与他一起侍奉国君的吗？当他没有得到职位的时候，生怕得不着。已经得着了，又怕丢掉了。若是生怕丢掉了，那就没有什么做不出来的了。"

17.16　子曰："古者民有三疾，今也或是之亡（wú）也。古之狂也肆，今之狂也荡；古之矜（jīn）也廉，今之矜也忿戾（lì）；古之愚也直，今之愚也诈而已矣。"

[注释]

①疾，毛病，缺点。"古者""今也"，都是在时间词之后加一个表停顿的语气词。②肆，肆意，直陈其志。③矜，骄傲。廉，常说"廉隅"，指器物的边沿棱角，引申指人的言行方正有棱角。④忿，怒，怨恨。戾，凶暴。

[译文]

孔子说："古代的人们有三种毛病，如今有的连这些也没了。古时的狂人直陈其志，如今的狂人放荡不羁了；古时骄矜的人方正有棱角，如今骄矜的人只是发怒、残暴；古时的愚人直率，如今的愚人变成欺诈的了。"

17.17　子曰："巧言令色，鲜矣仁！"

[提示]

见1.3章。

17.18　子曰："恶（wù）紫之夺朱也，恶郑声之乱雅乐也，恶利口之覆邦家者。"

[注释]

①紫之夺朱，在古人的观念里，纯色是正色，青、赤、黄、白、黑是正色，两色相杂为间色，就是不正的了，绿、红（即今粉红色，为赤白相杂）、碧、紫、黄为间色。朱亦为正色，朱与赤只是深浅之别，朱深而赤浅。天子诸侯都应该穿朱色，但是春秋时鲁桓公、齐桓公都爱穿紫色，又卫国大夫浑良夫穿着紫衣狐裘去跟卫太子一起吃饭，竟被拉出去杀了，紫衣是罪状之一——那是国君穿的服色，他穿上了。可见，紫色已经穿开了，故孔子恶紫之夺朱。②利，锋利，锐利。利口，能言善辩。经常用于贬义，多言而败事。利口能够颠覆邦家，这也是专制政治的特点。

[译文]

孔子说："厌恶紫色夺去了朱色的地位，厌恶郑国的淫荡乐曲搅乱了典雅的乐曲，厌恶能言善辩的利口颠覆了邦或家。"

17.19 子曰："予欲无言。"子贡曰："子如不言，则小子何述焉？"子曰："天何言哉？四时行焉，百物生焉，天何言哉？"

[译文]

孔子说："我想不说话了。"子贡说："夫子如果不说话，弟子们传述什么呢？"孔子说："天说了什么呢？四季运行着，百物生长着，天说了什么呢？"

17.20 孺悲欲见孔子，孔子辞以疾。将命者出户，取瑟而歌，使之闻之。

[注释]

①孺悲，鲁人，鲁哀公曾派他跟孔子学习士丧之礼。②将，奉，随，

动词。将命，奉命。户，本来室之口曰户，堂之口曰门；内曰户，外曰门；一扉曰户，两扉曰门。后来词义引申，区别就不明确了。

[提示]

本章孔子这样做的用意是什么？过去人们的解释是孔子在实行一种不屑教诲的教诲。

[译文]

孺悲想拜见孔子，孔子托病推辞了。传命的人走出房门，孔子便取下瑟边弹边唱，使孺悲听得见。

17.21　宰我问："三年之丧，期已久矣。君子三年不为礼，礼必坏；三年不为乐（yuè），乐必崩。旧谷既没，新谷既升，钻燧（suì）改火，期（jī）可已矣。"子曰："食夫稻，衣（yì）夫锦，于女（rǔ）安乎？"曰："安。""女安，则为之！夫君子之居丧，食旨不甘，闻乐不乐（lè），居处不安，故不为也。今女安，则为之！"

宰我出。子曰："予之不仁也！子生三年，然后免于父母之怀。夫三年之丧，天下之通丧也，予也有三年之爱于其父母乎！"

[注释]

①三年之丧，周礼规定，儿子及未嫁之女为父母之丧要服丧服三年，还有孙子为祖父母（在父已早丧，长孙为丧主的情况下）、妻为夫，也要服丧三年。②升，登场，登堂。新谷登场后，首先要用于祭祀。③燧，取火的工具，有用钻子钻木发热爆出火星的，有聚阳光点燃的，发明取火的人叫燧人氏。钻燧改火，谓钻木取火于四季所用之木不同，据载春用榆柳，夏取枣杏，季夏取桑柘，秋取柞楢，冬取槐檀，这样轮换使用一

周，便是一年。期，一周年。④稻，这里与"锦"对举，作为珍贵衣食来看待。北方粮食以稷为主，五谷之神也叫稷，稻米很少，就成珍稀的了。锦，华美彩色的丝织品，此指服装，常说"衣锦"。⑤甘，本指百谷之味，即淀粉的甜香味，引申指甜味、美味。旨，也指美味或美味之物，范围就比"甘"广泛多了，如酒醇可说旨酒，牛羊肉可说脂，还有乳脂，故"旨"可包括酒肉而言。食旨不甘，"旨"为名词，"甘"为形容词。⑥居处，居住和安身之所。安，安逸。不同于上下几个"安"字为"安心"之义。《仪礼》上记载居父母之丧要"居倚庐，寝苫，枕块"，即住临时搭起的茅庐，睡草荐，枕土块。⑦也，停顿语气词，居主语之后。予也，宰予呀。这里不能连读作"也有三年之爱"。予也有三年之爱于其父母乎，宰予在他父母那里也得到三年之爱了吧。

[提示]

本章宰予被说成"不仁"，又有一次被说成"朽木"，故在《史记·仲尼弟子列传》中未得好评语。

[译文]

宰我问道："给父母守孝要三年，为期也太久了。君子三年不习礼，礼必定就废了；三年不用乐，乐必定就垮了。陈粮吃完了，新谷已登场，取火改换木料，一年轮转已到，就可以了。"孔子说："吃着那种大米饭，穿着那种花锦衣，在你能安心吗？"宰我说："安心。"孔子说："你安心，就去做吧！君子守孝，吃好的不香，听音乐不高兴，在家住着得不到安逸，所以就不那么做。如今你安心，就去做吧！"

宰我退了出去。孔子说道："宰予不仁呀！儿女生下三年，才能离开父母的怀抱。替父母守孝三年，是天下普遍的丧期，宰予呀，在他父母那里也得到三年之爱了吧！"

17.22　子曰："饱食终日，无所用心，难矣哉！不有博弈（yì）者乎？为之，犹贤乎已。"

[注释]

①博，本也是一种棋局上的游艺，共十二棋，六白六黑，两人相搏，后变成赌具，说"赌博"。弈，围棋。②乎，比。已，完毕，了事。贤乎已，比没事强。

[提示]

孔子竭力反对"饱食终日，无所用心"，完全闲着，对于身心都不是好事。至于一生无所作为，没有一点功名事业，更是要受批评。

[译文]

孔子说："整天吃饱了饭，没有一件要用心的事，这就难办了！不是有博弈之类的游艺吗？干干也比闲着好。"

17.23　子路曰："君子尚勇乎？"子曰："君子义以为上。君子有勇而无义为乱，小人有勇而无义为盗。"

[注释]

尚，推崇，动词。"尚""上"相通。

[译文]

子路问道："君子推崇勇敢吗？"孔子说："君子把道义看作最可崇尚的。君子有勇无道义，就要作乱；小人有勇无道义，就要当盗贼。"

17.24　子贡曰："君子亦有恶（wù）乎？"子曰："有恶：恶称人之恶（è）者，恶居下而讪（shàn）上者，恶勇而无礼者，恶果敢而窒（zhì）者。"曰："赐也亦有恶乎？""恶徼（jiǎo）以为知者，恶不孙（xùn）以为勇者，恶讦（jié）

以为直者。"

[注释]

①恶,本义为"丑恶",是"美"的反面。"恶"从"亚"声,声中有义,亚,像人痈背之形,故为"丑"义。引申为"厌恶、憎恶"之义,动词。最初憎恶的是丑态,引申指言行中的抽象的恶,本章都是指思想品德中的恶。②下,指下位。上,指上位。讪,毁谤,说人坏话。③果敢,敢作敢为。窒,堵塞不通,此指行事或议论不可通,不达事理。④徼,抄小路,求徼倖,"欲速成"(参见14.44章)。⑤讦,当面指责,对吵。

[译文]

子贡问道:"君子也有憎恶之心吗?"孔子说:"有憎恶的:憎恶称赞别人丑恶的人,憎恶在下位而毁谤上位的人,憎恶勇敢而没有礼节的人,憎恶敢作敢为却不达事理的人。"孔子也问:"赐,你也有憎恶的事情吗?"子贡说:"憎恶求徼倖却以为聪明的人,憎恶不谦虚竟以为是勇敢的人,憎恶跟人对吵反以为是正直的人。"

17.25 子曰:"唯女子与小人为难养也,近之则不孙(xùn),远之则怨。"

[提示]

孔子这话说得很生动,却充满了偏见。有时会有他所说的情况吧,但绝不是妇女和平民百姓的主流。

[译文]

孔子说:"只有妇女和一般小人是难以教养的,接近了他们就不知谦虚,远离了他们就会怨恨。"

17.26 子曰:"年四十而见恶焉,其终也已。"

［注释］

①见，被，遭。焉，表陈述的语气词。②也，句中表停顿的语气词。应作"其终也"，不得作"也已"。

［提示］

孔子这话是积极而中肯的，四十是不惑之年，应该各方面都要成熟了。偶或遭人厌恶是难免的，不应成为做人的问题。

［译文］

孔子说："年纪到了四十还遭人厌恶，他的一生也就完了。"

微子篇第十八

18.1　微子去之，箕子为之奴，比干谏（jiàn）而死。孔子曰："殷有三仁焉。"

　　〔注释〕

　　①微子，殷代末代皇帝殷纣王的长兄，名启，微是他的封国，子是他的爵位，子爵。启虽是长兄，但是他的母亲地位低贱，不得嗣。由他的弟弟辛为嗣，纣是帝辛死后的谥号，残义损善曰纣。帝辛为人聪明，但都没有用在正道上，他十分残暴，荒淫无度，拒谏饰非，终于激发了周武王起来革命，诸侯拥周，殷代灭亡。纣愈益淫乱时，微子多次进谏不听，终于出走，离开宗室。后来周成王立微子于宋，为春秋时宋国的始祖。②箕子，纣王的叔父。他看见大势已去，假装发狂，纣王囚之，成了奴隶。箕子后来没有死，他带着殷商的文化，由辽东渡海到朝鲜去了。③比干，也是纣王的叔父。他以死强谏，纣王怒道："我听说圣人之心有七窍。"就剖比干，观其心。这样，一兄二叔，一走一囚一死，人心大变。

　　〔译文〕

　　微子离开了殷宗室，箕子当了殷的奴隶，比干进谏而死。孔子说："殷有三位仁人呀！"

18.2　柳下惠为士师，三黜（chù）。人曰："子未可以去乎？”曰：“直道而事人，焉往而不三黜？枉道而事人，何必去父母之邦？”

[注释]

①士师，古代的法官，掌禁令、狱讼、刑罚。柳下惠，参见15.14章注。②黜，贬出，斥退。黜，从“黑”，“出”声，声中有义。从“黑”，取“污暗”之义。

[译文]

柳下惠当法官，多次地被罢官。人家说：“你不可以离开鲁国吗？”他说：“按照正道侍奉人，到哪里不总要罢官吗？若是用歪道侍奉人，何必要离开祖国呢？”

18.3　齐景公待孔子曰：“若季氏，则吾不能；以季、孟之间待之。”曰：“吾老矣，不能用也。”孔子行。

[注释]

季、孟，鲁国卿大夫。季氏为上卿，掌实权；孟氏为下卿，不用事。景公用介于二者之间的位置安排孔子。

[提示]

孔子到齐国去时三十五岁，正是齐景公和晏婴当权时期，在那里待了三年，参见12.11章。本章是孔子离开齐国之前，齐景公最后交代的话。

[译文]

齐景公在礼待孔子的问题上说：“要像鲁君对待季氏那样，我做不到；用季氏和孟氏之间的位置接待你。”（过了一些天，景公）又说：“我老了，不能用你了。”孔子就走了。

18.4 齐人归（kuì）女乐（yuè），季桓子受之，三日不朝，孔子行。

[提示]

当时孔子在鲁国任代理丞相，齐景公对孔子是了解的，出于有点恐惧的心理，想给鲁国送点土地。结果黎钼说：先想办法让他们泄气，泄不了气再送地不晚。就在临淄选了漂亮女子八十人，奏乐跳舞，还有文马三十驷，送给鲁定公。季桓子再三地出去偷看，就让定公接受了。结果不仅是泄气，把孔子也气走了。

[译文]

齐国人送来了女子乐队，季桓子接受了，与鲁定公多天也不上朝听政，孔子就走了。

18.5 楚狂接舆歌而过孔子曰："凤兮凤兮！何德之衰？往者不可谏，来者犹可追。已而，已而！今之从政者殆而！"

孔子下，欲与之言。趋而辟之，不得与之言。

[注释]

①接舆，楚国的隐士，名字也不知道，接舆就是接住孔子的车子，就管他叫接舆。②凤，传说中的吉祥鸟，参见9.9章注。此用以比孔子，雄曰凤，雌曰凰。我们现在都把凤比女性，是对龙而言的。兮，楚地常用的语气词，表感叹，《楚辞》中用得很多。③衰，衰落。此言孔子还在追求政治，这是道德的衰落。此句"衰"与下句"追"押韵，古音中均为微部字。犹可追，就是可以去隐居。④而，用于句末，均为表陈述的语气词，与"耳""尔"音近。殆，危险。此句除三个"而"字同一音外，"已""殆"二字也押韵，古音中均之部字，现在不押韵了，古音中押韵。

［译文］

楚国的狂人接舆唱着歌走过孔子的车前，唱道："凤啊凤啊！为什么德行衰落了？过去的不可劝谏了，未来的事还可以赶得上。拉倒吧，拉倒吧！当今的从政者危险啦！"

孔子下车，想要跟他谈谈。他却跑着回避了，没法同他谈。

18.6　长沮（Jǔ）、桀（Jié）溺（Nì）耦（ǒu）而耕，孔子过之，使子路问津焉。长沮曰："夫执舆者为谁？"子路曰："为孔丘。"曰："是鲁孔丘与？"曰："是也。"曰："是知津矣。"问于桀溺。桀溺曰："子为谁？"曰："为仲由。"曰："是鲁孔丘之徒与？"对曰："然。"曰："滔滔者天下皆是也，而谁以易之？且而与其从辟（bì）人之士也，岂若从辟世之士哉？"耰（yōu）而不辍。

子路行以告。夫子怃（wǔ）然曰："鸟兽不可与同群，吾非斯人之徒与而谁与？天下有道，丘不与易也。"

［注释］

①长沮、桀溺，也是楚国的两位隐士。据《史记·孔子列传》记载，孔子是在自叶去蔡的路上与他们相遇的，那年孔子六十二岁。耦而耕，两人相并，各执一耜而耕，深广各一尺，由牛牵引。"耦"即"偶"。《诗经》中耦耕的场面往往很大，如"千耦其耘"，就是两千人，"十千维耦"，便是上万人，真像奴隶制时代的景象。②津，渡口，如说"要津"。③执舆，执辔于舆。本是子路执辔，子路下车问津，由孔子执于舆。④滔滔，大水弥漫之状，比喻社会纷乱。⑤以，与，末句"丘不与易也"便是用"与"。谁以易之，与谁一起来改变它。⑥而，你，与尔、汝、若、你等第二人称代词的语音均相近。辟，同"避"。避人之士，指

孔子，他不与一些不仁不德的人合作，好多地方有官也不去做。⑦辟世之士，指长沮、桀溺之辈。⑧耰，播种以后把土摩平，使种子埋入土中，叫作耰。辍，歇。⑨怃，怅惘失意之貌。"怃"与"惘"义通，"怃"从"无"声，"惘"从"罔"声，"无""罔""亡"亦通。⑩斯人之徒，这些人群。吾非斯人之徒与而谁与，即吾非与斯人之徒而与谁。即是说只有跟人群在一起，不能隐居，不能在山林中跟鸟兽同群。

[译文]

　　长沮、桀溺两人并耕，孔子经过那里，让子路向他们问渡口。长沮说："那个在车厢里抓着马缰的人是谁？"子路说."是孔丘。"长沮说："这就是鲁国的孔丘吗？"子路说："这就是了。"长沮说："这是知道渡口的人了。"子路就问桀溺。桀溺说："你是谁？"子路说："是仲由。"桀溺说："这就是鲁国孔丘的弟子吗？"子路恭敬地回答说："是的。"桀溺说："大水弥漫，天下都是这样，你跟谁去改变它？而且你与其跟随一个回避不仁不义者的人，不如去跟随回避整个时代的人吧？"说罢，又不停地耕地了。

　　子路回来报告给孔子。孔子很失望地说："我们不能到山林去跟鸟兽同群，我们不跟世人在一起，跟谁在一起呢？要是普天下都上轨道，我就不必跟谁在一起改变它。"

　　18.7　子路从而后，遇丈人，以杖荷蓧（diào）。子路问曰："子见夫子乎？"丈人曰："四体不勤，五谷不分，孰为夫子？"植其杖而芸。子路拱而立。止子路宿，杀鸡为黍而食（sì）之，见（xiàn）其二子焉。

　　明日，子路行以告。子曰："隐者也。"使子路反见之。至，则行矣。子路曰："不仕无义。长幼之节，不可废也；君臣之义，如之何其废之？欲洁其身，而乱大伦。君子之仕也，行其义也。道之不行，已知之矣。”

[注释]

①荷，扛着。蓧，草筐之类。②四体，四肢。体本指身，以全体指局部。③植，树立，插。芸，除草。④黍，今称黍子，或称黄米，有黏性，相当于大米中的糯米。食，使动词。⑤见，使动词。见其二子焉，即丈人使二子来拜见子路。⑥反，同“返”。反见之，返回来见丈人。⑦节，礼节。长幼之节，指丈人见其二子，并接待子路。⑧洁其身，指不仕于浊世。⑨乱大伦，搞乱了重大的人伦关系，指丢掉了君臣之义。

[提示]

本章遇丈人，与上章遇长沮、桀溺的时间和地点差不多。至此，《论语》中先后五次遇隐士（前两次见14.38、14.39章），可见，当时有相当一个数量的有才能的人，不能或不愿用之于世。韩非子说那些人“见利不喜，上虽厚赏无以劝之；临难不恐，上虽严罚无以畏之。此之谓不令之民也”。他对长沮、桀溺、丈人、晨门等应该没有意见，因为他们都在耕作着，守护着，能对国家有一份贡献；对孔子、墨子、曾参、史鱼就有意见了，说他们不耕不战。但是不能要求每个人都直接参加耕战，他就指责他们违离了国法，说隐士把“离世遁上谓之高傲”，说儒家等是“学道立方，离法之民也，而世尊之曰文学之士”，在他看来，都应肃清为是。这就是先秦时人在学术思想上的尖锐对立。

[译文]

子路跟随孔子等外出而落在后面，遇到一位老人，用拐杖扛着草筐。子路问道：“你看见我们夫子了吗？”丈人说：“四肢不劳动，五谷分不清，谁是你们夫子？”便插好拐杖去除草。子路恭敬地拱手站着。丈人就留子路到他家过夜，杀鸡做黄米饭款待了子路，还让两个儿子出来拜见了子路。

第二天，子路走了，把这件事告诉孔子。孔子说："是隐士啊。"让子路回去见他。到那里，老人已经走了。子路说："不做官就是不义。长幼之间的关系，你知道不可废弃；君臣之间的关系，怎么就不管了呢？想要洁身自好，却扰乱了君臣大伦。君子出来做官，是实行道义。至于学说行不通，是已经知道的了。"

18.8 逸民：伯夷、叔齐、虞仲、夷逸、朱张、柳下惠、少连。子曰："不降其志，不辱其身，伯夷、叔齐与！"谓"柳下惠、少连，降志辱身矣，言中（zhòng）伦，行中虑，其斯而已矣"。谓"虞仲、夷逸，隐居放言，身中清，废中权。我则异于是，无可无不可"。

[注释]

①逸民，遭遗落的平民。他们本是贵族、王亲国戚，甚至本应是国君的继承人，由于种种原因，夷为平民了。或者是自愿的，或者迫于形势，或者两者都有，知难而退。有的保持着自己的高尚气节，有的便辱没了。这些人的最后遭遇、他们的不同下场，则成为人们谈论的话题。或激起人们的深切同情，或遭受世人的冷眼奚落，或令众人痛加贬斥。在群众的纷纷评议中，褒贬不一，也有到了不同时代要翻他们的案的情况。可惜在孔子所列举的七人中，只有头两个还有简略的记载，其余五位都已被历史遗忘，成为历史中的失落者了。只有古籍的注释家还在到处去寻找他们的蛛丝马迹，亦不可得。这正好说明孔子的评价是正确的了，其中只有伯夷和叔齐才值得一谈，其他都是区区之辈，或者说是"匹夫匹妇之为谅也，自经于沟渎而莫之知也"。至于伯夷、叔齐兄弟，将近三千年来，一直受人传颂，但是到了劳动人民为主体的时代，仔细看看他们的面貌，却原是背

弃人民的人。不过，这两位，或多或少的人都还要知道他们，还不至成为
被遗忘的背弃者。逸，通"佚"。佚，失也，声中有义，故逸民为失落之
民。《论语》中几次提及柳下惠，15.14章说"柳下惠之贤"，他是孔子同
时代的人，并非逸民，故不必附会。②中，合乎，动词。本章四个"中"
字音义均同。③废，废弃，失掉官职爵位。权，权衡。④无可无不可，从
另一方面看，就是有可有不可。孔子把自己跟他们七人做比较，首先他是
不是逸民呢？恐怕是无可无不可了。其次，在逸民中高下、清浊不一，孰
从孰去，将是有可有不可。孔子自己要跟他们做比较，说明他有点遭遗落
的感触，即"道之不行，已知之矣"。

[译文]

　　被遗落为平民的人有：伯夷、叔齐、虞仲、夷逸、朱张、柳下惠、
少连。孔子说："不降低自己的气节，不辱没自己的身心，是伯夷、叔齐
了！"又说到"柳下惠、少连，贬低志节，辱没身心了，只是言论还合乎
伦理，行为还合乎原来的考虑，大约就是如此罢了"。又说到"虞仲、夷
逸，隐居民间，直言不讳，身心可说是廉洁的，废弃了爵位，也合乎他原
先的权衡。我的情况便不同于这些人，没有什么可以的，也没有什么不可
以的（要具体看待，不能一概而论）"。

　　18.9　大（tài）师挚适齐，亚饭干适楚，三饭缭适蔡，四
饭缺适秦，鼓方叔入于河，播鼗（táo）武入于汉，少师阳、击
磬襄入于海。

[注释]

　　①大师，乐官之长。亚饭、三饭、四饭，亦均乐官名。据说天子一
日四饭，诸侯三饭，卿大夫再饭（即亚饭），除初饭不奏乐外，其他都得
奏乐，因此乐官也有亚饭、三饭、四饭的名目。挚、干、缭、缺、方叔、

武、阳、襄，都是乐人的名字，详情已不可考，一说都是鲁哀公时人，由
于礼崩乐坏，都离开了鲁国。适，去到，如"子适卫"。②鼓，击鼓手。
因为"鼓"字经常用作动词，就不必像"播鼗""击磬"那样再加动词。
河，黄河。"河"的本义指黄河，"江"的本义指长江，后引申指一般江
河。一般江河古说"水"，如至今还说汉水。③播，本义为散布，此引申
为摇动。鼗，带柄的小拨浪鼓。

[提示]

本章乐人都已不可考，不管他们何时从何地出走，都反映了乐坏的
情况。

[译文]

太师挚去了齐国，二饭乐师干去了楚国，三饭乐师缭去了蔡国，四饭
乐师缺去了秦国，打鼓的方叔入居黄河之滨，摇小鼓的武入居汉水之滨，
少师乐官阳和击磬的襄入居海滨。

18.10 周公谓鲁公曰："君子不施其亲，不使大臣怨乎不
以。故旧无大故，则不弃也。无求备于一人！"

[注释]

①鲁公，姓姬，名伯禽，周公旦的儿子，封于鲁，故称鲁公。②施，
通"弛"，有些版本作"弛"。"弛"本指弓弦松弛，此引申指亲戚关系
疏远。③不以，不用。如说"不吾以也"，以，动词。

[译文]

周公对鲁公说："君子不疏远他的亲属，不使大臣怨恨没被任用。故
老之臣没有重大过错，就不要抛弃他。不要对哪个人求全责备！"

18.11 周有八士：伯达、伯适（Kuò）、仲突、仲忽、叔

夜、叔夏、季随、季骒。

[提示]

伯达等八人均无可考。由于他们以伯、仲、叔、季排行而来，每行两人，且两人之名押韵，故应是在传述中人们做了加工，引为美谈的。

[译文]

周朝有八个有教养、有学问的人：伯达、伯适、仲突、仲忽、叔夜、叔夏、季随、季骒。

子张篇第十九

19.1 子张曰："士见危致命，见得思义，祭思敬，丧思哀，其可已矣。"

［提示］

本篇都是孔子学生的言论，却也不乏可观字句。朱熹等撰《近思录》，就是"切问而近思"，顾炎武撰《日知录》，就是"日知其所亡"，都取义于本篇子夏的话。

［译文］

子张说："有教养的人，见到危亡的事便肯献出生命，见到有利可得便想想是否合乎道义，祭祀要想到恭敬，居丧要想到哀痛，大约就可以了。"

19.2 子张曰："执德不弘，信道不笃，焉能为有？焉能为亡（wú）？"

［注释］

执德，德也可说执，故为"掌握、执行、实现"之义。弘，宏大，强大。且德也有大小之分，19.11章言"小德出入可也"。

［译文］

子张说："实现德行不弘大，信仰学说不笃实，怎能算是有道有德？

又怎能算是无道无德？"

19.3　子夏之门人问交于子张。子张曰："子夏云何？"对曰："子夏曰：'可者与之，其不可者拒之。'"子张曰："异乎吾所闻：君子尊贤而容众，嘉善而矜不能。我之大贤与，于人何所不容？我之不贤与，人将拒我，如之何其拒人也？"

［注释］

①交，交往，交际。"交"与"友"不同。孔子主张"无友不如己者"，"友直，友谅，友多闻"；但是交往则与什么样的人都可以发生，不如己的人也不应拒之门外，要"容众"，这"众"在很大程度上就是所谓的小人。②嘉，嘉奖，表彰。善，善者，此作名词。矜，同情。不能，不能的人。

［提示］

本章可与12.23、12.24、16.4章比较。

［译文］

子夏的弟子向子张问交友问题。子张说："子夏怎么说？"子夏的弟子恭敬地回答："子夏说：'可交的就交他，不可交的就拒绝他。'"子张说："和我听到的不一样：君子尊敬贤人，也接纳普通人；鼓励好人，也同情无能的人。我是个大贤人的话，对人有什么不能容纳的呢？我要是个不贤的人，人家将要拒绝我，为什么要由我去拒绝别人呢？"

19.4　子夏曰："虽小道，必有可观者焉；致远恐泥（nì），是以君子不为也。"

［注释］

①小道，道有大小，"吾道一以贯之"，便是大道，"本立而道

生"，便是较小的道，小的方面、小问题上的道，便是小道。②泥，泥泞，凝滞，此引申为拘泥不化，君子则应大而化之。

[译文]

子夏说："即使是小道小节，也必定有可观可取之处；但是在小道上走远了，恐怕陷于拘泥不化的境地，因此君子不去讲究它（所谓君子不拘小节）。"

19.5 子夏曰："日知其所亡（wú），月无忘其所能，可谓好学也已矣。"

[译文]

子夏说："每天学会些自己不知道的，每月不忘掉自己已经能干了的，就可说是好学的了。"

19.6 子夏曰："博学而笃志，切问而近思，仁在其中矣。"

[注释]

切问，切合问题地发问。如12.20章子张问"达"，可是说的又是"闻"，闻、达不分，便不是切问了。近思，想着当前的事。可与"远虑"做比较，"人无远虑，必有近忧"。若是我们加一句的话，人有近思，必可远谋。

[译文]

子夏说："广泛地学习，树立笃实的志愿，确切地发问，想着当前的事，仁就在其中了。"

19.7 子夏曰："百工居肆以成其事，君子学以致其道。"

［注释］

工，《说文解字》："巧饰也。象人有规矩也。"工人的本义是长于工巧技艺的人。百工，各种手艺工匠。肆，市肆，即市集贸易之处。

［译文］

子夏说："各种技艺工匠在集市中完成他们的工作，君子通过学习得出自己的学说。"

19.8　子夏曰："小人之过也必文。"

［注释］

文，即"纹"，花纹，文采，名词。此作动词，装点，掩饰。"之"加在主语"小人"和谓语"过"之间，作为全句的主语，不能把"小人之过"解释为"小人的过错"，"过"不能是名词作主语，因为过错自己是不会做掩饰的，只能是小人去掩饰。

［译文］

子夏说："小人犯了过错呢，必定要掩饰。"

19.9　子夏曰："君子有三变：望之俨（yǎn）然，即之也温，听其言也厉。"

［注释］

①望，远看。俨，从"人"，"严"声，声中有义。俨然，严肃庄重的样子。②即，接近，它的反面是"离"。

［译文］

子夏说："君子有三种神态的变化：远看他严肃庄重，接近他温文尔雅，听他说话严厉不苟。"

19.10 子夏曰："君子信而后劳其民，未信则以为厉己也；信而后谏，未信则以为谤己也。"

[注释]

厉，本义指磨刀的石头，名词，此作动词，故为"折磨"之义。

[译文]

子夏说："君子取得信任以后才去调用民众，没有信任，民众就以为是在折磨他们了；民众取得信任以后才去向君上进谏，没有信任就以为是在毁谤他了。"

19.11 子夏曰："大德不逾（yú）闲，小德出入可也。"

[注释]

闲，《说文解字》："阑也。从门中有木。"阑，即"栏"。马圈也可以叫作闲，因为棚中也有栏杆。此引申为界限、范围。

[译文]

子夏说："大德大节不能超越界限，小德小节有点出入是可以的。"

19.12 子游曰："子夏之门人小子，当洒（sǎ）扫应对进退，则可矣，抑末也。本之则无，如之何？"子夏闻之，曰："噫！言游过矣！君子之道，孰先传焉？孰后倦焉？譬诸草木，区以别矣。君子之道，焉可诬也？有始有卒者，其惟圣人乎！"

[注释]

①当，承担，担当。应对，应酬对答。"应"与"对"相反。"应"为承诺，是接受的；"对"为回答，是发出的。进退，迎让的礼仪。②末，末节，小节，细微的事。③本，根本，如说"君子务本"，名词。

此引申作动词，取本，执掌，根据。④倦，劳也，即从事，做。这是本义，引申为"疲倦"之义，如"诲人不倦"。⑤区，区域，名词。区以别，按照地区不同加以分别。因为上句是说"先传"与"后倦"，即时间先后问题，以草木作比喻，则也应是指季节先后。⑥诬，欺诈，诬陷，无辜加罪曰诬。⑦卒，完毕，终了，动词。

[译文]

子游说："子夏的年轻弟子们，做些洒扫应酬迎让的事，是可以的了，可是是些小节。执掌这些小节的根本东西便没有，怎么办？"子夏听了这话，说："咳！言游说错了！君子的学说，先传授什么？后从事什么？好像草木，地区不同就长得不一样了。君子的学说，怎么可以诬陷呢？从开始一直做到终了的人，恐怕只有圣人吧！"

19.13 子夏曰："仕而优则学，学而优则仕。"

[译文]

子夏说："官当好了就去学习，学习好了就去当官。"

19.14 子游曰："丧，致乎哀而止。"

[译文]

子游说："居丧，达到悲哀的程度就行了。"

19.15 子游曰："吾友张也为难能也，然而未仁。"

[译文]

子游说："我的朋友子张是难能可贵的了，然而还没有做到仁。"

19.16 曾子曰："堂堂乎张也，难与并为仁矣。"

[译文]

曾子说："仪表堂堂的子张，人们却难以跟他一起去做到仁。"

19.17 曾子曰："吾闻诸夫子：人未有自致者也，必也，亲丧乎！"

[注释]

致，到达。如"致远"就是到达远处，走得远，"学以致其道"就是学到有学问。自致，到达自身，就是回到自己的地方。你就在这里，怎么再到这里？所以"人未有自致者"。但是父母亲去世了，你本来就是从这里成长起来的，这个时候，就回到自身所在的地方了。你必定会想想你是怎么存在于这个世上的。

[译文]

曾子说："我从夫子那里听说过：人谁也不能自己再到达自己的地方（你不是已经在这个地方了吗），一定要这样说的话，那就是在父母亲去世的时候吧！"

19.18 曾子曰："吾闻诸夫子：孟庄子之孝也，其他可能也，其不改父之臣与父之政，是难能也！"

[注释]

孟庄子，鲁国大夫，三桓之一，名速，庄是谥号。他的父亲是孟献子，死于鲁襄公十九年，是孔子出生的前三年，到曾子说这话，更是几十年前的老话了。

[提示]

本章可参照1.11章。

［译文］

曾子说："我从夫子那里听说过：孟庄子守孝，其他的事别人都可能做到，他不改换父亲的家臣和父亲的政治措施，这是难能可贵的。"

19.19　孟氏使阳肤为士师，问于曾子。曾子曰："上失其道，民散久矣。如得其情，则哀矜而勿喜。"

［注释］

①阳肤，曾子学生，鲁国人。②问于曾子，主语为阳肤，不能理解为孟氏。③情，真实，实情。参见13.4章"民莫敢不用情"注。

［译文］

孟孙氏派遣阳肤任法官，阳肤来请教曾子。曾子说："上位的人无道，民众离散很久了。如果能审问出案件的实情，就可怜、同情他们，不要沾沾自喜。"

19.20　子贡曰："纣之不善，不如是之甚也。是以君子恶居下流，天下之恶皆归焉。"

［注释］

①纣，参见18.1章注。纣王不仅驱走或杀害了殷代三贤，还经常与妲己杀人取乐，这实在是奴隶制时代的特点，原始、野蛮、残暴，骇人听闻，恐怕要超过后人的想象。至于子贡说的一坏就什么都坏，一好就什么都好，这种情况是存在的。现在我们认为纣王在经营淮水流域、开发长江流域方面有他的贡献，不过这贡献往往被遗忘了，只知众恶所归了。②下流，众恶所归的地位。地形卑下，众流所归；人之为恶，一旦为众人唾弃，即成众恶所归。此为比喻义。

[译文]

子贡说："纣王的恶行，不像这样厉害吧。所以君子不能居于下流的地位，天下的坏事都集中到他的身上去了。"

19.21 子贡曰："君子之过也，如日月之食焉：过也，人皆见之；更也，人皆仰之。"

[注释]

①食，同"蚀"。蚀，从"虫"，"食"声，指虫之侵蚀。日月不能食，传说中被什么东西所食，故用"蚀"字。②更，改。古曰更，今曰改。③仰，向上看。

[提示]

子贡的前半句，意思相似，孔子也说过"丘也幸，苟有过，人必知之"（7.30章）。

[译文]

子贡说："君子的过错好比日食月食：错了，人们都看得见；改了，人们都尊敬他。"

19.22 卫公孙朝问于子贡曰："仲尼焉学？"子贡曰："文武之道，未坠于地，在人。贤者识其大者，不贤者识其小者。莫不有文武之道焉。夫子焉不学？而亦何常师之有？"

[注释]

①公孙朝，卫国大夫。②文武之道，周文王、周武王之道，指当时一整套从政治经济到思想文化的治国方案，这是孔子学说直接的、主要的来源。③坠于地，掉到地下，意即失传。

[译文]

卫国的公孙朝向子贡问道："孔子是怎么学习的？"子贡曰："文王、武王之道没有失传，还散在人间。贤人能认识那些重大的道理，不贤的人也能认识一些小道理。没有人没有一点文武之道。夫子哪里没有可学的东西？又为什么要有固定的导师？"

19.23　叔孙武叔语大夫于朝曰："子贡贤于仲尼。"子服景伯以告子贡。子贡曰："譬之宫墙：赐之墙也及肩，窥见室家之好；夫子之墙数仞（rèn），不得其门而入，不见宗庙之美、百官之富。得其门者或寡矣。夫子之云，不亦宜乎！"

[注释]

①叔孙武叔，名州仇，鲁国大夫，三桓之一。②宫墙，家门口的照墙。宫，当时还不指宫廷，一般的住家都可说宫，但有照墙的就不是一般贫寒人家。③窥，从洞中或缝中看，此指从墙上看。好，美丽。④仞，七尺或八尺为一仞。那时一尺相当于今六寸多，一仞便是一米多，数仞便是两三层楼那么高。⑤官，本义是房舍，从"宀"，从"㠯"。宀，深屋。㠯，即"师"，"众多"之义。众多深屋为"官"，故可曰"百官"。官，实即"馆"。政府治事之所曰官，故可曰官府、官员。⑥夫子，此指叔孙武叔。云，此指说的话，名词，即上文所说"于贡贤于仲尼"。夫子之云，叔孙武叔的话。

[译文]

叔孙武叔在朝中告诉大夫们说："子贡要比仲尼贤明。"子服景伯把这话告诉了子贡。子贡说："好比是家门口的照墙：我家的照墙齐到肩膀，可以从墙上窥见家里的美好；我们夫子家的照墙有几丈高，如果找不到大门进去，就看不到宗庙建筑的美好、大片房舍的富丽。能够找到大门的人是少有的。叔孙夫子说的那种话，不是很自然的吗！"

19.24 叔孙武叔毁仲尼。子贡曰："无以为也！仲尼不可毁也。他人之贤者，丘陵也，犹可逾也；仲尼，日月也，无得而逾焉。人虽欲自绝，其何伤于日月乎？多见其不知量也。"

[注释]

①以，通"已"，此。②丘陵，大阜曰陵，小陵曰丘，泛指高高低低的山丘。③绝，横渡。何伤，有什么关系，即何伤乎。④多，只。"多"本指数量之众多，词义向相反的方向引申为"只"，反言其不多。

[译文]

叔孙武叔毁谤孔子。子贡说："不能这样做！仲尼是不可毁谤的。别人的贤德，好比丘陵，还可以超越过去；仲尼，好比日月，是不可能超越的啊。有人即使自己想要横绝过去，跟日月又有什么关系呢？只是说明他不知道自己的分量罢了。"

19.25 陈子禽谓子贡曰："子为恭也，仲尼岂贤于子乎？"子贡曰："君子一言以为知，一言以为不知，言不可不慎也。夫子之不可及也，犹天之不可阶而升也。夫子之得邦家者，所谓立之斯立，道之斯行，绥之斯来，动之斯和。其生也荣，其死也哀，如之何其可及也？"

[注释]

①阶，此为动词，筑起台阶。关于陈子禽，见1.10章注。②道，通"导"，引导。③绥，车中索，引以上车。如10.10章"升车，必正立，执绥"。执绥则安，故引申为"安定"或"使安定"。

[提示]

以上三章都是关于仲尼的评价。有的评价过高，有的则是毁谤，子贡一一加以辩证。这可能是孔子死后的事。子贡比孔子小三十一岁，子贡干得轰轰烈烈的时候，已是孔子的暮年，"子贡一出，存鲁，乱齐，破吴，强晋而霸越。子贡一使，使势相破，十年之中，五国各有变"，这时孔子已经去世六年。从政治业绩上看，子贡的影响比孔子大，所以人家要说"子贡贤于仲尼"。这样说，该是孔子已死，事业已经打了句号，子贡卷起的政治旋风至少已成定局，才能有这种比较。所以我说这三章书的年代较晚。

[译文]

陈子禽对子贡说："你是出于谦恭吧，难道仲尼比你贤明吗？"子贡说："君子一句话可以成为明智的人，一句话可以成为无知的人，说话是不可以不慎重的。夫子是人们赶不上的，好像对老天爷，不可能筑起台阶就登了上去。夫子要能得到诸侯或卿大夫的重用，就能像我们所说的，树什么就能树起来，引导什么就能推行得开，安定天下邦国就能使民众都来归附，邦国有什么行动就能上下和谐。夫子活着就是光荣，死了便是一片悲哀，怎么能够赶得上他呢？"

尧曰篇第二十

20.1 尧曰："咨（zī）！尔舜！天之历数在尔躬，允（yǔn）执厥（jué）中。四海困穷，天禄永终。"舜亦以命禹。

曰："予小子履敢用玄牡，敢昭告于皇皇后帝：有罪不敢赦，帝臣不蔽，简在帝心。朕躬有罪，无以万方；万方有罪，罪在朕躬。"

周有大赉（lài），善人是富。"虽有周亲，不如仁人。百姓有过，在予一人。"

谨权量，审法度，修废官，四方之政行焉。兴灭国，继绝世，举逸民，天下之民归心焉。

所重：民、食、丧、祭。

宽则得众，信则民任焉，敏则有功，公则说（yuè）。

[注释]

①咨，象声词，从下文看，是表赞叹与提示。②历，本义指年月日的计算，"历"字的形音义皆从"秝"，从二"禾"，稀疏适也，即是禾苗的耕种稀疏适当，年月日的计算也要随之稀疏适当，便是历。由禾苗耕作、天象运行，又联系到帝王相承，都看作上天的意志。数是算数，与历法紧密联系，故历、数并举。人间的命运，都决定于上天的历数，历数也就是天道。③允执，公正地执掌。厥，其，那个。中，中道，不偏不倚的

原则，所谓"王道荡荡，无偏无党"。④天禄，上天给你的爵位。

以上几句话，都见于《尚书·大禹谟》，只是没有连在一起，也并不是尧对舜说的。

⑤予小子，与下一段的"予一人"都是上古帝王之自称。履，汤名天乙，又名履，则本段都是商汤的自述。玄牡，黑色的公牛。牡本指雄性的牛马之类，可引申指一般雄性。此用玄牡做祭祀时的牺牲，即供飨天帝的惯用祭品。⑥昭告，明告。皇皇，美盛貌，光明貌。⑦帝臣，天帝的臣仆，商汤自称。蔽，隐瞒，掩盖。⑧简，考察，检阅。⑨万方，各方各面，四方诸侯，天下。

本段字句都见于《尚书·汤诰》，稍有压缩或改动。"有罪不敢赦"，《汤诰》作"敢昭告于上天神后，请罪有夏"，据此我们就可以知道，"有罪不敢赦"指夏桀而言。又"帝臣不蔽"，《汤诰》作"尔（指万方诸侯，你们大家）有善，朕弗敢蔽。罪当朕躬，弗敢自赦，惟简在上帝之心"。我们就可知"蔽"是指掩盖大家的善。

⑩赉，赏赐，动词。此指赏赐品，周朝大封诸侯，即是赏赐土地。⑪周亲，至亲，最亲近的人。虽有周亲，不如仁人，言纣王至亲虽多，不如周家之少而皆为仁人，同心同德。

本段后四句见于《尚书·泰誓》。这样，以上三段，由尧、舜至夏一段，商、周各一段，都是表现它们的开创者勇于治国，勇于承担责任。看来摘录《尚书》的意思是有待于在新的历史条件下接受天命，开创新的时代。以下便是《论语》的话，讲当前的施政纲领。

⑫权，本义是秤锤，引申指轻重的衡量。量，指升、斗等容量。⑬审，明确。法度，法定的长度。⑭废官，已被废弃的官职或官员。⑮信则民任焉，经多种《论语》版本的校勘，早期的本子均无此一句。

[译文]

尧让位任命舜时说:"啧!你舜啊!上天的大命落在你身上了,公允地去执掌那个无偏无倚的中道吧。四海之内的民众若是陷于困苦贫穷,上天给你的禄位也会永远终止。"舜也用这番话任命禹。

商汤说:"我小子履惶恐地祭享黑色的公牛,惶恐地明确禀告伟大的天帝:对有罪的有夏不敢赦免,天帝的臣仆我也不隐瞒诸侯的善良业绩,一切的考核都在天帝的心中。我身上有罪,无关各方人士;各方的人有罪,都应归在我一人身上。"

周朝把土地都封赏给了诸侯,使有功的好人都富贵起来。"纣王虽有许多至亲,却不如我有十个仁人。百姓若有罪过,罪过在我一人。"

检验并明确度、量、衡的标准,恢复已废弃的官职和官员,各方的政令就会通行了。振兴已经灭亡的诸侯国家,继承已经绝祀的后代,提拔已经失去爵位而遗落下去的平民,天下的民众就都心悦诚服了。

应予重视的事:民众、粮食、丧礼、祭祀。

政令宽厚就能得民心,办事勤快就会有功绩,公正了,民众就高兴。

20.2　子张问于孔子曰:"何如斯可以从政矣?"子曰:"尊五美,屏(bǐng)四恶,斯可以从政矣。"

子张曰:"何谓五美?"子曰:"君子惠而不费,劳而不怨,欲而不贪,泰而不骄,威而不猛。"子张曰:"何谓惠而不费?"子曰:"因民之所利而利之,斯不亦惠而不费乎?择可劳而劳之,又谁怨?欲仁而得仁,又焉贪?君子无众寡,无小大,无敢慢,斯不亦泰而不骄乎?君子正其衣冠,尊其瞻视,俨然人望而畏之,斯不亦威而不猛乎?"

子张曰:"何谓四恶?"子曰:"不教而杀谓之虐;不

戒视成谓之暴；慢令致期谓之贼；犹之与人也，出纳之吝谓之有司。"

[注释]

①屏，即"摒"，除掉。②因，依据，就着，动词。③戒，戒令，警告。不戒，没有告诫。视成，视察成就。④慢，冒昧失礼，怠慢。"慢"与"快"，在周秦都没有"速度快慢"之义，说快慢就是迟速、疾徐。慢令，轻视、玩忽法令。致期，达到了期限。贼，《左传》上说"毁则为贼"，即是破坏法令的施行。⑤与，替，为。犹之与人，好像都是为着别人。司，掌管。有司，下层的管理人员。他们在财物的出纳上斤斤计较，像在为别人负责，这叫作下层的管理员。孔子把这也看作一种恶政，与虐、暴、贼并列，看来在诸侯大夫中还不乏没有作为的平庸无能之辈。君子从政，则行其道，以仁为本，崇德尚礼，那些管理人员根本就没有学过。

[译文]

子张向孔子问道："怎样就可以从事政治了呢？"孔子说："尊重五种美德，摒弃四种丑恶的政事，就可以从政了。"

子张说："什么叫五美？"孔子说："君子讲恩惠却又不耗费，让民众勤劳且无怨恨，有欲望有要求但不是贪财利，安泰而无骄傲，威严而不是凶猛。"子张说："什么叫讲恩惠却不耗费呢？"孔子说："就着民众的利益所在而使他们得利，不就是讲恩惠而不耗费吗？选择可以任劳的事业让他们勤劳起来，又有谁怨恨呢？君子要求仁就能得到仁，又怎么能算贪呢？君子无论人多人少，无论是小人大人，都不怠慢，不就是安泰而不骄傲吗？君子衣冠端正，观瞻上是尊贵的、严肃的，人们不就望而生畏，不就是威严而又不凶猛吗？"

子张道："什么叫四种恶政呢？"孔子说："未加教育便要杀戮就叫虐；未曾告诫便要成果（否则就杀戮）是暴；玩忽法令到了期限（也要杀

戬）是败坏法则的贼；好像是为别人负责，钱财出纳斤斤计较，像个下层的管理员。"

20.3 孔子曰："不知命，无以为君子也；不知礼，无以立也；不知言，无以知人也。"

［提示］

孔子说"五十而知天命"，幼稚浅薄的人是做不到的。"三十而立"，懂得礼节就可以了。至于要做到知人知言，除了察颜观色之外，更需听其言而观其行。

［译文］

孔子说："不知道天命，就没法成为君子；不懂礼节，就无法立身；不会分辨人家的言论，就无法了解人。"